공주와
동학농민혁명

공주와 동학농민혁명

육성으로 듣는 공주와 우금티의 동학 이야기

고부농민봉기부터 1895년 1월 전라남도 진도(珍島)에서 있었던
최후 항쟁에 이르는 혁명 기간 중에 가장 처절하고 장렬했던 전투는
두말할 것도 없이 공주 우금티전투이다.

동학총서
━ 003

박맹수 정선원 지음

갑오년 동학농민군들의 위대한 꿈과 눈물과 피가 어린 우금티 고개. 우금티 고개는 동학농민혁명에 있어,
아니 우리 한국 민족사에 있어 통곡의 고개이자 통한의 고개이다. 그 통곡과 통한의 고개와 골짜기,
산봉우리 여기저기에 얽히고설킨 동학혁명의 역사를 낱낱이 기록하여 독자 여러분 앞에 상재하고자 한다.

모시는사람들

우금티를 생명평화의 성지로

아! 그들 몇 만의 무리가 사오십 리에 걸쳐 두루 둘러싸고, 길이 있으면 다투어 **빼앗고**, 높은 봉우리가 있으면 다투어 차지하였다. 동쪽에서 소리치면 서쪽에서 호응하고 왼쪽에서 번쩍하다가 금새 오른쪽으로 튀어나와, 깃발을 흔들고 북을 울리면서 죽음을 무릅쓰고 앞을 다투어 올라왔다. 도대체 저들 (동학농민군)은 무슨 의리와 무슨 담략을 지녔기에 저렇게 할 수 있단 말인가.

위 글은 1894년 동학농민혁명 당시 최대의 격전이자 동학혁명의 분수령인 우금티 전투에 참여했던 조선 정부군의 지휘관이 그 당시를 회고하면서 쓴 글이다. 1894년 12월 4일에서 5일까지 동학농민군은 우금티 고개에서 보국안민(輔國安民), 곧 외세의 침탈 앞에 기울어져 가는 국권을 지키고, 도탄에서 헤매는 민초들의 생명과 생활, 생업을 보전하고자 일본군과 조선 정부군에 맞서 50여 차례에 걸쳐 치열하게 싸웠다. 그 결과 전봉준 장군이 직접 지휘하던 농민군은 "1차 접전 후 1만여 명의 군병을 점고하니 불과 3천 명에 지나지 않았으며, 그 후 다시 2차 접전 후 점고하니 5백여 명에 불과"할 정도의 다대한 희생을 치르고 패배하고 말았다.

이렇듯 갑오년 동학농민군들의 위대한 꿈과 눈물과 피가 어린 우금티 고개. 우금티 고개는 동학농민혁명에 있어, 아니 우리 한국 민족사에 있어 통곡의 고개이자 통한의 고개이다. 그 통곡과 통한의 고개와 골짜기, 산봉우리 여기저기에 얽히고설킨 동학혁명의 역사를 낱낱이 기록하여 독자 여러 분 앞에 상재하고자 한다. 참으로 가슴 아픈 역사를 다시 돌이켜보고자 하 는 것은 두 번 다시 이 땅에서 우금티의 비극이 없기를 바라며, 또 그 비극의 고개를 생명평화의 고개로 만들고자 하는 간절한 염원이 있기 때문이다.

이 책은 '우금티기념사업회' 정선원 선생님과 함께 공동연구, 공동조사의 성과라는 점에서 다른 책보다 특별하다. 공동저자인 정선원 선생님은 일찍 이 공주사범대를 다니면서 민주화운동을 하다가 제적·구속되고, 뒤늦게 교사가 되어 한편으로 우금티기념사업회 활동을 했는데, 정 선생은 그동안 우금티 일대 마을을 샅샅이 조사하여 동학혁명 관련 이야기를 모두 모으는 아주 '역사적인' 작업을 하셨다. 그 기간이 무려 20여 년에 걸친다. 이런 일은 아무나 할 수 있는 일은 아니다. 정 선생님이 채록한 이야기를 꼭 읽어 주실 것을 당부드린다. 또 미진한 부분은 기탄없는 조언을 부탁드린다.

이 책의 초고는 2005년에 '공주 우금티기념사업회'의 전면적인 협력과 지 원으로 보고서 형태로 이미 나온 바 있다. 그러나 2005년판 보고서는 이미 절판되었을 뿐 아니라 10년의 세월이 지나는 사이에 보완해야 할 내용이 많 이 발견되어 전면적인 수정이 필요한 실정이었다. 이에 '모시는사람들' 출 판사의 호의로 이번에 단행본으로 간행하게 되었다. 단행본으로 내는 과정 에서 정선원 선생님은 10년 전 원고를 전면 수정하는 성의를 다해 주셨다. 정 선생님의 거듭된 노고에 감사드리며, 이 책이 나오기까지 여러 모로 수 고를 다해 주신 희망꿈공주학부모회 한준혜 님, 우금티기념사업회 이원하 사무국장님, 마지막 교정의 수고를 해준 원광대학교 사학과 석사과정의 원 동호 군에게도 심심한 감사를 드린다.

2015년 2월 집필자를 대표하여
박맹수 모심

공주와 동학농민혁명

<1부>
동학농민혁명과
우금티전투 박맹수

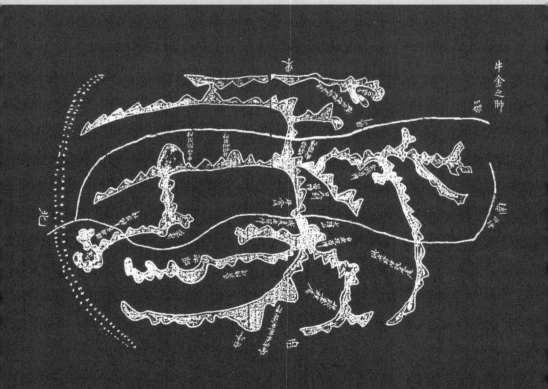

동학농민혁명과 우금티전투

　1894년 1월의 고부농민봉기에서 시작되어 1895년 1월에 이르기까지 조선 전역에서 전개된 동학농민혁명[1]은 결코 우발적으로 일어난 일회적 사건이 아니었다. 우리 역사뿐 아니라 동아시아, 나아가 세계사에서 일찍이 그 유례를 찾아볼 수 없을 정도로 대규모적이며 1년 이상의 장기전으로 이어진 동학농민혁명은 조선 후기에 빈발했던 수 많은 민란의 연장선 위에서 종래의 민란을 집약한 것이었을 뿐만 아니라, 또한 그 사상적·조직적 배경에는 조선 후기 이래 '밑으로부터' 표출되고 있던 민중들의 변혁의지를 수용하여 체계화한 동학이라는 새로운 사상과 동학의 포접(包接) 조직이 자리하고 있었다.

　1년 이상 조선 전역과 동양 3국을 뒤흔들었던 동학농민혁명의 전개과정은 대체로 다음과 같은 여섯 단계로 구분하여 이해할 수 있다. 즉, 첫째 1892년에서 1893년 두 해에 걸쳐 동학교단과 일반 민중들이 결합하여 전개한 교조신원운동의 단계, 둘째 1893년 11월의 사발통문 모의에서 비롯되어 그것의 실행이라고 여겨지는 1894년 1월의 고부농민봉기 단계, 셋째 1894년 3월 21일 전라도 무장에서 일어난 제1차 동학농민혁명(1차 기포) 단계, 넷째 5월 7일 전봉준이 이끄는 동학농민군과 홍계훈(洪啓薰)이 지휘하는 경군 사이에 맺어진 전주화약(全州和約)을 계기로 농민군이 전주성에서 자진 철수하는 대신에, 전라도 각 군현에 대한 농민군의 폐정개혁 활동이 이루어지는 집강소 통치기 단계, 다섯째 6월 21일 일본군의 경복궁 불법침입 사건이 계기가 되어 '항일전쟁'의 성격을 띠고 9월 초순부터 본격적으로 이루어지는 제2차 동학농민혁명(2차 기포) 단계, 여섯째 10월 말에서 11월 초에 걸친 두 차례의 우금티전투에서 농민군이 패배한 이후, 조일(朝日) 연합군 및 보수 유생 중심의 반농민군에 의해 이루어지는 농민군 진압 및 학살 단계 등이 그 것이다. 이하에서는 각 단계별 동학농민혁명의 전개 과정을 개략적으로 살펴보기로 한다.

1. 교조신원운동 단계

1892년에서 1893년에 걸쳐 동학교단의 지도부와 일반 민중들에 의해 이루어지는 교조신원운동(教祖伸寃運動)은 1년 뒤에 이루어지는 동학농민혁명의 전사(前史)로서의 성격을 가진다.

이 교조신원운동은 크게 세 가지 요구를 내걸고 전개되었다. 세 가지 요구란 첫째 동학을 창시한 교조 최제우의 억울한 죽음을 풀어달라는 요구(동학포교의 자유를 인정해달라는 요구), 둘째 동학을 금(禁)한다는 핑계로 동학교도 및 일반 민중들의 재산을 불법으로 수탈하는 지방관들의 부당한 행위를 막아달라는 요구(지방관들의 가렴주구행위 금지 요구), 셋째 나날이 만연하고 있던 서학(西學)과 불법적인 침탈을 벌이고 있던 일본상인을 비롯한 외세의 침탈에 대항하자는 요구(척왜양의 요구)였다. 이 같은 요구는 동학교도들의 요구인 동시에 당시 일반 민중들의 요구이기도 했다. 그리하여 교조신원운동은 동학교단의 지도자들이 앞에서 이끌고 일반 민중들이 광범위하게 참가하는 대대적인 민중집회 형태를 띠고 집단적이고 조직적으로 전개되었다.

교조신원운동은 우선 1892년 10월 서병학(徐丙鶴)과 서인주(徐仁周)가 중심이 된 공주취회(公州聚會)를 계기로 시작되어 그 해 11월 전라도 삼례(參禮)에서는 동학교단 지도부의 공식적인 승인에 따라 전라도 충청도 일대 동학교도 수천여 명이 모여 20일이 넘는 기간 동안 집단적인 시위를 벌였다(參禮聚會). 그리하여 동학교단은 충청감사 조병식(趙秉式)과 전라감사 이경직(李耕稙)으로부터 동학교도에 대한 부당한 수탈을 금하도록 조치하겠다는 약속을 받아내었다. 이로부터 충청도와 전라도 일대 일반 농민들은 고을 수령들의 부당한 수탈을 막아줄 조직으로서의 동학교단에 다투어 입교하기에 이른다. 이른바 동학과 일반 농민의 결합의 계기가 공주취회와 삼례취회의 성과를 통해서 이루어지게 된 것이다. 한편 동학의 창시자 최제우의 억울한 죽음에 대한 신설(伸雪) 및 동학의 공인과 포교자유의 문제는 중앙 조정의 권한에 속한다는 충청감사 및 전라감사의 입장 표명에 따라, 이 삼례집회 직후인 11월 말부터 서울에 올라가 국왕에게 집단적으로 호소하려는 계획이 추진되기 시작하였다. 이러한 계획은 동학교도들이 서울로 올라와 외국인을 배척하는 집단적인 시위운동을 벌일 거라는 소문으로 번져 당시 주한 외국 공사관과 주한 외국인들에게 커다란 위기감을 불러 일으켰다.

동학교도들의 상경투쟁계획은 소문대로 1893년 2월 현실로 나타났다. 2월 9일 40명의 동학지도자들이 광화문 앞에 엎드려 동학을 공인해 줄 것과 동학교조 최제우의 억울한 죽음을 풀어달라고 3일 밤낮을 호소하였다. 뿐만 아니라 14일부터는 외국인들을 배척하는 내용을 담은 괘서(掛書)들이 교회와 외국공사관, 외국인이 사는 집 담에 나붙기 시작하여 장안은 온통 공포분위기가 조성되었다. 이것이 이른바 광화문복소(伏訴)와 척왜양(斥倭洋) 괘서사건의 단계이다. 그러나 이 광화문복소와 척왜양 괘서사건은 외국세력의 간섭과 조정의 강경탄압책에 의하여 실패하고 말았으며 복소를 주도했던 동학지도자들은 체포되거나 수배되었다. 체포를 간신이 면한 동학지도자들은 동학의 본부가 있던 충청도 보은(報恩)으로 내려와 새로운 대응책을 마련하기 시작하였다.

동학의 최고지도자 해월 최시형(崔時亨)은 전국의 동학교도들에게 통문(通文)을 띄우고 1893년 3월 10일 최제우가 처형된 날을 기해 동학본부가 있는 보은으로 모일 것을 지시하였다. 이렇게 하여 이른바 보은취회(報恩聚會)가 열리게 되었다. 3월 10일부터 4월 2일 해산하기까지 보은으로 모인 교도의 수는 대략 3만에서 8만 명에 이르렀고 이들은 한결같이 나라를 온통 좌지우지하고 있는 외국세력을 몰아내야 한다고 주장하였다. 즉 '척왜양창의(斥倭洋倡義)'라는 반외세의 깃발을 내건 것이다. 한편 보은취회와 같은 시기에 보은취회에 호응하기 위한 또 하나의 집회가 전라도 금구 원평(院坪)에서도 열렸다. 이 집회를 학계에서는 금구취회(金溝聚會)라 하는데, 이 집회를 통해 장차 동학농민혁명을 주도하게 될 전봉준을 비롯한 농민군지도부가 성장하기 시작하는 것으로 이해되고 있다. 그러나 보은취회와 금구취회는 조정에서 파견한 양호선무사 어윤중(兩湖宣撫使 魚允中)의 설득과 회유, 그리고 군대를 동원하여 토벌하겠다는 중앙 조정의 강경책에 의해 해산되고 말았다. 이리하여 약 2년에 걸친 교조신원운동은 표면상으로는 일단 막을 내리게 되었다.

이상과 같이 동학교단 지도부가 주도한 집단시위운동의 역사적 의의를 든다면 다음과 같다. 첫째 동학농민혁명의 전(前)단계 투쟁으로서 장차 동학농민혁명을 주도할 지도부가 성장하는 계기가 되었으며, 둘째 공주취회와 삼례취회, 광화문 복합상소와 보은취회(금구취회)에서 발견할 수 있듯이 동학조직이 당시 민중들과 급격히 결합하는 현상이 일어남으로써 대내외적 모순이 심화되어 가고 있던 당시의 시대적 정세가 바야흐로 폭발 직전의 혁명적 정세에 도달하고 있었음을 보여주고 있다는 것이며, 이로써 장차 동학농민혁명이 일어날 객관적 조건이 성숙되고 있음이 확인되고 있다. 셋째 집단시위운동 단계에서 동학사상과 동학교단이 하나의 혁명적 사상으로서, 또는 혁명적 조직으로서 일반 농민들을 계몽하고 조직하는데 크게 기여하였다는 점을 들 수 있다. 즉. 집단시위운동 단계에서부터 동학과 일반 민중이 급격하게 결합하게 된다는 점이다.

2. 사발통문 모의와 고부농민봉기 단계

동학농민혁명의 제 2단계는 1893년 11월에 일어난 사발통문 모의 및 그 모의의 실행 단계라고도 할 수 있는 1894년 1월 10일에 일어난 고부농민봉기 단계까지이다. 1893년 11월 고부군 서부면 죽산리(현 정읍군 고부면 신중리 주산마을)에 있는 접주 송두호(宋斗浩)의 집에서는 전봉준 등 고부 동학교도 20여 명이 모여 고부군수 조병갑(趙秉甲)의 폭정에 대한 대응책을 모의하였다. 이들은 고부군민들에게 보내는 통문을 통해서 ① 고부성을 격파하고 군수 조병갑을 효수할 사 ② 군기고와 화약고를 점령할 사 ③ 군수에게 아유하여 인민을 침어한 탐리를 격징할 사 ④ 전주성을 함락하고 경사로 직행할 사와 같은 혁명적인 내용을 담은 통문을 띄우고 서명하였다. 이 모의를 사발통문 모의라고 부른다. 그러나 고부농민들이 효수하기로 했던 군수 조병갑이 익산군수로 전임 발령됨으로써 이 계획은 일시적으로 중지되었다. 그렇지만 군수 조병갑이 전라감사의 협조를 받아 다시 고부군수로 계속 남아 있게 되자 고부농민들은 마침내 조병갑의 폭정에 항거하는 봉기를 일으키게 된다.

고부농민봉기는 1월 10일 전봉준(全琫準), 김도삼(金道三), 정익서(鄭益瑞) 등에 의해 주도되는데, 그들은 말목장터에서 고부농민 1천여 명을 이끌고 봉기하여 1893년 부임 이래 온갖 폭정을 저지른 고부군수 조병갑을 몰아내는 한편, 농민들에 대한 가혹한 수탈의 상징인 만석보(萬石洑)를 허물어버리고 말목장터와 백산성 등에 진을 친 채 2개월 이상 장기적인 항쟁을 계속했다.

고부농민봉기는 몇 가지 측면에서 종전의 민란에서 볼 수 없었던 커다란 특징을 보여 주었다. 하나는 1892~3년에 일어났던 동학교단이 중심이 된 일련의 교조신원운동과 고부지방 동학교도 및 농민들이 중심이 된 1893년 11월의 사발통문(沙鉢通文) 모의계획과 깊은 관련을 가짐으로써 동학농민혁명이 일어나기 직전에 전개되었던 동학교도들의 집단시위운동과 밀접한 연관성(連關性)을 가진다는 점이며, 다음은 1월 10일에 봉기하여 3월 13일 완전 해산하기까지 무려 두 달간이나 계속되는 장기지속성(長期持續性)을 보여준다는 점이다. 그 다음으로 전봉준을 비롯한 강력한 항쟁지도부가 조직되어 고부군 여러 면에서 참가한 농민들을 조직하여 민군(民軍)을 만들고 고부관아에서 탈취한 무기를 비롯하여 자체적으로 만든 죽창 등으로 무장을 강화함으로써 강력한 조직성(組織性)을 보여준다는 점이다. 즉 갑오년 이전 동학교단의 집단시위운동과 연관성을 가진 것 외에 장기지속성, 강력한 조직성의 측면에서 다른 민란과 커다란 차이를 보이고 있는 것이다.

이상과 같이 고부농민봉기 단계에서 드러나는 독특한 성격은 봉기에 참가한 고부군민들이 군수 조병갑의 가혹한 수탈에 시달리고 있었다는 사실과, 다른 한편으로 고부 일대에 널리 포교되었던 동학의 조직력과 깊은 관련이 있었던 것으로 확인되고 있다. 그리하여 이 같은 고부농민 봉기의 성격은 그것이 한 고을 단위에서 일시적 봉기에 머물고 마는 단순한 민란에 그치지 아니하고 3월 21일의 전면 봉기로 발전하게 만드는 요인이 되었다.

3. 제1차 기포 단계

　동학농민혁명의 제 3단계는 고부농민봉기를 주도했던 전봉준 등 지도부가, 고부농민봉기를 수습하고 진정시키기 위해 중앙조정으로부터 파견된 안핵사 이용태(李容泰)의 가혹한 탄압을 견디지 못하여 3월 13일 민군(民軍)을 해산한 뒤, 고부 인근의 무장(茂長)으로 피신하였다가 무장의 동학대접주 손화중(孫化中)의 도움을 받아 3월 21일 전면적으로 봉기하는 단계를 말한다. 대부분의 학자들은 이 무장기포 단계부터 본격적으로 동학농민혁명이 전개되기 시작하는 것으로 이해하고 있다. 또한 기존 연구에서는 3월의 무장기포와 1월의 고부농민봉기를 혼동하여 기록한 오지영(吳知泳)의 『동학사(東學史)』 내용을 지나치게 신뢰하여 동학농민군이 전면적으로 봉기한 장소를 고부(古阜)로 잘못 알아왔다. 그러나 1985년 신용하 교수 등에 의한 새로운 연구가 발표됨으로써 동학농민혁명이 본격화되는 것은 1월의 고부농민봉기가 아니라 3월의 무장기포라는 사실이 처음으로 제기되었다. 신 교수의 무장기포설이 발표된 이후, 무장기포를 뒷받침하는 『수록(隨錄)』, 『석남역사(石南歷事)』, 『임하유고(林下遺稿)』 등의 새로운 사료들이 잇따라 발굴됨으로써 무장기포설은 학계의 정설이 되었다.

　전라도 무장에서 전면적으로 봉기한 동학농민군은 유명한 「무장포고문(茂長布告文)」을 발표하고 고부로 진격하여 3월 23일 경 고부를 다시 점령하였으며, 3월 25일 경에는 고부농민봉기 단계에서 한때 진을 쳤던 백산(白山)으로 이동하여 각지에서 참가한 농민군을 결집하여 진영을 확대 개편하였다. 전봉준 등 농민군지도부는 또한 백산에서 '호남창의대장소(湖南倡義大將所)'의 이름으로 격문(檄文)을 발표하여 민중들의 봉기와 호응을 촉구하였고, 4대명의(四大名義)와 행동강령 12개조 기율을 발표하여 군율을 정하였다. 그

후 4월 7일 새벽에 황토재에서 전라감영군을 격파하였고, 황토재 전투 승리 뒤에는 전라도 서남해안으로 기수를 돌려 정읍, 홍덕, 고창, 무장, 영광, 함평을 차례로 점령하였다. 이어 4월 23일에는 장성 황룡촌(黃龍村)에서 홍계훈이 이끄는 경군(京軍)과 싸워 승리를 거두었다. 그리고 4월 27일에는 마침내 호남의 수부(首府)인 전주성을 점령함으로써 동학농민혁명 전 과정에서 가장 빛나는 승리를 거두었다. 그러나 전주성 점령 직후 청·일 양국 군대의 출병 소식을 접한 농민군들은 5월 7일에 경군과 '전주화약'을 체결하고 이튿날 자진 해산하였다. 전주화약을 계기로 동학농민군들은 전라도 각 고을로 돌아가 폐정개혁을 단행하게 된다. 그런데, 농민군의 1차 기포 과정에서 진원지가 되었던 고을들은 거의 대부분 서해 연안을 끼고 있는 군·현들이라는 특징이 발견된다. 이른바 전라우도(全羅右道) 지방이 중심을 이루고 있는 것이다. 이것은 제1차 동학농민혁명의 주무대가 당시 전라도 서해 연안 지방을 중심으로 심화되고 있던 사회·경제적 모순과 밀접하게 결합되어 있다는 사실을 시사해 주는 것이다.

4. 전주화약과 집강소 통치 단계

'전주화약' 이후 농민군들이 전라도 각 고을로 돌아가 집강소(執綱所)[2]를 설치하고 폐정개혁을 실시하게 되는 5월 8일 이후부터를 이른바 집강소 통치기라 부르며 이 시기가 바로 동학농민혁명의 제 4단계에 해당한다.

집강소의 설치와 폐정개혁 활동은 새 전라감사로 부임한 김학진(金鶴鎭)과 전봉준 사이에 담판이 이루어지면서 가속화되어 몇 개 고을을 제외한 전라도 전역에 설치되다시피 하였다. 집강소의 설치와 폐정개혁 활동은 각 고을

별로 서로 다른 양상을 보이며 이루어졌던 것으로 알려지고 있다. 예를 들면, 농민군의 영향력이 절대적으로 우세한 고을에서는 집강소 설치가 수월했을 뿐만 아니라 과감한 폐정개혁 활동이 이루어진 반면에 그 반대의 경우도 있었다. 즉, 나주, 운봉, 순창의 경우는 집강소 설치를 거부하는 향리와 재지 유생 및 지방 포군으로 구성된 수성군(守城軍)과 동학농민군 사이에 치열한 전투가 벌어지기도 했던 것이다. 최근의 연구에 따르면,[3] 집강소 통치 단계에서 농민군의 활동 및 구성이 크게 변하는 것으로 확인되고 있다. 이른바 천민들로 구성된 농민군들이 대거 부상하여 과감한 폐정개혁 활동에 나서는 것이 바로 그것이다. 이 같은 천민군의 폐정개혁 활동의 의미에 대하여는 학계의 평가가 엇갈리고 있다.

집강소 통치기에 주로 금구현 원평에 주재하는 한편, 전라도 각지를 돌며 집강소 활동과 폐정개혁 활동을 독려하던 전봉준은 7월 초순 경에 "6월 21일 일본군이 경복궁을 불법으로 침입하여 친일괴뢰정권을 수립했다."는 '변란(變亂)' 소식을 접하고, 전라감사 김학진의 협조를 얻어 일본군을 몰아내기 위한 재봉기를 준비하게 된다. 전봉준의 재봉기 준비는 8월 말부터 시작되어 9월 초순 경에 본격화된다. 9월 10일 경 전라도 삼례에 재봉기를 준비하기 위한 대도소(大都所)가 설치됨으로써 집강소 통치는 사실상 끝나고 동학농민혁명은 전혀 새로운 단계로 접어들게 된다.

5. 제2차 기포 단계

전봉준 등 농민군지도부가 일본군을 몰아내기 위해 재봉기하는 9월 초순부터 그해 11월 우금티전투에서 패배하기까지의 단계를 제2차 동학농민혁명(제2차 기포) 단계라 부른다. 이 단계는 동학농민혁명이 '항일구국'이라는 반외세(反外勢)적 성격을 선명하게 드러내는 단계에 해당한다. 일본군을 몰아내기 위한 제2차 동학농민혁명은 9월 초부터 시작되는데, 이 때 전봉준은 전라도 삼례를 거점으로 동학농민군을 재조직하고 9월 말 경에는 서울을 향해 북상을 시작한다. 이 때 서울에서는 동학농민군을 토벌하기 위한 경군과 일본군이 세 길로 나뉘어 내려오기 시작하고, 전국 각 지역에서는 일본군을 몰아내기 위한 농민군 및 의병 봉기가 잇따르게 된다. 이 제2차 동학농민혁명 단계에서는 제1차 봉기에 참여하지 않았던 충청도, 강원도, 경기도, 경상도 북부지방에서도 수많은 동학농민군이 반침략 항쟁의 대열에 동참하기 위해 봉기하였다. 특히 당시 동학교단 최고지도자인 최시형의 직접적인 영향 아래에 있던 충청도, 경상도지방 동학지도자들도 휘하 교도들을 이끌고 봉기하여 10월 14일 경에 논산의 전봉준군과 합류하여 이른바 '남북접 연합군'을 형성하기에 이른다. 이들 '남북접 연합군'은 서울로 북상하기 위해 반드시 넘어야 하는 최대의 관문인 공주를 점령하기 위해 진격하였고, 공주감영 부근에는 서울로부터 내려온 경군과 일본군이 농민군을 저지하기 위해 우금티(牛禁峙) 일대를 중심으로 방어선을 형성하였다. 공주 우금티를 중심으로 대치한 농민군과 조·일 연합군은 10월 23일부터 25일까지 1차 대접전을 벌였으며, 다시 11월 8일부터 9일까지 우금티를 중심으로 제2차 대접전을 벌였다. 우금티에서 벌어진 2차 대접전의 광경을 당시 전투에 참가한 관군 지휘관이 남긴 기록을 통해서 살펴보기로 하자.

적병(농민군; 인용자 주)이 삼면을 포위하니 그 머리에서 꼬리까지가 30리에 이르러 마치 상산(常山)의 뱀을 치는 듯하였고, 효포와 능치(=웅치; 인용자 주) 쪽에서 움직이면서 곧장 공격해 오려는 기세였지만 사실은 그 의도가 언제나 우금(牛金=우금티) 쪽에 있었다. 그러나 적은 (관군과 일본군이) 우금티를 엄히 지키고 있다는 것을 알고 또한 공격 방향을 주봉(周峰)쪽으로 바꾸었다. 견준봉(犬蹲峰)을 지키는 부대가 그들을 쳐서 물리치고, 주봉(周峰)을 지키던 부대가 포를 쏘며 호응하니 이에 우금티에서 큰 전투가 벌어지게 되었다. 처음에는 성하영의 경리청군이 홀로 그 충돌을 감당하였으나 가히 지탱할 만한 형세가 되지 못하여 일본군 병관(兵官, 후비보병 제 19대대 서로 분진대 제 2중대 森尾雅一 대위; 인용자 주)이 군사를 나누어 우금티와 견준봉 사이에 배치하였다. (관군과 일본군은) 산등성이에 벌리고 서서 일제히 사격을 하고 다시 몸을 산속으로 숨겼다가 적이 능선을 넘어오려고 하면 또다시 산등성이로 올라가 일제히 사격을 하였으니, 이렇게 되풀이한 것이 4~50 차례가 되어 적의 시체더미가 온 산에 가득하였다.[4]

아아! 그들 비류(동학농민군) 몇 만의 무리가 4~50리에 걸쳐 두루 둘러싸고 길이 있으면 다투어 빼앗고, 높은 봉우리가 있으면 다투어 차지했다. 동쪽에서 소리치면 서쪽에서 호응하고, 왼쪽에서 번쩍 하다가 금to 오른쪽에서 튀어나와 깃발을 흔들고 북을 울리면서, 죽음을 무릅쓰고 앞을 다투어 올라왔다. 도대체 저들은 무슨 의리(義理)와 무슨 담략(膽略)을 지녔기에 저리할 수 있었단 말인가. 지금 그 때 그들의 행동을 말하려 하니 생각만 해도 뼈가 떨리고 마음이 서늘해진다.[5]

이 같은 2차 우금티 대접전은 11월 8~9일 양일에 걸쳐 4~50차례 이상의 공방(攻防)으로 이어졌다. 농민군의 기세는 하늘을 찌를 듯했고 병력 수도 4만 명 이상이었지만 우금티를 중심으로 한 두 차례의 대접전은 모두 무기와 전략전술의 열세를 극복하지 못한 농민군 측의 막대한 희생으로 결말이 나고 말았다. 1, 2차 대접전을 치르고 난 뒤 남아 있는 농민군의 전력에 대해 전봉준은 다음과 같이 회고한 바 있다.

제1차 접전 후 1만여 명(전봉준이 직접 지휘하던 부대; 필자 주)의 군병을 점고하니 불과 3천 명에 지나지 않았으며, 그 후 다시 2차 접전 후 점고하니 5백여 명에 불과하였다.[6]

이렇게 하여 동학농민혁명은 우금티전투 패배를 고비로 서서히 내리막 길로 접어들게 된다. 그렇지만, 우금티전투 패배에도 불구하고 전봉준은 다시 11월 15일 경 논산 황화대(黃華臺)전투를 통해서, 그리고 11월 25일 원평(院坪) 구미란전투를 통해서, 또한 손병희 등이 이끄는 북접 농민군 역시 영동 용산전투와 보은 북실전투 등을 통해서 끈질긴 저항을 계속하며 전세를 역전시키고자 하였지만 역부족이었다. 그 결과, 원평 구미란전투와 보은 북실전투를 고비로 동학농민군 지도자들은 뿔뿔이 흩어져 재기의 기회를 마련하고자 피신하지만 관군과 일본군에 의한 토벌작전에 밀려 대부분 체포되고 만다.

6. 농민군 진압 및 학살 단계

제1, 2차 우금티전투를 고비로 패퇴기에 접어든 동학농민군들은 논산 황화대, 전주, 원평, 태인, 보은 북실, 음성 무극, 장흥 석대 등지에서 간헐적인 최후항쟁을 계속하였으나 근대식 무기로 무장한 경군과 일본군, 보수 유생들이 중심이 된 민보군에 의하여 철저히 진압되었다. 그리하여 1894년 12월 초 전봉준, 손화중, 김개남, 김덕명, 최경선 등 농민군 지도부가 잇달아 체포됨으로서 동학농민혁명은 사실상 좌절되었다. 동학농민혁명이 좌절되고 난 뒤, 봉기의 대열에 참가했던 살아남은 농민군 지도자들과 농민군들은 재지 유생들을 중심으로 조직된 민보군에 의해, 한편으로는 경군과 일본군에 의한 지속적인 진압작전에 의해 체포되어 처형되었다. 가까스로 살아남은 동학농민군들은 살아남기 위한 방법의 하나로 천주교나 기독교와 같은 외래종교로 숨어들기도 하고, 일본군의 경복궁 불법 침입 및 을미사변을 계기로 일어난 의병(義兵) 대열로 합류하기도 하였다. 또 다른 일부 농민군들은 속리산이나 지리산 등과 같은 깊은 산골로 숨어들어 1900년대 의병으로 다시 조직화되어 등장하기도 하였으며, 극히 일부의 농민군 세력은 일진회(一進會)와 같은 친일단체에 참여하여 구차한 목숨을 이어가기도 하였다.

7. 동학농민혁명의 지방사적 전개

　동학농민혁명은 지금까지 고부의 동학접주 전봉준이 전라도를 중심으로 일으킨 하나의 '지역적 사건'으로 이해되어온 경향이 강하다. 그러나, 이 같은 이해는 역사적 사실과 다르다. 동학농민혁명 1백주년 기념사업을 계기로 새로 발굴된 다량의 사료에 따르면, 동학농민혁명은 조선 전역에서 일어났던 '전국적 대사건'이었다. 그러므로, 동학농민혁명의 전체상을 정확하게 이해하기 위해서는 전라도 지방 외에서 전개되었던 동학농민혁명의 지역별 사례에 대한 이해가 필수적으로 요청된다. 여기에 전봉준을 중심으로 한 전라도 지방의 농민군 주력부대 외에 충청도와 경상도, 경기도와 강원도 지방 등지에서 전개되었던 혁명의 전개양상과 특징을 개괄하기로 한다.

그런데 지역별 사례를 이해하기 위해서는 이른바 '권역(圈域)'에 대한 이해가 선행되어야 한다. 여기서 잠시 '권역'이란 용어에 대하여 검토하기로 하자. 동학농민혁명의 지방별(또는 지역별) 전개 양상을 바르게 이해하려면 우선 먼저 오늘날의 행정구역의 개념을 넘어서야 한다. 갑오년 당시의 행정구역(군현제)은 갑오개혁 때 조금 바뀌고, 그 후 1912년 경부터 일제에 의해 대대적으로 개편된다. 따라서 오늘날의 행정구역의 근간은 일제시대에 이루어진 것이다. 그러므로 갑오 당시의 행정구역을 이해하기 위해서는 조선 후기의 군현제도에 대한 이해를 먼저 하여야 한다.

　다음으로 동학농민혁명의 지역별 실상을 바르게 이해하기 위해서는 반드시 농민군 조직의 근간이 되었던 동학조직의 연원제(淵源制)와 포접제(包接制)의 특성에 대하여 이해가 있어야 한다. 동학농민혁명 관련 사료를 보게 되면, '기포(起包)'라는 용어가 자주 등장한다. '기포'를 풀어 말하면 "포(包)가 일어난다, 포를 일으킨다"라는 뜻이 되는데, 이 때의 포(包)란 바로 동학조직의 접(接)이 여러 개 합한 좀 더 큰 규모의 동학조직을 말하며, 포는 당시의 군현단위와 일치하는 경우도 있으나 그렇지 않은 경우도 많았다. 즉, 포란 지역단위 조직의 의미가 전혀 없는 것은 아니나 반드시 당시의 군현 단위와 일치하지 않는다는 사실을 염두에 두어야 한다. 포는 대체로 여러 개의 군현에 걸쳐 있는 경우가 많다. 동학조직의 근간을 이루고 있던 연원제 역시 인맥 중심의 직제(職制)로서 특정한 한 지역에 걸쳐 있지 아니하고 광범위한 지역에 걸쳐 조직이 뿌리내려 있었다. 또 한 가지 권역에 대해 이해하기 위해서는 갑오년 당시 각 지방별로 이루어지고 있던 장시(場市)를 중심으로 하는 생활권이라든지, 통혼(通婚)의 범위를 고려한 권역을 염두에 두어야 한다는 사실이다. 이상의 세 가지 요소를 고려하면서 동학농민혁명의 지역별 전개 양상을 살펴야 그 실상에 보다 가깝게 접근할 수 있다고 생각한다.

이렇게 '권역'에 대한 이해를 염두에 두면서 먼저 전라도 지방을 보기로 하자. '권역'에 근거하게 되면, 전라도의 경우 전봉준이 주축이 된 지방을 제외하면 몇 개의 권역(圈域)으로 나눌 수 있다. 대표적으로 광주·나주권, 장흥·강진권, 남원·운봉·담양·곡성·구례권, 순천·광양·하동권 이 넷이다. 그러나 이 네 권역 외에도 앞으로 연구가 진행됨에 따라 추가되는 권역이 나올 것으로 생각된다.

다음, 경상도 지방이다. 원래 경상도는 동학의 발상지로서 전라도 지방 못지않게 동학농민혁명이 치열하게 전개된 지방이다. 그러나 경상도의 경우는 그동안 연구가 제대로 이루어지지 않아 공백으로 남아 있다가 80년대에 들어와 조금씩 그 구체적인 실상들이 밝혀지기 시작하고 있다. 주목되는 연구로는 충북대 신영우 교수에 의한 경상도 북서부 지방(예천, 상주, 금산, 안동 등)의 동학농민혁명 연구다. 신 교수의 연구에서 돋보이는 부분은 종래 동학농민혁명기 농민군의 자치기구로서 폐정개혁을 담당했던 집강소가 경상도 북서부지방의 경우에서는 동학농민군을 토벌하는 보수 세력에 의해 설치 운영되고 있는 사례를 밝힌 점이며, 또 하나의 성과로는 경상도 북서부 일대 동학농민군 지도자 대부분은 동학교단의 접주 또는 접사의 직책을 가진 양반 출신이라는 점이었다. 이러한 신 교수의 일련의 연구는 충실한 현지답사와 철저한 사례연구를 통한 탄탄한 연구 성과로 평가되고 있다. 경상도 남부의 고성(固城)·진주(晉州)·곤양(昆陽)권과 진주(晉州)·하동(河東) 권역도 치열한 항쟁지역의 하나이다. 동학농민혁명 1백주년을 전후하여 본격적인 연구가 이루어지고 있는 이들 권역의 연구는 이른바 전라도 동학조직과 경상도 동학조직의 중간지대로서 양측의 실상을 규명하기 위해서 필수적으로 검토해야 할 권역이라고 생각된다. 경상남도 고성은 일찍기 수운에 의해 접주가 임명되었던 곳이며, 진주의 경우는 동학교도로 행세한 이필제가 진주작변을 모의했던 덕산(德山)이 멀지 않은 곳이다. 또한 진주지역에는 변혁지향적인 전라도 동학을 있게 한 인물로서 신유갑(申由甲)과 권일청(權一淸)이라는 인물에 대한 이야기가 지금까지도 전승되는 지역이다. 여기서는 다만 향후의 연구과제의 하나라는 지적만 하고 넘어가기로 하겠다.

다음으로는 충청도 지방이다. 충청도의 경우도 여러 권역으로 나뉘어진다. 목천·천안권(세성산), 예산·홍성·서산·당진·태안권(내포지역), 충주·단양·제천·청풍권, 부여·한산·서천권, 청주·옥천·보은·영동·논산권 등이 그것이다. 이외에도 제1차 동학농민혁명 단계에서 전봉준의 무장기포(茂長起包; 1894년 3월 21일)보다 이른 시기인 3월 12일경에 기포했던 금산·진산·회덕·진잠권이 있다. 충청도에서 활약했던 동학농민군 지도자를 예로 들면, 목천의 경우는 김용희(金鏞熙), 김성지(金成之), 김화성(金化成) 등 이른바 '삼로(三老)'로 불리던 세 동학지도자들이 갑오년 10월 8일부터 약 3일간 이두황이 이끈 관군과 치열한 접전을 벌였으며, 예산지역은 박희인(朴熙寅), 박인호(朴寅浩), 홍종식(洪鐘植) 등이 이끈 동학농민군이 신례원, 예산, 홍성 등지에서 역시 치열한 항쟁을 벌였다. 충주와 청풍의 경우는 성두환(成斗煥)이, 청주의 경우는 임규호(任奎鎬), 권병덕(權秉悳) 등이 활약을 하고 있다. 충청도의 경우 그간 전라도 중심의 동학농민혁명 연구 분위기에 밀려 아직 상세하게 해명되지 못한 지역이 대부분이다.

다음은 경기도 지방이다. 경기도 지방의 경우도 수원·광주·용인·안성·양평권이라든지, 이천·여주·장호원권 등에서 상당한 항쟁이 이루어졌다. 일찍이 이 지역에서는 1893년의 보은취회에도 활발할 참여를 벌일 만큼 동학의 교세가 조직화되어 있던 지방이다. 그러나 연구는 현재 거의 공백상태이다. 『천도교회월보』라든지 『사법품보』와 같은 자료를 활용한다면 그 실상이 상당부분 밝혀질 것으로 생각된다.

그 다음은 강원도 지방이다. 강원도 지방은 1870년대부터 양구, 인제, 정선, 영월, 양양 등지를 중심으로 동학이 널리 포교된 지역이다. 이 지방은 역시 제1차 기포시의 동향은 미약하지만 제2차 기포 후의 항쟁은 치열하게 전개되었다. 그중에서도 동학농민군의 강릉부 점령과 홍천군 서석면 풍암리 자작고개에서의 혈전이 대표적일 것이다. 이에 대해서는 한우근 교수의 연구와 역사문제연구소 팀의 현지답사를 통한 연구가 있으며, 이 지역에서의 동학의 포교 상황을 밝혀 놓은 연구로는 필자의 글이 있다.

끝으로 황해도와 평안도 지방의 동향이다. 이 지방에는 일찍이 수운 당시 이 지방으로 유배된 동학교인들에 의해 동학이 전파되었다. 그러나 본격적인 포교는 90년대에 접어들면서 부터로 짐작된다. 황해도 접주로서 동학농민혁명에 가담했던 김구 선생의 『백범일지』를 통하여 황해도 동학농민혁명 실상의 일부를 짐작할 수 있을 것으로 생각된다.

8. 농민군 학살과 일본정부의 책임

앞에서 지적했듯이 동학의 조직과 사상, 동학 접주들을 중심으로 일반 민중들이 결집하여 일어났던 동학농민혁명이 실패한 원인 가운데에는 근대적 무기를 앞세운 일본군의 동학농민혁명 진압 및 농민군 대량 학살이라는 문제가 있다.

일본은 1894년 3월의 제1차 동학농민혁명을 조선에 대한 주도권 장악의 절호의 기회로 간주하고 조선 정부의 요청이 없었음에도 불구하고 대규모 군대를 출병시켜 서울에 주둔시켰다(1894년 6월). 일본거류민 보호와 "조선 유사시 청국과 일본은 공동 출병한다."는 천진 조약(天津條約)이 그 출병 이유였다. 그러나 6월 21일의 일본군에 의한 왕궁점령사건 이전, 동학농민군은 무장하지 않은 일본인을 공격 또는 살상 행위를 한 적이 없기 때문에 거류민 보호라는 일본측 출병 이유는 출병을 위한 억지 구실에 지나지 않았다. 또 청일 양국 군대의 출병이라는 국가적 위기 사태에 직면한 동학농민군은 일본군이 서울에 입성하기 직전인 5월 7일 조선 정부군과 전주화약(全州和約)을 체결하여 전주성에서 자진 철수하여 해산하였다. 이로 인해 청일 양국 군대가 조선에 주둔해야 할 이유, 즉 '유사(有事)'의 상황은 해소되었다. 청국은 당연히 양국 군대의 공동 철병을 일본측에 제안하였다. 그러나 조선 유사의 상황을 주도권 장악의 절호 기회로 삼고자 출병한 일본이 청국의 '공동 철병안'을 받아들일 리가 없었다. 일본은 철병안을 받아들이기는커녕 일본군의 장기 주둔 구실을 마련하고 청국과의 전쟁 구실을 만들기 위해 조선 내정을 공동으로 개혁하자는 '조선 내정개혁안'을 청국에게 제안하였다. 이 같은 일본측의 제안은 조선 정부의 주권을 무시하는 행위였을 뿐만 아니라, 조선과 청국 사이의 전통적인 조공(朝貢) 관계를 부정하는 것이기도 했기 때문에 조선 정부는 강력히 그것을 거부하였다. 청국도 마찬가지였다. 진퇴양난의 지경에 빠진 일본정부는 청국과의 전쟁 구실 마련에 혈안이 되었다. 이런 상황 속에서 일어난 사건이 바로 6월 21일 일본군에 의한 조선왕궁(=경복궁) 불법점령 사건이다. 일본군의 조선왕궁점령은 명백한 국제법 위반이었다. 국제법을 무시한 행동이었기 때문에 일본정부는 사건 당시부터 진상의 은폐와 날조에 급급하였다. 군대를 앞세워 왕궁을 불법점령한 일본은 '내정개혁안'을 거부하고 있던 국왕과 대신들을 축출하고 대원군을 중심으로 한 친일개화정권을 수립하였다. 이후 일본은 친일개화정권을 압박하여 '청국 군대 구축(驅逐)'을 조선 정부로부터 의뢰 받는 수순을 밟아 청일전쟁을 일으켰으며, 또한 친일개화정권을 압박하여 조선 정부로 하여금 일본군에게 동학농민군을 진압하도록 의뢰하는 공문을 발하도록 강요하였다. 이 과정에서 대원군은 끝까지 일본 측에 대항하여 동학농민군 진압은 조선 정부가 자주적으로 행할 것이라고 버텼으며, 일본 측에 협력하기는커녕 비밀리에 북으로는 평양의 조선 군대, 남으로는 동학농민군과 연대하여 일본군을 구축하려는 계획을 진행하였다. 동학농민군 최고지도자 전봉준 역시 대원군과 일정한 연대를 시도하려 했다는 사실은 이미 학계가 검증한 바 있다. 그러나 대원군의 노력은 끝내 실패로 돌아갔고, 괴뢰정부 친일개화정권은 일본군에게 동학농민군을 진압하도록 의뢰하였다. 친일개화정권이 일본군에게 농민군 진압을 의뢰한 것은 1894년 10월 중순 무렵이었다. 이 때부터 조선정부군의 지휘권은 일본군으로 넘어갔다.

　문제는 여기서부터 심각해진다. 당시 조선과 일본은 선전포고를 한 적국 관계가 아니었다. 또한 비록 일본군이 친일개화정권으로부터 농민군 진압을 의뢰받았다 하더라도 그 처벌은 조선 정부의 국내법에 따라야 했다. 왜냐하면 농민군을 비롯한 조선 민중에 대한 사법권은 어디까지나 조선 정부와 조선 군대에 속해 있었기 때문이다. 그러나 농민군 진압에 나선 일본군은 조선의 국내법, 즉 조선의 사법권을 철저하게 무시한 채 10월 27일자 대본영의 "모조리 살육하라"는 명령을 아주 충실히 수행하게 된다. 농민군 지도자는 말할 것도 없고 동학의 경전이나 명첩(名帖)과 같은 문서를 소지했다는 이유 하나만으로 일반 동학신자들 역시 체포 즉시 현장에서 학살되었다.[7] 동학농민군인지 일반 민중인지 그 구별이 애매한 사람들 역시 재판 절차 없이 현장에서 학살당하였다. 현재 일본방위청 방위연구소 도서관에는 조선의 사법권을 무시한 채 동학농민군을 대량 학살한 일본군이 남긴 작전일지, 전투상보, 진중일지, 전보 등이 대량으로 소장되어 있다. 일본군에 의한 동학농민군 학살 전모를 밝히기 위해서는 이들 사료의 공개가 절대적으로 필요하다.

일본군은 조선의 국내법, 사법권만 무시한 것이 아니었다. 당시의 국제법마저 무시한 행위를 공공연히 저질렀다. '만국공법(萬國公法)'이란 이름으로 널리 알려진 당시의 국제법에는 비전투원에 대한 보호가 명시되어 있었다. 그러나 동학농민군 진압에 나선 일본군은 이 같은 국제법을 철저히 무시한 채 비전투원인 동학신자들마저 동학신자라는 단 하나의 이유만으로 모조리 학살하였다. 1894년 11월부터 1895년 3월까지 일본군에 의해 학살당한 동학농민군 숫자는 최소 5만 명에 달하는 것으로 추산되고 있다.[8] 일본정부의 책임을 엄중하게 물어야 할 이유가 바로 여기에 있다.

제2차 동학농민혁명과 우금티전투

　전봉준은 최후 진술에서 1만여 명의 동학농민군(이하 농민군이라 칭함)을 거느리고 우금티전투에 참가하였다[9]고 말한 바 있다. 그런데 전라우도(右道)를 기반으로 했던 그의 직속부대는 약 4천 명이었고,[10] 나머지 6천 명은 공주로 북상하는 과정에서 주로 강경(江景)과 논산(論山), 은진(恩津)과 노성(魯城) 등지에서 참가한 농민군들이었다. 이 같은 그의 진술에 따르면, 공주전투에 참가했던 전봉준 직속부대의 60%가 충청도 출신 농민군들이었음을 알 수 있다. 그럼에도 불구하고 기존의 연구들은 한결같이 충청도 지방 농민군 세력이나 그들의 동향에 대해 주목한 적이 거의 없었다.

　이 글에서는 동학농민혁명 전과정에서 최대의 분수령이 되었던 1894년 10월 말에서 11월 초에 걸친 '공주전투(公州戰鬪)'[11]가 전개되기까지, 전봉준을 중심으로 하는 농민군 지도자들이 일본군의 불법적인 경복궁 점령 소식을 듣고 일본군을 몰아내기 위해 전라도 삼례(參禮)에 대도소를 설치하고 인근 지역의 농민군을 다시 결집시키는 과정, 10월 초순 삼례를 출발하여 강경과 논산, 은진과 노성, 경천(敬川)과 이인(利仁) 등을 거쳐 충청감영이 있는 공주까지 북상하는 과정, 공주 남쪽의 우금티 일대에 집중 배치되어 있던 조일 (朝日) 연합군의 방어선을 뚫기 위하여 경군 및 일본군과 농민군 사이의 최대의 전투였던 우금티전투의 전개과정 등을 구체적으로 분석하고자 한다. 여기서는 특히 전라도 농민군 외에 충청도 농민군들의 동향에 주목하여 그들이 전봉준군에 합류하여 우금티전투에 참여하는 과정을 개관함으로써 충청도 지방 농민군의 활약상에 대한 재조명을 시도해 보고자 한다.

1. 제2차 동학농민혁명의 배경
─ 일본군의 경복궁 불법점령

당초 '거류민 보호' 명목으로 출병했던 일본군은 사전에 청국과의 전쟁을 예상하고 청국군의 세 배 이상의 병력을 파견했다.[12] 일본군은 농민군이 전주에서 조선정부군과 '전주화약'을 맺어 자진 철수함으로써 조선에 주둔할 명분이 없어졌음에도 불구하고 청국에게 공동으로 조선내정을 개혁하자는 '내정개혁안'을 내세워 철병을 회피하는 책략을 구사했다. 이것은 무슨 수단을 강구하든지 청국과의 일전(一戰)을 불사하려는 일본정부의 고도의 책략이었음은 두말할 필요가 없었다. 그리하여 철병을 미루고 있던 일본군은 막강한 군사력을 배경으로 6월 21일(양력 7월 23일) 경복궁을 불법으로 점령하고 민씨 정권을 축출한 다음, 대원군과 친일개화파를 등용하여 괴뢰정권을 수립했다.[13]

이 같은 일본군에 의한 불법적인 경복궁 점령은 조정의 관리를 비롯하여 지방 유생들과 일반 민중들에게 커다란 충격을 주었다. 전봉준을 비롯한 농민군 지도부가 커다란 위기의식을 느꼈음은 두말할 필요가 없었다. 그리하여 강원도 유생 유인석(柳麟錫)은 「격고팔도열읍(檄告八道列邑)」이라는 격문을 통해서 "마침내 갑오년 6월 20일 밤에 이르러 우리 조선 삼천리 강토가 없어진 셈이라"고 통탄하였으며,[14] 공주유생(公州儒生)[15] 서상철(徐相轍)은 안동에서 의병을 일으켜 태봉(胎峰), 충주(忠州), 제천(堤川), 원주(原州), 곤지암(昆池岩) 등지로 이동하면서 반일의병(反日義兵) 투쟁을 전개하였다.[16] 뿐만 아니라, 당시 조선 인민 가운데 뜻있는 사람들은 "일본은 대병(大兵)을 파견하여 우리나라를 집어 삼키려고 한다", "조금이라도 나라를 걱정하는 사람은(중략) 궁중의 일을 물을 겨를조차 없으므로 우리가 먼저 일어나 일병(日兵)을 막아내야 한다"고 생각하였다.

이처럼 유생들이 전국 각지에서 봉기하고 있을 때, 농민군들도 일본군이 경복궁을 무력으로 점령하였다는 소식을 접하자 각지에서 곧바로 봉기하였다.[17] 전라도 장성(長城)에서는 6월 29일 "倭兵이 장차 이를 것이다. 일이 심히 급박하다"[18]면서 5~6백 명의 농민군이 성중에 난입하여 군기고를 열고 군기를 모두 빼앗아 갔으며,[19] 7월 3일에는 충청도 이인역(利仁驛)에서 농민군들이 봉기하였고,[20] 7월 하순에는 경상도 함창(咸昌)에서,[21] 9월 4일에는 강원도 영월(寧越), 평창(平昌), 정선(旌善) 세 읍에서 농민군 수천 명이 봉기하였다.[22] 또한 9월 9일 직전에는 경기도 죽산(竹山)과 안성(安城)에서 농민군들이 잇따라 봉기하였다.[23]

5월 7일의 '전주화약' 이후 금구(金溝), 김제(金堤), 태인(泰仁), 장성(長城), 담양(潭陽), 순창(淳昌), 옥과(玉果), 창평(昌平), 순천(順天), 남원(南原), 나주(羅州) 등 전라도 일대를 순회하며 농민군의 폐정개혁활동과 집강소 통치를 독려하던 전봉준은 7월 초순 전라도 남원에서 일본군의 경복궁 점령 소식을 듣게 되었다.[24] 그러나 일제(日帝)의 조선 침략의도가 명백한 경복궁 점령 소식을 멀리서 전해 들은 전봉준은 "일본의 행동, 대원군의 행동을 우리는 아직 자세히 알지 못해서 안심할 수 없기 때문에 나는 힘써 동지들의 분격을 가라앉힘과 동시에 우리 정부의 동태를 알려고 하였다."[25] 그리하여 그는 8월 11일 경까지도 일부 농민군 지도자들의 즉각적인 봉기의 움직임을 진정시키는 한편, 경복궁을 점령한 일제 측의 의도와 대원군을 비롯한 지배층의 동향 파악에 주력하였다. 그러나 서울에서 전개되는 상황을 정확하게 파악하는 데에는 여러 가지 제약이 따랐다. 전봉준을 비롯한 농민군 지도부가 상황을 파악하는 동안, 일본군은 경복궁 점령 다음 날인 6월 22일 대원군과 친일개화파를 중심으로 괴뢰정권을 수립하였으며,[26] 이어 이들 괴뢰정권에게 강요하여 청국군(淸國軍) 구축(驅逐) 의뢰를 얻어낸 다음, 6월 23일의 풍도해전(豊島海戰)을 시작으로 청일전쟁(淸日戰爭)을 도발하였다. 일제는 또한 다른 한편으로는 조선정부에게 '조일양국맹약(朝日兩國盟約)'을 강요[27]하여 조선과 군사동맹 체제를 수립하였으며, 이를 계기로 조선정부로 하여금 청일전쟁 수행에 필요한 인부(人夫)와 식량(食量)을 징발하게 하는 등 침략정책을 노골적으로 강행하였다. 이 같은 상황 전개에 대해 전봉준 등 농민군 지도부는 늦어도 8월 25일의 '남원대회(南原大會)'[28] 이전까지는 그 진상을 어느 정도 파악했던 것으로 확인된다. 그리하여 전봉준 등은 8월 말부터 일본군을 몰아내기 위한 항일봉기, 즉 제2차 동학농민혁명을 준비하기에 이른다.

전봉준은 9월 10일 경 전라도 삼례(參禮)에 재봉기를 위한 대도소(大都所)를 설치하고 인근 군현을 공격하여 무기와 식량 확보에 들어갔다. 전봉준은 9월 10일 경 전라도 각지에 발송한 통문을 통해서 무기와 식량 확보를 독려하였으며, 이후 9월 중순 경까지 여산현(礪山縣)과 전주(全州), 위봉산성(威鳳山城) 등지의 무기를 확보하였다. 이처럼 전봉준이 일본군을 몰아내기 위한 '항일의병'을 제창하는 통문(通文)을 보내고, 무기를 탈취하여 무장을 함으로써 제2차 동학농민혁명이 본격적으로 전개되기에 이른다.

9월 12일 경부터 삼례를 거점으로 하여 농민군을 재조직한 전봉준은 9월 말 경에야[29] 북상을 시작했다. 삼례에 대도소를 설치한 지 약 한 달 뒤에야 북상하게 된 까닭은 벼가 익기를 기다려 군량을 준비하고, 인근 고을에서 합류해오는 농민군들을 규합하느라 시간이 지체되었기 때문이었다.

전봉준이 삼례를 중심으로 농민군을 결집시키고 있을 무렵, 서울에서는 농민군 진압을 위한 정예부대인 장위영(壯衛營), 경리청(經理廳), 통위영(統衛營) 등 경군(京軍)을 비롯하여 농민군 진압을 전담하기 위해 일제가 특파(特派)한 후비보병(後備步兵) 제19대대가 세 길로 나뉘어 남하를 시작하고 있었다. 여기에 맞서 제1차 동학농민혁명 단계에서는 봉기하지 아니했던 충청도, 강원도, 경기도, 경상도 북부지방에서도 수많은 농민군이 일제와의 항쟁 대열에 동참하기 위해 봉기하고 있었다. 즉, 당시 동학 최고지도자 최시형의 직접적인 영향 아래에 있던 동학 지도자들이 휘하 교도들을 이끌고 각 지역에서 속속 봉기하여 항일전선에 동참하였다. 그 중 손병희가 이끄는 충청도 북동부지역 농민군은 청주, 보은, 옥천, 청산에서 기포(起包)한 후 전봉준과 연합하기 위하여 논산 방향으로 진출하고 있었다. 손병희가 이끄는 농민군은 10월 중순 경 논산 부근에서 합류하였다.[30] 9월 18일 최시형의 기포령[31]에 호응하여 충청도·경상도 각지에서 기포한 농민군들도 북상하는 농민군 주력과 합세하기 위해 공주로 진격을 시도하게 된다.[32] 그리하여 전봉준군과 손병희군 등을 주축으로 하는 연합농민군과 경군·일본군으로 구성된 진압군 사이에 10월 23일부터 25일까지 1차 대접전이 벌어지고, 다시 11월 8일부터 11일까지 제2차 우금티전투가 벌어지게 된다. 두 차례의 대접전, 특히 2차 우금티전투에서 40~50차례에 걸친 공방전을 벌이며 분투했던 농민군은 무기와 전력의 열세를 이겨내지 못하고 패배하고 말았다. 그리하여 1894년 1월 고부농민봉기 이래 지속되어온 동학농민혁명은 이 1, 2차 공주전투를 고비로 서서히 패퇴기로 접어들게 된다.

물론 우금티전투 이후에도 11월 15일 경의 논산 황화대전투나 11월 25일 금구 원평 구미란전투, 12월 5일부터 17일 사이에 전라도 장흥·강진 일대에서 수만 명의 농민군이 집결하여 치열한 항쟁을 했던 장흥 석대(石臺)전투 등과 같이 끈질긴 항전을 계속하긴 하였지만 전세를 뒤집기에는 역부족이 었다. 특히 원평 구미란전투를 고비로 농민군 지도자들은 뿔뿔이 흩어져 재기의 기회를 마련하고자 피신하지만 경군과 일본군에 의한 토벌작전에 밀려 대부분 체포되기에 이른다.

2. 제2차 동학농민혁명의 특징

1) 제2차 봉기와 전라도 농민군의 동향

8월 25일, 김개남(金開南)은 전라좌도의 농민군 약 7만 명을 남원에 소집하여 대회를 열고 봉기를 결의하였다.[33] 이때 전봉준은 남원으로 달려가 김개남에게 "각 고을에 농민군의 역량을 보존하면서 시세의 변이를 지켜보자"[34]며 봉기를 서두르지 말 것을 요청하였다. 이 같은 전봉준의 신중한 태도는 일본군의 경복궁 점령 소식을 듣고도 여전히 일제의 정확한 의도를 파악하지 못하고 있었고, 아울러 대원군을 비롯한 지배층의 동향을 자세히 알지 못해 당시 시세를 파악하기 위한 조치였다. 그리하여 그는 동지들의 분격을 힘써 가라앉히며 정세 파악에 부심했다. 광주와 나주 일대에서 폐정개혁 활동을 독려하고 있던 손화중(孫化中) 역시 '남원대회' 소식을 듣고 달려와 전봉준과 같은 의견을 냈다.[35] 그러나 김개남은 "이 큰 무리가 한번 흩어지면 다시 합하기가 어렵다"[36]면서 전면봉기 계획을 계속 추진할 것을 주장하였다.

이 무렵, 일제는 6월 23일의 풍도해전, 6월 27일 성환 일대에서 벌어진 육전(陸戰)에서 일방적으로 청군을 격파하고, 이어 8월 17일의 평양성(平壤城)

전투 승리를 계기로 조선에 대한 침략을 노골화하였다.[37] 청일전쟁 수행에 필요한 조선인부의 강제징발 및 식량약탈,[38] 농민군을 진압하기 위하여 8월 말부터 군대를 투입한 것[39]이 바로 그러한 예이다. 이러한 일제의 침략에 맞서 각지의 농민군들이 봉기를 시작하고, 유생들이나 현직 관리들까지 반일(反日) 의병을 조직하여 대항을 하게 되자 전술한 바와 같이 전봉준 역시 전면적 봉기를 준비하기에 이르렀다.

전봉준은 9월 초순에 전주에서 삼례로 나가면서 김개남에게 통문을 보내 후원(後援)이 되어 줄 것을 요청하는 한편,[40] 손화중·최경선(崔景善)으로 하여금 광주(光州)와 나주(羅州)를 방어하도록 조치하였다. 광주와 나주를 방어하도록 한 까닭은 일본군이 해로(海路)를 이용하여 북상하는 농민군의 후방 기습에 대비하자는 것과,[41] 지난 4월 이래로 농민군을 괴롭혀 온 나주성(羅州城) 내의 반농민군의 후방 공격을 견제하기 위한 조치였다.[42] 그 외 영호대접주(嶺湖大接主) 김인배(金仁培)는 순천(順天)에 웅거하면서 경상도 쪽에서 전라도로 진출하려는 일본군과 관군의 진입을 저지하고 있었고, 금구대접주(金溝大接主) 김방서(金邦瑞)는 7월 이래 반농민군 측의 탄압이 격화되고 있던 장흥(長興)·강진(康津) 지역으로 파견되었으며,[43] 담양접주(潭陽接主) 남응삼(南應三)을 비롯한 전라좌도 농민군들은 10월 초순 김개남군이 북상한 뒤 비게 된 남원성을 지키면서 운봉(雲峰)의 민보군을 방어하였다.[44]

이상과 같이 2차 기포가 이루어질 무렵 김개남, 손화중, 최경선, 김인배, 김방서 등 제1차 봉기 때 전봉준군과 행동을 같이 했던 상당수의 농민군 지도자들은 일본군의 후방기습, 각 군현 단위로 조직된 반농민군세력 즉 민보군 또는 수성군 측의 후방을 공격 대비하기 위하여 집강소 통치기 이래 계속 머물고 있던 지역별 근거지를 떠날 수 없었다. 이 점은 제2차 봉기 당시 전봉준군의 구성과 전력이 1차 봉기 때의 그것과는 상당히 차이가 있다는 사실을 알려준다.

2) 반일연합전선(反日聯合戰線)의 형성

6월 21일(양력 7월 23일) 일본군의 경복궁 불법점령을 계기로 일제의 노골적인 침략 의도를 확인한 전봉준은 재봉기를 준비하면서 전·현직관리를 비롯하여 지방 유생들에게 반일연합전선을 구축하여 함께 싸울 것을 호소한다.[45]

당시 조선 전역의 민심은 일본군의 경복궁 불법점령 때문에 반일(反日) 의지로 가득하였다. 그 중에서도 재야 유생들은 경복궁 불법점령을 망국(亡國)의 사태로 인식하였으며, 제천의 유인석, 안동의 서상철, 회덕(懷德)의 문석봉(文錫鳳), 김산(金山)의 허위(許蔿) 등은 반일의병을 적극적으로 조직하였다. 또한, 김복한(金福漢)과 이설(李偰) 등은 관직을 버리고 낙향하여 의병 봉기를 준비하고자 하였다. 이러한 분위기 속에서 전봉준은 농민군을 계속 탄압하면서 농민군 측의 폐정개혁 활동을 거부하고 있던 나주성을 방문하여 목사 민종렬(閔種烈)을 설득 회유한 적이 있었고,[46] 9월에는 전라감사 김학진에게 운량관(運糧官)이 되어 줄 것을 요청하여 수락받았다.[47]

이 같은 전봉준의 반일연합전선 구축 노력은 삼례에서 봉기한 이후에도 계속되었다. 9월 말 경 전라도 삼례에서 공주를 향해 북상하던 전봉준은 충청감사 박제순(朴齊純)에게도 함께 힘을 합하여 일본군을 구축(驅逐)할 것을 호소하였다.[48]

뿐만 아니라, 11월 12일에는 경군(京軍)과 영병(營兵; 충청감영의 군대), 이교(吏校; 충청감영 및 각 군현의 하급 관리)와 시민(市民; 상인들과 일반 민중)에게도 동족끼리 골육상쟁을 중지하고 함께 일병을 격퇴하자고 호소하였다.[49]

그리하여 이같이 끈질긴 전봉준의 반일연합전선 구축 노력은 어느 정도 결실을 보게 되었다. 실제로 전라감사 김학진이 전봉준군의 운량관이 되었을 뿐 아니라, 전 여산영장(礪山營將) 김원식(金源植=金元植)과 공주 유생 이유상(李裕相)이 항일의 대열에 합류한 것이다.[50]

그런데 당시 일부 전·현직관리들과 유생들이 농민군 대열에 합류하게 되는 까닭은 일본군의 경복궁 점령 이후 노골적으로 드러난 일제의 침략에 맞선 항일구국 의지가 농민군 측의 그것과 서로 일치했기 때문이었다. 이것은 제2차 동학농민혁명이 일제의 이침략을 저지하기 위한 반침략(反侵略) 항쟁이었음을 명확하게 보여주는 증거라 할 수 있으며, 이 같은 반침략 항쟁의 대열에 비록 소수이긴 하나 전·현직 관리 및 보수 유생들도 공감을 보이고 참여함으로써 경복궁 불법점령 이후 농민군과 관군, 농민군과 유생들 사이에 반일연합전선(反日聯合戰線)의 형성 가능성이 존재하고 있었음을 보여주고 있다.

3) 대원군과 농민군의 연계

제 1, 2차 동학농민혁명 당시 대원군과 전봉준 사이에 이른바 '밀약(密約)'이 있었다는 밀약설이 널리 알려져 있었다. 농민군은 실제로, 1차 봉기 후 전라도 함평(咸平)에서 초토사 홍계훈에게 보내는 글[51]을 통해 '국태공(國太公=대원군)을 모셔다가 정치를 맡기라'는 요구를 내걸기도 하였으며, 전주화약 무렵에도 '대원군을 받들어 국정을 맡게 하는 것은 이치에 당연하거늘 어찌 불궤라 합니까(奉太公監國 其理甚當 何謂不軌)'라고 주장하기도 하였다.[52] 이 외에도 대원군과 농민군 간의 밀접한 관련을 뒷받침해주는 자료는 「뮈텔문서」에도 포함되어 있다. 「뮈텔문서」 중에는 1894년 9월 24일에 대원군이 농민군 지도자들에게 발송했던 효유문(曉諭文)이 포함되어 있고, 효유문 뒤에는 충청도 지방 18개 지역의 농민군 지도자들이 대원군의 효유에 응하겠다는 답서가 붙어 있다.[53] 이처럼 갑오년 당시 대원군은 농민군들로부터 상당한 신망을 받고 있었다. 대원군은 동학농민혁명이 일어나자 그 추이와 동정을 날카롭게 주시하고 있었으며, 특히 2차 봉기 무렵에는 밀사를 파견하여 농민군과 손을 잡고자 시도하였다.[54] 전봉준 역시 대원군의 동향을 예의 주시하면서 재기포를 준비하였다는 사실은 앞에서 설명한 바와 같다. 최근의 연구에 따르면, 대원군이 북으로는 평양의 조선 군대와, 남으로는 전봉준의 농민군과 연계하여 일본군을 몰아내려고 했던 것이 역사적 사실이었음이 실증되었다.[55]

4) 남·북접 농민군의 연합

동학교조 수운(水雲) 최제우(崔濟愚)가 동학의 가르침을 본격적으로 포교하기 시작한 1861(辛酉)년부터 그가 체포되던 해 1863년 12월까지의 동학 교세의 주된 기반은 경상도 경주가 중심이었다. 지도체제 역시 수운을 중심으로 하였음은 물론이다. 그러나 교조 수운이 체포되고 이어 1864년 3월 순교를 당하게 되자 지도체제와 교세의 기반이 변화하기 시작하였다. 수운이 체포된 직후에는 일찍이 1861년 6월부터 동학에 입도하여 정성스런 수련에 힘쓰며 수운과 그 가족들에 대하여 경제적인 후원까지도 담당했던 해월 최시형이 유력한 지도자로 부상하였고, 교세의 주된 기반은 해월이 포교활동을 적극적으로 벌인 바 있는 경주 이북지방으로 옮겨가기에 이른 것이다. 이같은 변화는 물론 동학에 대한 보수 지배층의 탄압에 기인한 것이었다. 동학 입도 후 경주 이북 지방 포교에 주력했던 해월은 수운 재세시 이미 '북도중주인(北道中主人)'에 임명된 바(1863년 7월) 있었는데, 이 '북도중주인'이 후에 '북접주인(北接主人)'으로 바뀌면서 '북접(北接)'이란 용어가 정착되기에 이르렀다.[56] 따라서 수운 재세 시에는 정확히 말하여 남접 북접이란 말은 존재하지 않았다. 다만 해월이 책임을 맡아 동학을 포교하고 교도들을 이끌었던 경주 이북 지방을 일컬어 '북도'라 하고, 이 지역에서의 해월의 역할을 평가하여 '북도중주인'이라 불렀을 뿐이다.

한편, 해월 최시형은 갑오년 간에도 '북도중주인'에서 유래한 '북접주인(혹은 北接道主)'이란 용어가 쓰여진 명첩(名牒)을 사용하여 교단의 주요 지도자를 임명하고 있음이 확인되는데, 이는 남접에 대한 상대적 개념으로서의 북접이라기보다는 스승인 수운이 정해준 '북도중주인(북접주인)' 이라는 명칭을 충실히 지키려는 의도에서 기인한 것이었다.[57] 따라서 1860년부터 1894년에 이르기까지 동학 조직은 어디까지나 수운-해월을 연원으로 하여 형성되어 왔으며, 이른바 남접으로 불렸던 호서·호남지방의 주요 지도자들인 황하일, 서장옥, 서병학, 김개남, 전봉준, 김덕명, 김낙철, 손화중 등 역시 해월의 지도를 받았거나 해월로부터 접주로 임명된 인물들이었다. 따라서 충청도는 북접, 전라도는 남접이라는 지역 구분에 의해 남·북접을 구분한 오지영(吳知泳)과 매천 황현(黃玹)의 기록은 재고의 여지가 있다. 전자는 동학 교단 안에서 자신의 역할을 강조하려는 차원에서 남·북접의 갈등을 부각시켰으며, 후자는 풍문에 의하여 기록하였을 뿐 정당한 역사적 근거가 전무한 실정이다. 그러므로 주로 오지영과 황현의 기록에 의존하여 남·북접의 개념을 이해하고 남·북접의 갈등을 강조해 온 역사 학계의 학설은 동학 포교의 특징, 동학교단의 발전과정, 동학 조직의 원리를 잘못 이해한 데서 비롯된 오류임에 틀림없다. 그렇다면 1893(癸巳)년 3월의 보은취회(報恩聚會)와 금구(金溝) 원평취회(院坪聚會), 1894(甲午)년 3월의 전봉준의 1차 봉기 당시에 드러났던 동학 하층 지도자들과 동학 상층 지도부 사이의 대립현상 등은 어떻게 설명해야 할 것인가. 필자는 이를 1890년대 들어 급격히 늘기 시작한 호남지방의 교세를 당시의 동학지도부가 여러 한계로 인해 효과적으로 지도할 수 없는 상황에서 호서 호남의 동학 하층지도자들이 상층 지도부의 지도보다는 일반 농민들의 요구나 하층 교도들의 요구에 부응하는 독자적인 행동을 추구해가는 경향이 등장함에 따라 빚어진 약간의 갈등 현상이 아닐까 생각한다.

1891년 해월이 전라도를 순시하고서 '지도자 선의(知道者 鮮矣)'[58]라 하여 호남 지방 교도들의 동향에 대해 언급한 것도 동학지도부의 일사불란한 조직체계 내로 흡수되지 못한 채 독자적인 교리 해석이나 행동을 추구하려는 당시의 경향을 경계한 것으로 볼 수 있을 것이다. 뿐만 아니라 해월은 1863년 스승 수운과 경주 부근의 동료교도 22명이 체포되어 수난을 당했던 경험과, 1871년 이필제와 협력하여 일으킨 영해교조신원운동의 실패로 인해 300여 명의 교도를 잃는 뼈저린 수난의 경험을 간직하고 있었으므로 전봉준의 봉기에 대하여 전적으로 동의하지는 아니하였을 것이다. 그러나 1890년대의 신원운동을 내내 주도적으로 이끈 해월로서는 기포의 정당성을 이해하면서부터[59] 전봉준의 봉기에 호응하여 일제히 기포하라는 명령을 각지의 동학지도자들에게 하달하기에 이르고[60] 해월의 기포령에 따라 이른바 남·북접이 동시에 반일의 기치를 내걸고 기포하여 연합하기에 이른다고 보인다. 물론 1차 봉기 때도 이른바 해월의 영향 아래에 있던 경상·충청도 등지의 일부 동학도들은 전봉준의 1차 봉기에 적극 호응하여 기포한 적이 있었으며,[61] 전라도의 일부 동학도들은 기포하지 않았다.[62] 그러나 제2차 봉기에는 전라도 충청도 경상도를 포함한 조선 전 지역에서, 그리고 전봉준 뿐만 아니라 1차 봉기 당시 이미 전봉준의 봉기에 호응했던[63] 최시형이 기포령을

하달함으로써 제2차 봉기는 명실공히 이른바 남·북접 농민군이 반일전선에 뛰어들게 되었다.[64]

3. 농민군의 북상과 공주전투

1) 농민군의 북상

전봉준이 이끄는 농민군의 재봉기를 위한 준비는 전술한 바와 같이 8월 말 9월 초순부터 본격적으로 이루어졌다. 전봉준은 9월 14일 경부터 삼례를 근거지로 인근의 농민군 지도자들을 불러 모으는 한편, 각 지방의 두령들에게도 소식을 전하여 삼례로 집결할 것을 촉구하였다. 「전봉준판결선고서((全琫準判決宣告書)」 등 사료에 의하면,[65] 전봉준은 9월 10일에서 12일을 전후하여 삼례역에 대도소(=농민군 총본부; 필자 주)를 두고 전라도 일대 각 지방의 농민군 지도자들에게 통문을 보내 삼례로 집결할 것을 촉구하였다. 삼례를 농민군 총본부로 삼은 까닭은 전주 인근에 위치한 곳으로서 사방으로 도로가 통하여 교통이 편리하여 농민군들이 집결하기 쉬웠으며, 역촌(驛村)인 관계로 저막(邸幕; 주막)이 많아 집결한 농민군들의 숙식 해결이 편리했기 때문이었다.[66] 뿐만 아니라 삼례는 이미 1892년 11월 동학교단 지도부에 의한 교조신원운동이 20여 일 이상 전개 되었던 곳으로 동학 교세가 탄탄한 곳이기도 했다.[67]

통문을 받은 농민군 지도자 중에는 농민혁명 기간 내내 전봉준의 오른팔 역할을 했던 최경선이 가장 먼저 달려와 상의한 후, 농민군의 재기포를 독려하기 위해 전라도 광주로 내려갔고,[68] 손화중은 광주·나주 방어가 급하여 합류하지 못했으며, 김개남은 전봉준의 후원(後援)을 맡아 남원에 머물고 있었다. 그리하여 삼례의 전봉준 진영에는 김개남, 손화중, 최경선 등을 제외한 금구, 전주, 정읍, 부안, 진안 지방의 농민군 지도자들이 휘하의 농민군들을 이끌고 합류하였다.[69] 또 전봉준은 전라도와 근접한 충청도 인근 지방에도 통문을 보내 합류할 것을 요청하였는데, 노성현(魯城縣)의 보고에 의하면,[70] 양곡과 경비는 물론 짚신 연초까지 준비해두라는 전령을 보내왔다고 한다.[71]

농사철이 끝나[72] 각지에서 봉기한 농민군들이 삼례로 집결하기를 기다리며, 한편으로는 충청도 인근지방에도 통문을 보내 봉기를 촉구하고 군량과 군자금을 비축한 전봉준은 10월 14일 경 드디어 북상을 시작하여 가장 먼저 강경으로 진격하였다. 당시 전봉준 휘하의 농민군은 약 4천 명 가량이었다.[73] 강경으로 진출한 까닭 역시 이곳을 중심으로 한 농민군 세력을 끌어들이기 위함이었다. 당시 강경은 전국 물산의 집합지였고 금강의 두 줄기가 여산·논산을 거쳐 합쳐지는 곳이었다. 따라서 이곳에는 부호와 상인들이 많았고 또 장꾼 이외에 어민, 보부상들이 모여드는 곳이어서[74] 군세를 강화하고 군량과 군비를 조달하는데 유리했다. 전봉준 부대는 10월 16일 경에는 다시 논산을 중심으로 군세강화에 주력하였다. 10월 16일 전봉준은 논산에서 당시 충청감사 박제순에게 글을 보내 충의(忠義)의 입장으로 돌아와 '항일의병(抗日義兵)'에 동참해줄 것을 호소하였다.[75] 전봉준은 이때 특별히 근왕의식(勤王意識)이 깊이 반영된 서한을 통해서 반일연합전선을 펼 것을 간절하게 호소하였다. 또한 전봉준은 10월 20일 경까지 논산 인근에 계속 웅거하면서[76] 한편으로는 전현직 관리들을 대상으로 반일연합전선에 동참할 것을 계속 호소하고, 다른 한편으로는 농민군의 군세강화에 주력한 결과 전봉준 부대는 1만여 명으로 불어났다. 그 중 4천여 명은 전술한 바와 같이 전라 우도를 중심으로 한 전봉준의 직속부대였고, 나머지 6천여 명은 강경과 논산, 은진과 노성, 금산과 진산 등 충청도 각지와 기타 지방에서 참여한 농민군들이었다.[77]

이 무렵, 전봉준은 당시 동학교단의 지도자 해월 최시형에게도 사람을 보내 재기포의 대의를 설명하고 함께 기포할 것을 제의하였다.[78] 일본군 경복궁 불법점령으로 인해 반일의 명분이 분명해지고, 관하 각 포(包)와 접(接)의 동학교도들이 경군과 일본군으로부터 참살 당하는 상황을 직시한 최시형은 마침내 총동원령에 해당하는 기포령을 내렸다. 그리하여 해월 휘하의 수많은 두령들이 충청도, 경상도 각지에서 기포하여 충청도 청산(靑山) 문바위골로 집결하였으며, 10월 중순 경에는 전봉준이 이끄는 농민군과 논산 소토산(小土山) 근처에서 합류하여 대규모의 남·북접 연합부대가 만들어졌다. 그리하여 이들 연합부대는 서울로 가는 길목에 자리 잡고 있는 공주를 점령하기 위하여 함께 북상하기 시작하였다.

2) 공주전투의 전초전(前哨戰)--세성산·홍주성·대교전투

남북접 연합 농민군들이 전봉준의 지휘 아래 공주로 북상할 무렵, 충청도 서부(내포지방)와 북동부(천안, 청주) 지역 농민군들이 남쪽의 농민군과 연합하기 위해 봉기하고 있거나 공주로 진격하고자 하고 있었다. 여기에 대해 서울로부터 남하하고 있던 경군 및 일본군은 "전라도 농민군들이 공주를 위협하고 있다"는 충청감사의 급보[79]를 접하고 공주로 몰려들고 있었다. 이 과정에서 경군과 일본군 측은 공주 외곽에서 봉기했거나 공주로 진격하려는 농민군 기세에 위협을 느껴 먼저 공주 외곽에서 봉기한 농민군을 진압하지 않으면 안되게 되었다. 그들이 만약 공주로 진격했을 때 후방을 공격해 올 가

능성이 높은 농민군을 진압해야만 공주를 안전하게 지킬 수 있을 것이란 판단에서였다.[80] 이런 가운데 10월 21일, 공주전투의 전초전이 벌어지게 된다. 천안 근처의 목천(木川) 세성산(細城山)에서 남하하는 경군과 농민군이 접전을 벌이게 되었으니 그것이 바로 세성산전투이다. 세성산전투의 전개 과정은 다음과 같다.

1894년 9월, 천안, 전의(全義), 목천(木川) 등지에서 기포한 이른바 북접(北接) 계통의 농민군은 그곳 농민지도자 김복용(金福用)을 중심으로 목천 세성산에 진을 치고 있었다. 이들 농민군들은 천혜의 요새인 세성산을 근거지로 하여 남하해 오는 경군과 일본군을 격퇴한 다음 공주로부터 올라오는 농민군과 합세하여 서울로 진격할 계획이었다. 그러나 10월 21일 남하해 오던 장위영 영관 이두황(李斗璜)이 이끌고 온 경군이 신식무기로 무장한 일본군의 지원을 받으며 공격해오자 치열한 저항 끝에 300명 이상이 전사하면서 패배하고 말았다.[81] 원래 세성산을 둘러싼 목천 지방은 1883년 경부터 삼로(三老)로 불리던 김용희(金鏞熙) 김성지(金成之) 김화성(金化成)[82] 등이 동학에 입도하여 활동하기 시작함으로써 동학교세가 활발하게 일어난 곳이었다. 뿐만 아니라 목천은 1883년 여름 이들 삼로가 중심이 되어 『동경대전』 1천여 권을 간행한 곳으로도 유명할 만큼 동학교세의 기반이 탄탄한 곳이었지만 세성산전투의 패배로 일거에 모든 것을 잃고 말았다.

10월 21일의 세성산전투에서 농민군이 패배했다는 소식은 각지의 농민군 진영에 영향을 미쳤다. 즉, 세성산전투 이틀 후인 10월 23~25일의 제1차 우금티의 전투가 있게 되었을 때, 세성산의 농민군을 진압한 경군과 일본군이 곧바로 우금티 일대에 투입됨으로써 이것이 우금티전투의 승패에 직접적인 영향을 주었음은 물론이다. 또 세성산전투에서 농민군이 패한지 불과 4일 후에는 이승우(李勝宇)[83]가 거느린 관군에게 홍주성(洪州城)을 공격하던 농민군이 대패하게 됨으로써 세성산전투 및 홍주성전투는 우금티전투에 상당히 불리한 영향을 끼치게 된다. 뿐만 아니라 공주 동쪽 30리에 있는 한다리(大橋)까지 진출하여 전봉준군과 연합 작전을 전개하고자 했던 옥천포(沃川包)의 농민군마저,[84] 경리청 부영관 홍운섭(洪運燮)군에 크게 패배함으로써 서울에서 세 길로 남하하던 경군 및 일본군은 전력의 손실이 거의 없는 가운데 무사히 공주로 집결할 수 있었다. 그 결과 진압군의 전력은 크게 강화된 반면에 농민군의 전략은 큰 차질을 빚지 않을 수 없었다.

3) 제1차 공주전투

세성산전투와 홍주성전투, 대교전투에서 농민군이 패배함으로써 공주 부근의 농민군 전력은 크게 위축되었다. 그러나 이들 전투의 패배로 인해 상당한 차질이 초래되긴 하였지만 전봉준과 손병희 등은 마침내 10월 23일부터 25일에 걸쳐 공주 우금치 일대를 중심으로 제1차 대접전을 벌였다. 농민군 약 4만 명[85]이 10월 23일 경천(敬川)으로부터 이인(利仁), 효포(孝浦), 판치(板峙), 웅치(熊峙=陵峙)를 중심으로 하여 충청감사 박제순이 지휘하는 감영군, 서산부사(瑞山府使)겸 경리청영관 성하영(成夏泳)이 지휘하는 경리청군, 스즈끼 아키라(鈴木彰) 소위가 이끄는 약 50명의 일본군, 그리고 경리청부영관 홍운섭(洪運燮)이 지휘하는 또 다른 경리청군, 이규태(李圭泰)가 이끌고 온 좌선봉진군(左先鋒陣軍; 통위영군)과 맞서 3일 밤낮을 싸웠다.

이 1차 전투는 무기와 전술 면에서 절대적 열세인 농민군들이 상당한 희생을 입었음에도 불구하고 역전을 했던 전투였다. 그러나 10월 24일 일본군 후비보병 제 19대대 서로(西路) 분진대인 제 2중대 본대가 공주에 도착함으로써[86] 전세는 일거에 반전되기 시작하였다. 근대적인 훈련으로 단련된 일본군을 근대적 훈련이라고는 전혀 받은 바 없는 농민군들이 대적하기에는 역부족이었기 때문이다. 이에 전봉준은 10월 25일 농민군 진영을 이인과 경천으로 후퇴시켜 전열을 가다듬고 다시 2차의 대접전을 준비하기에 이른다.

4) 제2차 공주전투

농민군과 진압군 사이의 2차 대접전은 11월 8일부터 11일까지 우금티 일대를 중심으로 치열하게 전개된다. 지금까지 알려진 우금티전투란 바로 이 2차의 대접전을 가리킨다. 10월 25일 경천점(敬天店)으로 후퇴한 농민군은 그곳에서 약 1주일 동안 전열을 재정비하였다. 그리하여 11월 8일 공주감영을 향하여 진격을 개시하였다. 한편, 1차의 대접전에서 농민군을 논산까지 후퇴시킨 감영군과 경군, 일본군 등은 제1진이 판치에, 제2진이 이인역 부근에, 제3진은 공주감영 아래에 각각 배치되어 있었다. 11월 8일 농민군은 이인과 판치의 진압군 진지 공격을 시작으로 2차의 대접전을 개시하였다. 농민군의 맹렬한 공격을 받은 판치의 구상조(具相祖) 부대와 이인의 성하영 부대는 공주감영으로 후퇴하기에 이르렀고, 그리하여 진압군은 9일부터 공주감영을 지키는 데 전력을 기울이지 않으면 아니 되었다. 농민군은 8일의 전투에서 이긴 기세를 몰아 9일에는 효포로부터 능치, 우금티 일대의 진압군 진지를 향하여 총공격을 감행하였다. 공주만 함락시키면 '구병입경 권귀 진멸(驅兵入京 權貴盡滅; 군대를 몰아 서울로 진격하여 탐관오리를 모두 없앤다)'의 꿈을 이룰 수 있을 뿐만 아니라, 농민군이 그토록 염원하던 새로운 정치체제를 실현할 수 있기 때문이었다. 9일의 전투 당시 경군과 일본군의 배치상황을 보면, 우금티를 중심으로 밀집 배치되어 있었음을 발견할 수 있고, 그들이 공주감영을 지키기 위해 얼마나 고심하였는가를 잘 알 수 있다.[87] 즉 우금티를 중심으로 하여 최고로 높은 견준봉(犬蹲峰)에는 경리청대관 백낙완(白樂浣)이 이끄는 군대가, 그 맞은편 봉우리에는 모리오(森尾)대위가 이끄는 일본군 후비보병 제19대대 제2중대가, 고개 바로 밑에는 성하영군이 배치되어 있었다. 또한 감영의 외곽인 두리봉(周峰) 일대에는 공주영장(公州營將) 이기동(李基東)이 이끄는 감영군이, 금학동(金鶴洞)에는 통위영대관 오창성(吳昌成)의 군대가, 그리고 감영 뒤 봉황산(鳳凰山)에는 감영에서 동원한 민군(반농민군)들이 배치되어 있었다. 또한 동쪽의 웅치는 홍운섭(洪運燮)의 경리청군과 구상조군이, 효포의 봉수대 부근은 통위영 소속의 장용진(張容鎭)군이, 금강 나루와 산성 쪽은 공주목 비장(裨將) 최규덕(崔圭德)이 이끄는 군대가 강력한 방어선을 형성한 가운데 엄히 지키고 있었다.

11월 9일 농민군들은 우금티 일대를 중심으로 자그마치 40~50차례의 공방전(攻防戰)[88]을 거듭하면서 치열한 전투를 벌였다. 이 때 상황을 후일 관군 측에서는 다음과 같이 기록하고 있다.

> 아아! 그들 비류(농민군을 말함; 인용자 주) 몇 만의 무리가 4~50리에서 걸쳐 두루 둘러싸 길이 있으면 쟁탈하고, 높은 봉우리를 다투어 차지하였다. 동쪽에서 소리치면 서쪽에서 따르고, 왼쪽에서 번쩍하다가 오른쪽에서 튀어나와, 깃발을 흔들고 북을 울리면서 죽음을 무릅쓰고 올라왔다. 저들은 그 어떠한 의리이며 그 어떠한 담략인가. 그들의 행동을 말하려 하고 생각함에 뼈가 떨리고 마음이 서늘하다.
>
> 噫 彼匪類之幾萬其衆 環匝連亘四五十里 有路卽爭奪 高峰卽爭據 聲東趨西 閃左忽右 揮旗擊鼓 拌死先登 渠何義理 渠何膽略 是喩言念情跡 骨戰心寒是乎所(「先鋒陣日記」甲午 11月 10日 條,『東學亂記錄』下, 237~238쪽.)

이처럼 치열한 전투를 벌였던 농민군이었지만 우세한 무기와 전술 등[89]을 앞세운 경군과 일본군의 방어선을 돌파하지는 못하였다. 그리하여 전봉준이 이끄는 농민군은

제1차 접전 후 1만여 명의 군병을 점고한 즉 남은 자가 불과 3천 명이요, 그 후 또 2차 접전 후 점고한 즉 5백여 명에 불과하였다.[90]

라고 할 정도로 처절한 희생을 치루고 논산으로 후퇴하지 않을 수 없었다. 11월 8일부터 11일에 걸친 연 4일간의 혈전이었던 제2차 우금티전투에서 패배한 농민군은 이인, 경천을 거쳐 11월 12일경 노성(魯城)에 이르러 일단 진용을 정비하였다. 이곳에서 전봉준은 경군과 영병, 이교 및 시민에게 "조선사람끼리야 도는 다르나 척왜(斥倭)와 척화(斥化; 친일개화노선에 반대함) 그 의(義)가 일반이라 (중략) 상의하여 같이 척왜척화하여 조선으로 왜국이 되지 아니케 하고 동심 합력하여 대사를 이루게 하올세라"는 내용이 담긴 「고시경군여영병이교시민(告示京軍與營兵吏校市民)」[91]이라는 한글로 된 호소문을 12일 자로 발표하여 반일연합전선 형성의 필요성을 역설하였지만 농민군 측의 이러한 호소가 경군 등에게 먹혀들 리가 없었다. 그리하여 경군과 일본군은 14일 경 노성의 봉화대 근처에 주둔하고 있던 농민군을 공격하였고, 이에 농민군은 노성에서 대촌(大村)으로, 대촌에서 다시 논산 소토산(小土山)으로 퇴각하였다.[92] 이후 전봉준을 중심으로 한 농민군 주력은 급격히 패퇴의 길로 접어들게 되었으며 지역별 항쟁만 간헐적으로 이루어지게 된다.

4. 공주전투의 패배와 그 영향

1) 공주전투의 패배 원인

왜 농민군은 공주전투에서 패배할 수밖에 없었을까.

첫째, 전력 구성의 취약성을 들 수 있다.

제 1, 2차 공주전투 당시 농민군 지도부는 농민군의 전 역량을 투입할 수 없는 상황이었다. 김개남 부대는 전봉준 부대와 진로를 달리하여 청주성을 향하여 진격하다가 패배하였고, 손화중과 최경선 부대는 광주 나주 일대에서 머물며 일본군의 후방 기습과 이 일대 수성군을 견제하고 있었다. 이 때문에 공주로 북상했던 전봉준 군의 전력은 약화될 수 밖에 없었다.

둘째, 공주전투의 전초전이라 할 수 있는 세성산전투(10월 21일), 대교전투(10월 23일~24일), 홍주성전투(10월 25~27일)의 패배로 인해 공주 이남과 이북의 농민군이 연합하려던 당초 계획이 실패로 돌아갔다는 점이다. 10월 21일 목천 세성산에 주둔했던 북접 농민군은 이두황군에게 패하였으며, 옥천(沃川)에서 올라온 농민군 부대는 전봉준군과 합류하여 서울로 진격하기 위해 공주 근교 대교(大橋)까지 진격했지만 10월 23일~24일 경 홍운섭의 경리청군에게 패배하였다. 또한 10월 25일에서 27일까지 수만 명의 충남 서부 지역 농민군 역시 홍주를 점령하고 서울로 진격하기 위하여 홍주성으로 집결하였으나 홍주목사 이승우군과 일본군 서로분진대의 지대(枝隊)에게 패하고 말았다. 이로 인하여 공주전투에는 전봉준이 이끄는 전라도와 충청도 남부의 농민군 주력부대만이 혈전을 거듭할 수밖에 없었다. 농민군 전력에 커다란 차질을 가져다준 세성산, 대교, 홍주성전투는 공주전투 승패에 지대한 영향을 끼친 것이다.

셋째, 반일연합전선 형성의 좌절을 들 수 있다. 전봉준은 2차 봉기를 하면서 수차례에 걸쳐 재야 유생들과 전·현직 관리들에게 반일연합전선을 이룩하여 함께 일본군에 맞서 싸울 것을 제안하였다. 이러한 전봉준의 제안은 일정한 효력을 발휘하여 전라감사 김학진, 공주 유생 이유상, 전 여산영장 김원식 등의 합류를 끌어내긴 하였다. 그러나 충청감사 박제순을 위시한 대부분의 현직 관리들이나 재야 유생들의 동조를 이끌어 내지 못하였다. 이로써 농민군은 반일연합전선 형성은 사실상 좌절되었던 것이다.

넷째, 무기의 절대적 열세를 들 수 있다. 공주전투 당시 농민군 측의 주무기는 화승총과 죽창 등이 주축이 되었고, 극소수 농민군만이 각 군현의 무기고에서 탈취한 천보총으로 무장하고 있었다. 그러나 경군과 일본군은 유효 사거리만 수백 미터나 되는 스나이더 소총, 무라타총 등으로 무장하고 있었다. 동학농민혁명 당시 상황을 기록하고 있는 김윤식(金允植)의 「금영내찰(錦營來札)에 의하면,[93] 일본군 1인은 농민군 수천 인을 상대할 수 있었고, 경군 1인은 농민군 수십 명을 상대할 수 있었는데 그 이유는 바로 토총(土銃; 전근대적 화승총)과 양총(洋銃; 근대식 소총)의 기능 차이라고 밝히고 있다. 진주 지방에서 농민군 토벌에 종사했던 지석영(池錫永) 또한 토총의 사정거리는 1백여 보임에 비해 양총은 자발식(自發式)에 5백 보의 사정거리였다고 그 전력의 차이를 기술하고 있다.[94]

다섯째, 농민군 측의 전술상의 오류를 들 수 있다. 공주 일대는 방어하기에는 유리하고 공격하기에는 불리한 지형인데다가 일본군, 경군 및 민병들이 이미 유리한 지형을 차지하고 농민군이 공격해 오기를 기다리고 있었다. 따라서 무기의 열세와 지형적으로 불리한 위치였음에도 불구하고 농민군의 전 역량을 투입한 공주전투에서 보여준 농민군 측의 전술은 중대한 오류였다.

2) 공주전투 패배가 끼친 영향

첫째, 제 1, 2차 공주전투의 패배는 농민군의 전력의 핵심을 이루고 있던 전봉준 부대의 몰락을 가져왔다. 전봉준이 이끌던 1만 명의 주력 부대가 두 차례의 대접전 이후 5백 명으로 줄어들었다는 사실은 전술한 바와 같다. 이 같은 전력의 손실 때문에 공주전투 뒤에도 논산, 전주, 원평(院坪), 태인(泰仁) 등지로 남하하면서 잔여 농민군을 수습하여 전세를 역전시키고자 했던 전봉준의 재기의 꿈은 다시 회복하기에는 어려웠다.

둘째, 공주전투의 패배와 농민군 주력부대인 전봉준군의 급격한 전력 약화는 필연적으로 삼남 일대 각 지역 농민군들의 움직임에도 커다란 영향을 끼치게 되었다. 우선 공주전투 이후 농민군은 더 이상의 연합전선을 형성할 수 없었다. 공주전투 직전 형성되었던 이른바 남·북접 연합농민군 부대도 해체되어 뿔뿔이 흩어져갔다. 그리하여 공주전투의 패배는 전 농민군의 몰락을 가속화하도록 강요하는 결과를 낳았다.

셋째, 공주전투를 계기로 농민군이 몰락해가자 향촌사회의 보수 유생들을 중심으로 반농민군의 결성 활동이 활발해지고, 이들 보수 유생들이 중심이 된 반농민군들은 남하한 일본군 및 경군과 연합하여 잔여 농민군 세력의 토벌활동을 전개하게 된다.

넷째, 공주전투 승리를 계기로 일본군은 남하를 계속하면서 대대적인 농민군 학살에 종사하였으며, 일본군의 농민군 학살은 이후 조선에 대한 일본의 영향력을 더욱 강화하는 결과를 가져왔다.

다섯째, 공주전투를 계기로 후퇴한 농민군들은 각 지역에서 최후의 항쟁을 계속하였다. 갑오년 말의 장흥 석대(石臺)전투라든지, 보은 북실(鐘谷)전투가 그 예이다. 이러한 농민군들의 줄기찬 항쟁은 이후 의병항쟁, 영학당(英學

黨) 투쟁 등으로 나타나 갑오년 이후로도 줄기차게 계속되었다. 그러므로 공주전투의 패배는 새로운 차원의 민족운동의 출발 기점이라 할 만하다.

<2부>
공주와
동학농민혁명
관련 자료

박맹수

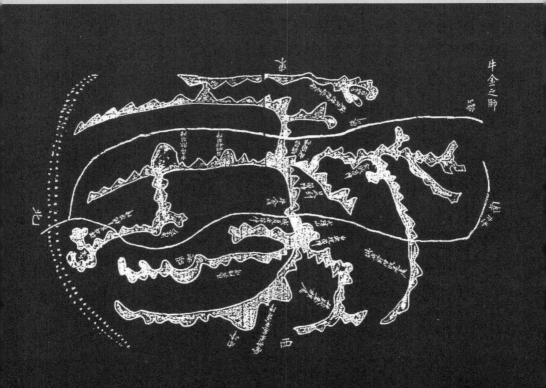

공주와 동학농민혁명 관련 자료

1. 지하포교기(1881~1891)의 공주

공주 일대에 동학이 포교되기 시작한 것은 대체로 1880년을 전후한 시기로 추측된다.[1] 공주에서 최초로 동학에 입도한 인물은 신평(薪坪)[2]에 거주하던 윤상오(尹相五)[3]였다. 그는 대체로 1880년 경에 동학에 입도하였던 것으로 짐작되며, 이듬해 8월에는 충청도 단양(丹陽) 두솔봉 아래의 송두둑에 은거하고 있던 해월 최시형을 찾아가 동학의 수도 절차를 배웠다.[4] 그 후 윤상오는 1883년 여름에 이르러 공주접(公州接)의 이름으로 『동경대전』을 간행하는데 유사(有司)로 참여함으로써 공주의 동학 포교에 일익을 담당하게 된다.

윤상오의 동학 입도를 계기로 시작된 공주지역의 동학 교세는 관변 측의 탄압을 피해 피난과 잠복을 거듭하며 '지하포덕(地下布德; 동학의 비밀포교활동을 말함)' 활동을 계속하던 2대 교주 해월 최시형(海月 崔時亨, 1827~1898)이 공주 지역으로 은신하면서 새로운 전기를 맞게 된다. 최시형이 1884년 10월 경, 처음으로 공주 지역으로 피신하여 마곡사의 부속암자 가섭암(迦葉庵)에서 49일 수련을 하게 된다.[5] 최시형이 가섭암에 피신해 올 무렵의 동학은 1870년대 강원도 산악지대를 중심으로 체제정비를 마친 뒤 충청도의 평야 지대를 무대로 한 포덕활동이 활발하게 전개되던 시기였다.[6] 그러나 동학의 활발한

포덕은 동학을 사학(邪學) 또는 서학의 일종으로 간주하는 중앙 조정과 지방
관들의 가혹한 탄압을 불러왔다. 최시형이 가섭암에 은거한 것도 사실은 지
방관들의 동학에 대한 감시와 탄압을 피하기 위한 것이었음은 두말할 필요
도 없다. 가섭암에 은거하며 최시형은 관의 탄압을 피하기 위한 조처로 13
자 주문 속에 들어 있던 '천주(天主)'라는 용어 대신 '상제(上帝)'를 쓰도록 하였
으며, 늘어나는 교세를 조직화하기 위하여 '육임제(六任制)'[7]를 구상하여 발표
하였다. 최시형의 가섭암 은신은 이듬해에도 또 한 차례 이어졌다. 또 1890
년 8월 경에도 공주 궁원(弓院)[8]으로 피신해 약 1개월간 은신 생활을 하기도
하였다. 그러나 1884년과 그 이듬해에 걸친 최시형의 가섭암 은신과 공주
궁원으로의 은신 생활은 약 1개월 전후의 비교적 단기간에 그친다.

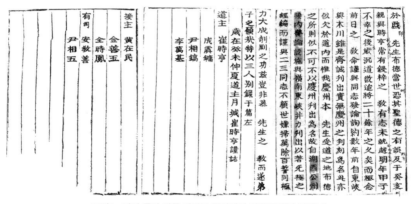

그림1 : 계미 중하 경주 개간본 동경대전 발문(공주집 간행본)

　1890년 12월부터 공주 신평 윤상오의 집에서 시작된 최시형의 은신 생활
은 다음해 12월까지 약 1년에 걸치는 장기간이라는 점에서 주목을 요한다.
한 장소에서 1년 이상의 장기 은신이 가능하다는 사실은 신변의 안전을 도
모할 만한 조건이 어느 정도 충족되었다는 것을 의미한다. 이런 점에서 최

시형의 장기 은신을 도울 수 있었던 신평 사람 윤상오는 충분히 주목할 만한 인물이라 하겠다. 그는 과연 주위의 친인척을 비롯하여 향촌사회와 어떤 관계를 맺으며 최시형의 은신을 도울 수 있었을까? 여기서는 다만 향후 해명해야 할 과제로 남겨두기로 한다.[9]

최시형의 신평 은신은 공주 인근의 동학 포덕뿐 아니라 전라도 지방의 동학 포교에도 커다란 전기를 가져왔던 것으로 보인다. 은신 기간 동안 전라도 지방의 동학 지도자들이 자주 최시형을 찾아와 지도를 받았던 사실,[10] 최시형이 2~3개 월에 걸친 전라도 지방 순회 포덕 활동을 마치고 다시 공주 신평으로 돌아왔다는 사실[11] 등을 고려할 때, 공주 신평은 충청도와 전라도 지방의 동학 포덕을 위한 일종의 전진기지 역할을 수행했다고 판단된다. 끝으로 해월 최시형이 공주에서 은신 생활을 하던 모습을 기록한 가장 믿을 만한 자료로는 1906년에 필사본으로 작성된 『대선생사적(大先生事蹟)』속에 들어 있는 『해월선생문집(海月先生文集)』을 들 수 있다.[12]

그림2 : 대선생사적 표지 총서27, 159쪽

2. 교조신원운동기(1892~1893)의 공주

공주는 1892년 10월부터 1893년 4월까지 약 2년간에 걸쳐 전개된 동학의 교조신원운동(敎祖伸寃運動)[13]이 처음으로 시작된 곳이다. 그러나 1892년 10월 공주에서 시작된 교조신원운동, 즉 공주취회(公州聚會)[14]는 그동안 일부 연구자들 외에는 널리 주목받지 못했다. 그러나 일부 연구자들 사이에서 공주취회는 동학 최초의 교조신원운동이라는 점과, 또한 당시 동학교단을 이끌고 있던 최시형의 지도노선을 평가하는 데 있어서 중요한 집회로 인식되어 왔다.

그간 이루어진 기존 연구의 쟁점을 요약하자면 다음과 같다. 1892년 당시 동학 지도자들이었던 서인주(徐仁周)와 서병학(徐丙鶴)은 교단의 최고지도자 최시형의 승인이 없이, 혹은 반대를 무릅쓰고 공주취회를 추진했던 것으로 이해해 왔다. 이 같은 견해는 1871년 3월에 일어났던 영해민란(寧海民亂)[15]의 주도자 이필제(李弼濟)의 거사 제의를 최시형이 적극 만류하고 가담하지 않았다는 주장과 맞물려 최시형을 더욱 '보수적인 인물'로 규정하는 바탕이 되기도 하였다. 그러나 근래 들어 새롭게 발굴된 자료들은 최시형에 대한 그동안의 인식이 바로 잡혀져야 한다는 근거를 제시하고 있다. 즉 최근에 발굴된 자료들에 따르면, 최시형은 1871년 3월의 영해민란에도 적극 참여했으며,[16] 1892년 7월에 서인주와 서병학에 의한 교조신원운동의 전개 요청 이후, 교조신원운동을 전개하기 위한 준비를 서두르고 있었던 것으로 확인되고 있다. 즉, 최시형은 1892년 8월 21일 청주 송산(松山) 손천민가(孫天民家)에 머물면서 충주에 거주하는 신사과(辛司果)에게 서한을 보내 40명의 '망석지사(望碩之士; 교도들 사이에 신망이 두텁고 사리를 아는 교도)'를 선발하여 그 명단을 가지고 9월 10일까지 직접 청주 송산의 손천민 가로 찾아오도록 지시하고 있다. 또한 1892년 8월 29일에는 호남좌우도편의장(便義長) 남계천(南啓天)에게도 비슷한 내용의 윤조(輪照)를 하달하였다. 남계천에게 보낸 윤조의 내용 역시 1백여 명을 선발하여 주소 성명이 적힌 명단을 9월 5일까지 보내도록 지시하고 있다. 이 같은 조치는 모두 '공주취회'가 열리기 직전에 이루어지

고 있는 점에서 본격적인 교조신원운동의 전개에 대비한 사전준비였던 것으로 생각된다.[17]

1892년 10월 서인주와 서병학은 재차 최시형을 찾아와 교조신원운동을 전개할 것을 요청하였다. 그리하여 최시형은 수령과 이서, 토호들의 침학에 시달리고 있던 교도들의 절박한 사정을 알고 있었기 때문에 두 사람의 건의를 받아 들여 교조신원운동을 허락하는 입의통문(立義通文)을 하달하기에 이른다.

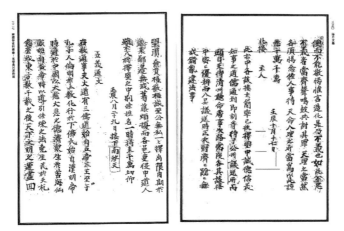

그림3 : 1892년 10월 17일의 입의통문 한국학 자료총서9, 327쪽(사진 왼쪽)과 그림4 : 1892년 10월 17일의 입의통문 말미 한국학 자료총서 9, 330쪽

1892년 10월 17일 밤에 하달된 입의통문의 요지는 각 접주와 교도들에게 신원(伸寃)의 대의(大義)에 합력할 것을 촉구하는 내용이었다. 따라서 1892년 10월에 전개된 공주취회는 종래 알려진 것처럼 서인주, 서병학 2인이 최시형의 허락 없이 전개한 것이 아니라 최시형의 허락 아래 추진되었다고 보는 것이 타당할 것이다. 왜냐하면, 입의통문의 요지는 신원의 대의에 적극 참여할 것을 촉구하고 있는 내용이기 때문이다. "신원의 대의에 적극 참여하

라"는 최시형의 입의통문이 각지의 동학 지도자들과 교도들에게 하달된 직후, 공주에는 충청감사에게 최제우의 신원을 호소하기 위한 제반 준비를 담당하는 공주의송소(公州議送所)가 설치된다. 공주취회를 위한 공주의송소가 설치되었다는 사실은 전라북도 부안군 상서면 감교리 소재 천도교 호암수도원에 소장되어 있는 『해월문집』에 나온다.

『해월문집』의 관련내용에 의하면, 각 접주는 '성덕신의지사지도유(誠德信義知事之道儒; 정성스러운 덕과 신의가 있으며 사리를 아는 교도)'를 인솔하고 공주의송소로 와서 청주(淸州)로부터의 명령을 기다려 처사를 하도록 지시하고 있다. 여기서 청주는 최시형이 은거하고 있던 청주 송산 손천민가를 말하는 것으로 생각된다. 당시 손천민가에는 손천민(孫天民), 서인주(徐仁周), 서병학(徐丙鶴) 등 공주취회 지도부가 왕래하면서 최시형으로부터 명을 받고 있었던 것으로 추측된다. 그러므로 공주취회에 참가한 각 접주 및 교도들은 최시형→손천민·서인주·서병학→공주의송소→각 지방의 접주와 교도로 이어지는 지휘 계통을 따라 행동하고 있었던 것으로 생각된다. 이 때, 공주의송소로 모여든 각 지방 접주와 교도의 숫자는 1천여 명으로 파악되고 있다.

공주취회의 경과를 보면, 우선 공주의송소는 10월 20일경 교조신원을 요구하는 「각도동학유생의송단자(各道東學儒生議送單子)」를 작성하여 충청감영에 제출하였다. 이 의송단자는 10월 17일 밤에 최시형이 발송한 입의통문에서 주장했던 동학교조 최제우의 신원을 요구하는 동시에, 서학(西學)의 만연현상 및 왜국지상(倭國之商), 즉 일본 상인들의 부당한 상행위를 비판하는 내용도 함께 포함되어 있었다. 핵심 내용을 번역하면 다음과 같다.

방금 서양 오랑캐의 학(學; 서학)이 우리나라에 들어와 뒤섞여 있고, 왜놈 우두머리의 독(毒; 피해 또는 폐단)이 외진(外鎭)에 도사리고 있으니 망극할 일이며,

음흉하고 거역하는 싹이 임금님의 수레 바로 밑에서 일어나고 있으니 이것이 바로 우리들이 절치부심하는 일이다. 심지어 왜놈 상인들은 각 항구를 두루 통하여 싸게 사서 비싸게 팔아 얻는 이익을 저들 마음대로 하니 돈과 곡식이 마르고 백성들이 지탱하고 보존하기 어렵다. 심복(心腹)같은 땅과 인후(咽喉)와 같은 곳의 관세 및 시장세와 산림과 천택의 이익마저 오로지 바깥 오랑캐에게로 돌아가니 이것이 또한 우리들이 손을 어루만지며 눈물을 흘리는 바이다.[18]

이 같은 내용 속에는 1876년 개항 이래 심화되어온 서양 열강과 일제의 침탈에 맞서고자 하는 의식, 즉 척왜양(斥倭洋)의 의지가 아주 선명하게 드러나고 있다. 그런데 공주취회 과정에서 표출된 이 같은 척왜양의 의지는 같

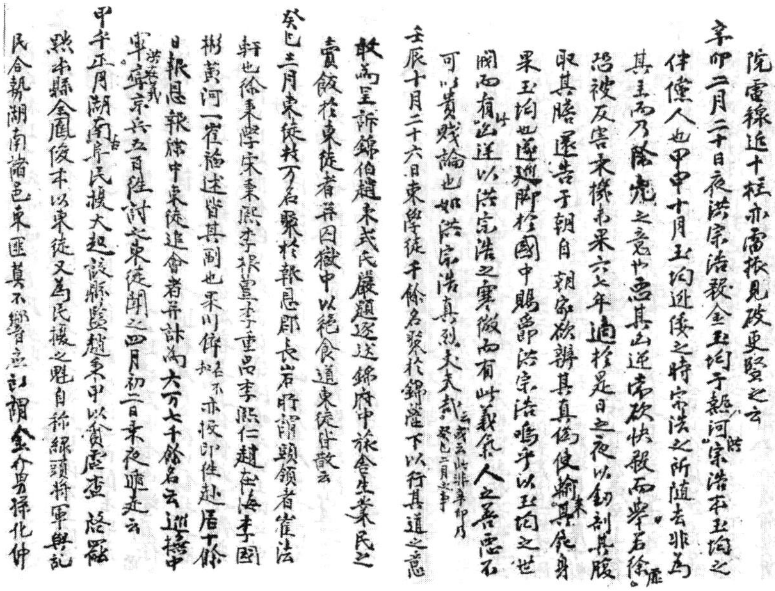

그림5 : 시문기(이단석), 총서 2, 175-176쪽

은 해 11월의 전라도 삼례취회, 이듬해 2월의 광화문 복합상소 단계와 3월의 보은취회, 그리고 1894년 동학농민혁명 단계에서도 한결같이 강조된다는 점에서 주목할 만한 의의를 지닌다 하겠다. 공주의송소는 또 의송단자에서 왜와 양, 즉 서학과 일본 상인을 강하게 배척하는 내용뿐만 아니라, 동학 금단을 구실로 한 지방관들의 불법적인 수탈을 금해줄 것, 동학교조의 억울한 죽음을 신원해 줄 것도 함께 요구하고 있었다.

이 같은 요구가 담긴 의송단자를 받은 충청감사는 10월 22일 "동학을 금하고 금하지 않는 것은 오로지 조가(朝家; 중앙 조정)의 처분에 달린 것이므로 감영에서는 단지 조가의 명령을 따라 시행할 뿐이므로 감영에 와서 호소할 일이 아니라"고 답변하였다. 다만 10월 24일에는 각 군현의 수재(守宰; 지방관)들에게 동학을 금한다는 핑계로 토색(討索), 즉 불법적인 수탈행위를 금지하는 조치를 담은 감결(甘結)을 하달하였다. 당시, 충청감사의 감결은 실제로는 기만적인 것이었지만 1860년 동학 창도부터 30년 동안 탄압과 지목에만 시달려 온 동학으로서는 동학 금단을 구실로 한 수령, 이서, 토호배들의 수탈행위를 금하겠다는 충청감사의 조치에 대해 크게 기뻐하며 긍정적으로 평가하였다. 이상과 같이 충청감사 조병식에게 「각도동학유생의송단자」라는 일종의 청원서를 제출함으로써 시작된 공주취회는 『경국대전』 「형전(形典)」에서 규정하고 있는 신소(申訴) 제도, 즉 집단적인 정소(呈訴) 형식 덕분에 희생자가 없었다. 또한 비록 '교조의 신원' 즉 , 동학의 공인이라는 당초 목적은 달성하지 못했지만 동학교도에 대한 관리의 탐학을 금한다는 감사의 조치를 얻어냄으로써 동학 지도부는 크게 고무되었다. 그리하여, 공주의송소는 바로 '전라도 삼례도회소'로 개편되어 삼례취회를 준비하기에 이른다. 이렇게 볼 때 최초의 신원운동이었던 1892년 10월의 공주취회가 일정하게 성과를 거둠으로써, 이후 전개되는 일련의 교조신원운동, 즉 전라도 삼례취회와 광화문 복합상소, 보은취회로 이어지는 교조신원운동 과정에서 공주 취회가 차지하는 역사적 의의는 결코 무시되어서는 안될 것이다.

끝으로 교조신원운동기의 공주를 이해하는 데 있어 결코 빼놓을 수 없는 자료를 소개하고자 한다. 그것은 지금까지 알려진 바와는 달리 1892년 12월 1일에 제2차 공주취회가 열렸음을 알려주는 자료이다.[19] 그 내용은 번역해 보면 다음과 같다.

1892년 12월 1일, 충청도 영동(永東), 옥천(玉川), 환강(換江, 黃澗의 오기), 서영(西 營), 신도(新都) 등과 전라도 등지에서 동학 도인 1만 7천 명이 공주 부근에서 집회를 열고 충청감사에게 다음과 같은 세 가지 조항을 요구하였다. 첫째 충 청도 중민들에게 동학에 귀의하도록 하는 영달(令達)을 발할 것(동학을 공인해 줄 것을 요구하는 조항; 인용자 주), 둘째 지난번 동학당 체포령(1892년 1월에 충청감사 조병식

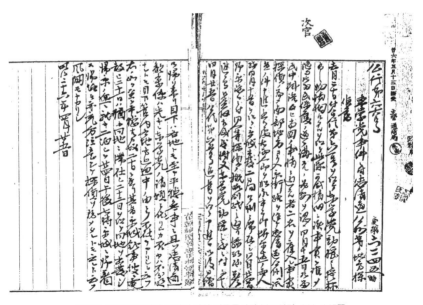

그림6 : 조선국 동학당 동정에 관한 제국공사관 보고일건, 141~145쪽

이 내린 동학 금령을 말함; 인용자 주)이 있었을 때 당시 지방관들이 동학도인들로부터 받은 뇌물들을 다시 되돌려 줄 것, 셋째 감영에서 멀리 떨어져 있는 촌과 읍의 상황을 시찰하기 위해 관찰사가 가서 직접 시찰할 것.[20]

이 내용은 당시 경성 주재 일본영사 스기무라 후카시(杉村 濬)가 교조신원운동이 한창일 무렵 공주 일대의 상황을 정탐하기 위하여 파견한 일본인 마츠나가 한지로(松永半次郎)와 사카이 헤이조(堺平造) 등이 1893년 3월 10일(양력 4월 25일)에 스기무라 영사에게 필기 보고한 것이다. 위의 내용에 따르면, 공주취회는 10월 말에 이미 끝난 것이 아니라 12월 1일에도 집회가 있었으며, 12월 1일에 모인 참가자 수는 무려 1만 7천 명에 달했다는 것, 그리고 그 요구 조항이 세 가지였다는 것이다. 이 가운데 참가자 수와 날짜는 과장 또는 잘못 정탐했을 가능성이 없지는 않으나 당시 취회 지도부 즉 공주의송소가 요구했다는 내용은 의송단자의 내용과 유사하다는 점에서 어느 정도 신뢰할 만한 가치가 있다고 하겠다.

3. 고부 농민봉기(1894년 1월~3월)와 공주

1894년 1월 10일, 전봉준, 김도삼, 정익서 등은 고부 농민 1천여 명과 함께 온갖 악정을 일삼고 있던 고부군수 조병갑을 징치하기 위하여 봉기하였다. 전봉준 등은 먼저 고부 농민들의 원성을 사고 있던 만석보(萬石洑)를 혁파한 다음, 고부 관아를 습격하여 억울한 죄인을 석방하고, 불법으로 거두어들인 세미(稅米)를 농민들에게 되돌려주었으며, 군수와 농민들 사이에서 농간을 부리며 원성을 샀던 이서배(吏胥輩)들을 징치하였다. 또한 무기고를 열어 무장을 강화한 뒤 1월 25일 경 고부 인근의 백산(白山)으로 진을 옮겨 장기 항전태세에 돌입하였다. 그러나 고부농민봉기 수습의 명을 받고 안핵사로 파견된 장흥부사 이용태(李容泰)의 강경한 진압으로 대부분의 참가 농민들은 해산하고 전봉준 등 동학 교도들을 중심으로 한 수십 명만이 3월 초에 무장(茂長)의 손화중 대접주 관하로 피신하였다. 이같이 1월 10일의 고부 관아 습격에서 3월초 무장으로 피신하기까지의

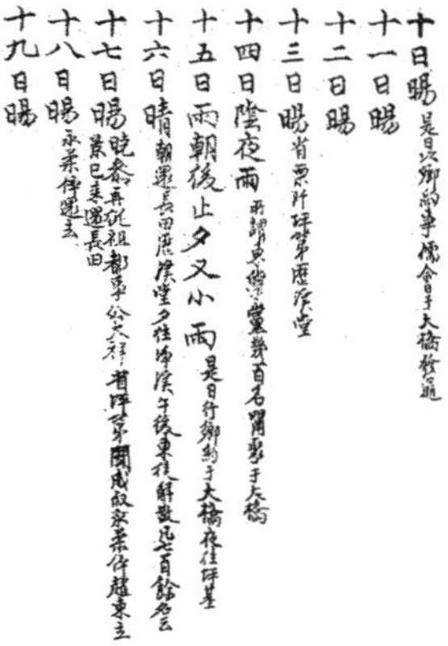

그림7 : 약사, 총서2, 206쪽

단계를 고부농민봉기라고 한다. 그런데 고부에서 농민군이 봉기하여 두 달 이상에 걸친 장기 항전을 할 무렵, 충청도에서도 농민군들이 잇따라 봉기하였다. 예를 들면, 3월 12일 금산(錦山)에서 봉기한 농민군들은 4월 초에 해산하기까지 20일 이상 항쟁을 계속하였다. 그렇다면 공주지역의 농민군들은 어떤 움직임을 보였을까?

고부농민봉기를 전후한 공주 지역의 동향 가운데 가장 주목할 만한 움직임을 보였던 인물은 대접주 임기준(任基準)이다. 먼저 임기준에 관한 내용을 기록하고 있는 자료들에 따르면, 1894년 3월 14일 접주 임기준이 이끄는 7백여 명의 농민군이 공주 궁원(弓院)에 모여 유회(儒會)가 열리고 있던 대교리(大橋里)로 가서 유회를 파훼하였으며, 이들은 16일에야 해산하였다고 한다.[21]

이 같은 내용은 공주에서도 이미 제1차 동학농민혁명이 본격적으로 전개되기 전 단계, 굳이 달리 말하자면 고부농민봉기를 전후한 시기에 이미 농민군들이 일정하게 결집(結集)하고 있었다는 사실을 알 수 있다. 또한 임기

준이 '취회'를 했던 공주 궁원(弓院; 활원)이 지하포교시대 동학의 주요 비밀 포교지 가운데 하나였다[22]는 사실에서 동학의 조직망 또는 비밀포교지 등이 농민군들의 결집과 일정하게 연관되어 있다는 점도 주목을 요하는 대목이다. 공주 궁원과 동학과의 관계는 앞에서 설명한 바 있기 때문에 여기서는 생략한다. 한편, 일본군이 파악한 충청도 농민군 지도자 명단인 '충청도

特命全權公使　大鳥圭介　殿

(26) 〔忠淸道東學黨巨魁人名錄〕

○東學黨 巨魁 人名簿(一)

執　綱　望

地　名	人　名	地　名	人　名
公州	張　俊　煥	魯城	
燕岐	崔　鳴　基	連山	朴　泳　來
全義	任　基　俊		
		唐津	
恩津	廉　相　元	芮川	李　花　三
鎭岑	宋　錫　柒	泰安	
瑞山	李　昌　九	韓山	金　若　善
海美		林川	
洪州	金　永　弼	牙山	安　敎　善
結城	千　大　哲	溫陽	方　化　鎬
舒川	秋　鏞　聲	禮山	朴　德　七
庇仁		德山	朴　龍　結
藍城	金　禹　鞠	新昌	
保寧			
		靑陽	兪　鎭　夏
大興		稷山	
定山			
		丹陽	成　斗　漢
扶餘	李　鍾　弼	永春	
石城		淸風	金　善　達
		提川	
鴻山	金　本　運		
		忠州	辛　在　蓮
木川	金　鎣　植	鎭川	
天安		槐山	洪　在　吉
平澤	金　鏞　音	陰城	
延豊			

그림8 : 충청도 동학당 거괴 인명록(주한일본공사관기록 1), 194-195쪽

동학당 거괴 인명록' 속에도 임기준이 나오긴 하지만 출신지역과 한자로 된 이름이 다르다. 참고로 여기에 수록한다. (〈그림8〉)

4. 제1차 동학농민혁명기(1894년 4월~5월)의 공주

제1차 동학농민혁명 단계에서 충청도의 농민군, 그 중에서도 공주 지역의 농민군들은 어떤 움직임을 보였을까? 최근 들어 활발해진 동학농민혁명의 지역별 사례 연구[23]를 통해 그 윤곽이 개략적으로나마 밝혀지기는 했지만, 구체적인 분석은 아직 이루어진 바가 없다. 충청도 지역, 좀더 범위를 좁혀 공주 지역을 중심으로 전개된 동학농민혁명의 구체적 실상이 아직까지 충분하게 밝혀지지 못한 이유를 지적한다면, 종래의 연구가 전봉준을 중심으로 한 이른바 전라도지역 농민군의 동향만 중시해 왔기 때문일 것이다. 그러나 동학농민혁명은 결코 전라도만의 지역적 사건이 아니었다. 아무리 축소해서 본다 하더라도 적어도 삼남(三南; 경상도, 충청도, 전라도) 지방이라는 광역(廣域)을 아우르며 일어났던 대사건이었다. 그러므로 제1차 동학농민혁명의 전개과정을 이해할 때도 전라도 중심의 종래의 견해를 벗어나려는 자세가 필요하다.

3월 21일, 전라도 무장(茂長)에서 전봉준이 4천여 명의 농민군을 이끌고 봉기하여, 3월 23일 고부 관아를 점령하고, 이어 3월 25일 백산에 진을 치고 농민군 진영을 개편하여 '호남창의대장소(湖南倡義大將所)'를 설치할 무렵, 그 보다 보름 앞선 3월 12일 충청도 금산에서도 농민군이 봉기하였다는 사실은 앞에서 설명한 바 있다. 백산에 진을 쳤던 전봉준 부대는 전라감영군이 내려온다는 소식을 듣고 4월 6일 오후 황토재가 내려다보이는 두승산 기슭으로 후퇴하여 잠복하였다가 심야 기습 공격을 감행하여 최초의 승리를 거두게 된다. 이것이 이른바 4월 7일의 '황토현전투'의 승리이다. 이렇게 전봉준 부대가 황토재에서 승리할 무렵인 4월 6일 공주 이인역(利仁驛) 일대에도 약 5~6천 명의 농민군이 진을 치고 있었다. 이 같은 내용은 〈그림9〉의 자료에 나온다.

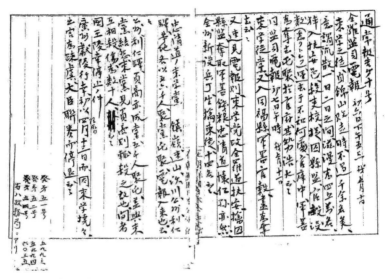

그림9 : 통상보고 제 10호, 조선국 동학당 동정에 관한 제국공사관 보고일건

그런데 이들 공주 이인역에 진을 친 농민군을 포함한 충청도 농민군들은 전라도의 전봉준 부대와 일정한 '연락체계'를 유지하면서 함께 움직이려 했던 것으로 확인되고 있다.

〈그림10〉의 자료에 따르면, 제1차 동학농민혁명 당시 해월 최시형이 주재하고 있던 충청도 청산(靑山)에서 전봉준 등 농민군 지도부가 주재하고 있던 전라도 무장(茂長)으로 글을 보내 '기일(期日)' 즉 약속한 날짜에 함께 움직이려 했다는 것이다. 이 같은 내용은 앞으로 좀 더 충실한 고증이 필요하긴

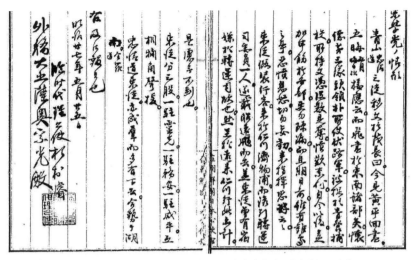

그림10 : 동학당의 정형, 조선국 동학당 동정에 관한 제국공사관 보고일건

外務大臣　陸奧宗光　殿

② 同監司電報 初7일 오후(陽 5월 일)

東學徒黨들은 다시 同福縣으로 들어와 軍器와 官穀을 모두 탈취해 갔다고 합니다. 그리고 잇달아서 電報를 받아 본 즉, 東學黨들은 全羅道 扶安으로 들어가 縣監을 잡아 가두고 軍器와 錢糧을 탈취하였으며 忠淸道의 □□縣에서도 그와 같이 하였다고 합니다. 그리고 全州에서는 신설한 兵隊에서 東學徒 14명을 생포하였다고 합니다.

忠淸道의 東學黨들은 鎭岑·連山·沃川 云□□地에서 각 5,6천명'씩 一黨들을 모아 주둔하고 있다는 電報가 들어 왔다고 합니다.

公州 利仁驛에 있던 負商들도 작당하여 4천명을 모아 주둔하고 있는데, 이들은 대체로 볼 때 東學黨들과 원한을 갖고 있습니다. 東學黨들이 負商들만 보면 죽이기 때문인데, 그 사이에 殺傷을 당한 수효가 數十명이라고 합니다.

③ 國王의 陵에 대한 行次를 停止하는 件

廣州에 있는 獻陵에의 行次는 처음에 4월 12일로 정하였으나 東學徒들이 기승을 부리고 있는 것이 매우 우려되어 大臣들이 연달아 停止할 것을 아뢰었다고 합니다.

그림11 : 전라감사 전보 4월 초7일, 주한일본공사관기록 1, 5쪽

하지만, 충청도 농민군과 전라도 농민군 사이에 일정한 '연락체계'가 존재하고 있었을 가능성을 한층 높여준다는 점에 중요한 의미가 있다. 각 지역에서 봉기한 농민군들과 농민군 지도부 사이에 일정한 '연락체계'가 존재하고 있었다고 가정한다면, 이인역의 농민군 역시 전라도 농민군과의 일정한 연계 하에 봉기했을 가능성이 높다.

전라도뿐만 아니라 충청도에서도 동학농민군들이 속속 봉기하자, 이들에 반대하거나 탄압하려는 지방관리, 유생, 보부상들의 움직임도 여기저기서 활발하게 일어난다. 이 가운데 충청도 지역에서 전개되는 제1차 동학농민혁명을 1차적으로 좌절시키는 세력이 등장하는데 그들이 바로 보부상(褓負商)들이다. 구체적으로 보면, 3월 12일 금산과 진산(珍山) 일대에서 봉기했던 농민군들은 4월 2일 진산 방축점(防築店)에서 김치홍(金致洪)과 임한석(任漢錫)이 이끄는 보부상들의 습격을 받아 114명의 전사자를 내고 해산하였다.[24] 4월 7일에는 이인역에서도 보부상 4천여 명이 동학에 반대하는 집회를 열었다. 이 같은 사실은 아래와 같은 〈그림11〉 일본측 기록 「전라민요보고」에 나온다. 이처럼 보부상과 농민군과의 갈등 관계는 동학농민혁명 기간 내내 지속된다. 이 문제도 향후 집중적으로 검토될 필요가 있다. 여기서는 다만 문제 제기에 그친다.

제1차 동학농민혁명 단계에서 공주의 지역적 상황을 살필 수 있는 자료는 또 있다. 인천의 일본영사관 소속 순사 나리스케 노부시로(成相喜四郎)가 농민군의 전주성 점령 이후 전라도 지역의 동향을 정탐하기 위해 5월 3일 공주에 도착한 이래, 공주지역의 정황을 보고한 문서가 바로 그것이다. 이 자료는 필자가 일본 유학 시절, 일본 국회도서관에 소장되어 있던 1894년 당시의 신문을 조사하던 과정에서 찾아낸 것이다. 먼저 전문을 번역 소개한다.

『내란 지방의 실황』

『미야코신문(都新聞)』, 메이지(明治) 27(1894)年 7月 14日, 1면

아래 1편은 재조선(在朝鮮) 인천 제국영사관에서 전라도지방의 소란(제1차 동학농민혁명; 번역자 주) 실황 조사를 위해 파견한 동 영사관 소속 순사 나리스케 노부시로(成相喜四郞)의 복명서(復命書)로 당지 특파원으로부터 보내온 그대로 여기에 전문을 게재한다.

메이지 27년(1894) 6월 3일(음력 4월 30일) 오후 5시 가와바다(川幡) 순사, 타카시마(高島) 유학생과 함께 경성을 출발하여 동월 6일(음력 5월 3일) 공주(公州)에 도착하였다. 이 사이 도중에 별다른 일은 없었으며, 다만 청국(淸國)순사 3명이 공주로 향하는 것을 만났을 뿐이다. 또한 평양병(平壤兵)은 동월 2일 경성을 출발하여 자기들 일행의 도착 일시를 공주로 보내 공주에 들어가는 것을 허락받고 청국 섭 통령(聶士成; 번역자 주)의 고시문(告示文)을 내리니, 그 내용은 청병(淸兵)이 오게 된 연유를 밝힌 동시에 항복하는 자는 용서하고 저항하는 자는 모조리 죽여 용서하지 않겠다는 뜻이었다.
  - 공주의 모양은 민요(民擾) 때문에 일어난 소란도 없었고, 사람들도 두려워하는 생각이 없어 마치 무관심한 듯한 모양이면서도 때마침 동지 약회시(藥會市)가 열리는 시기를 당해서는 민요 때문에 방해를 받아 장(場)이 서지 못하기에 이르러 동지 상인 등이 곤란을 겪고 있었다.
  - 7일(음력 5월 4일)이 되자 6월 6일(음력 5월 3일)의 대전투(동학농민군과 경군간에 벌어진 전주성전투; 번역자 주)에서 난민의 거괴(巨魁, 전봉준을 가리킴; 번역자 주)를 죽였다는 소문이 전해졌다.
  - 8일(음력 5월 5일) 경성 주재 청국이사(淸國 理事) 당소의(唐紹儀)가 30여 명의

순사 같은 자들을 이끌고 공주에 도착하였다. 당시 청병이 대거 올 것이라는 소문이 돌았는데 그러나 당 이사는 즉각 돌아갔고 함께 온 순사 같은 자들은 남아 있다.

- 동일 평양병이 공주를 떠나 삼례로 향했다. 떡 50여 상자를 휴대했다.

- 공주 시내 및 부근 숙역(宿驛) 각 곳에 게시가 붙었다.(섭 제독의 게시) 또 공주 감영 문전에도 고시가 붙었다.

- 12일(음력 5월 9일) 전주 회복, 동일 초토사 입성, 그 다음날 감사 입성.

- 13일(음력 5월 10일) 전보국을 삼례(參禮)로 옮긴다고 하여 공주를 출발 동지(同地, 삼례)로 향했다. 도중 황산(黃山)에 들렀는데 일본인 16명이 머물러 있었다. 이들은 일시적으로 상업을 쉬고 있을 뿐 별다른 피해는 없는 듯했다. 한때는 인천으로 철수하려는 준비를 했으나 점차 동도(東徒; 동학농민군)의 세력이 쇠퇴함에 따라 계속해서 머물 것이라고 하며 재류자(在留者)의 명단은 별지와 같다.

- 16일(음력 5월 13일) 삼례에 도착, 그런데 전보국을 전주로 옮긴다고 하므로 즉시 전주로 향하여 동일 전주에 도착했다.

- 일행이 전주에 도착했을 때는 소란이 이미 진정된 뒤로 주민 등은 이미 돌아와 안도하고 있었으며 달리 재연할 분위기도 없어서 무사했다.

- 전주에서 병화(兵禍)를 입은 것은 서문(西門) 밖 천 삼백호, 문안 3~40호

- 전주성 회복 때 도망하여 흩어진 적도(동학농민군) 등은 태인(泰仁)으로 모였는데 당장 생활할 방도가 없기 때문에 재연할 것이라는 소문은 있으나 전주에서 관리가 출장하여 설유한다면 그들도 진정할 것이라고 한다.

- 전주 회복과 동시에 적도는 완전히 해산한 듯하다.

- 전주에서 감사에게 물으니 청병은 오지 않았다고 한다.

- 평양병 및 순변사는 삼례에 머물며 전주에 들어오지 않았다.

- 20일(음력 5월 17일) 전주 이재민에게 1문 전 씩 1만 량을 국왕이 하사하였다.

- 순변사(이원회)는 21일 군창(군산)에서 배로 귀로에 올랐다.

- 22일(음력 5월 19일) 초토사(홍계훈)는 경군을 이끌고 육로로 전주를 출발했다.

- 전주에는 강화병(江華兵)과 청주병(淸州兵)이 남아 있다.

- 23일(음력 5월 20일) 귀경하라는 내용의 전보를 받았기 때문에 24일 전주 출발, 동일 황화정(皇華亭)에서 오기와라(萩原) 경부(警部) 일행을 만났다.

- 25일(음력 5월 22일) 오기와라 경부 일행과 작별하고 귀로에 올랐다. 황화정을 출발할 때 청병 18명과 만났는데 전주로 간다고 하였다. 동일 12시 비정천(比定川)에서 청국인 12명을 만났는데 풍채가 병정 같았으며 (앞의 청병과) 마찬가지로 전주로 향했다. 이날 공주에 도착하였다.

- 공주에서 들으니 일행이 전주를 향해 출발한 뒤 청병 40명 정도가 공주로 왔는데 곧바로 아산을 향해 떠났다고 한다.

- 26일(음력 5월 23일) 공주를 출발했다. 동일 초토사도 동지를 출발했다. 이날 12시 육군사관(일본군)을 만나 아산에 청병 3천 명이 주둔하고 있다는 소식을 들었다.

- 27일(음력 5월 24일) 청국인 4명(병기를 휴대)이 총기가 들어 있는 상자 2개를 말에 싣고 공주로 향하고 있는 것을 보았다.

- 우리들이 전주를 출발했을 때는 동지의 상업은 아직 완전히 회복되지 않은 모습이었으나, 공주에 도착해보니 평소와 다름이 없었다. 그렇지만 약회시(藥會市)에 약재를 내는 상인이 없기 때문에 곤란을 겪고 있었다.

- 전주 부근 및 오는 도중의 농사는 민요로 인한 피해 모습이 별로 없어 모내기도 이미 끝냈으며, 농민들은(제1차 동학농민혁명의) 경과가 잘 수습된 것을 기

뻐하고 있었다. 또 들은 바에 의하면 각 지방 모두 민요 때문에 농사를 못 짓
는 곳은 없는 것 같다.

- 28일(음력 5월 25일) 경성에 도착했다. 귀로에 특별히 이상한 일을 견문한 바
없었다. 출장중에 관군 및 적군(동학농민군)의 진퇴 동정에 대하여 들은 내용의
요지를 이하〈그림12〉에 약기한다.

동학농민혁명을 전후한 일본 측의 정탐 활동은 그야말로 전방위(全方位)
로 전개되고 있었다. 예를 들면, 서울의 일본공사관과 일본영사관, 인천영
사관, 부산영사관은 말할 것도 없고,[25] 대본영 참모본부에서 직접 파견한 무
관,[26] 영사관 소속 경찰,[27] 서울이나 인천에 거주하던 일본인 거류민,[28] 조선
내지를 다니며 상업에 종사하던 일본인 상인,[29] 심지어 조선에서 일어난 변
란 즉 동학농민혁명을 이용하여 '일확천금'이나 '대륙진출'의 꿈을 실현하기

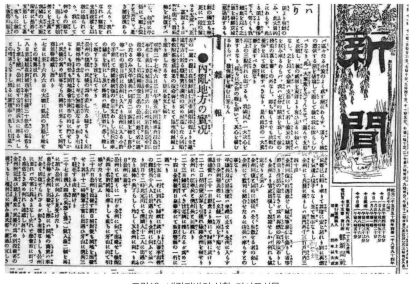

그림12 : 내란지방의 실황, 미야코신문

위해 일본에서 건너온 낭인(浪人)[30]들까지 동원하여 정보 수집에 열을 올렸다. 이들이 수집한 정보는 조선 침략에 필요하거나, 조선에서 일본의 이익을 실현하는 데 유용한 내용이 주류를 이루고 있다는 점에서 이용을 하는데 있어 비판적 검토가 필요하긴 하지만 국내 자료에서는 볼 수 없는 내용도 산견(散見)된다는 사실을 지적해 둔다.

5. 집강소 통치기(1894년 6월~8월)의 공주

4월 27일(양력 5월 31일) 전봉준이 이끄는 동학농민군이 전주성을 점령하자, 이틀 뒤 충청감사(이헌영)는 "공주 이하 지방은 나라의 소유가 아닌(公州以下 非國家所有)" 상태라고 보고하였다[31]고 한다. 이 같은 충청감사의 보고는 농민군의 손에 들어간 전라감영이 더 이상 제 기능을 발휘할 수 없는 상태에서 나온 조치였다. 충청감사의 보고를 접한 조정은 커다란 충격에 휩싸였다. 그리하여 왕조의 발상지이자 전라도의 수부(首府)인 전라감영이 농민군의 손에 들어간 초유의 사태에 직면한 조정은 비밀리에 청국 군대의 파견을 요청했고, 조정과 청국의 동향을 예의 주시하고 있던 일제는 청국보다 먼저 출병을 결의하였다.[32] 그 결과 5월 초순 경 청일 양국 군대가 조선에 출병하였다. 조정은 당황했다. 요청하지도 않은 일본군대가 출병하는 사태에 직면한 조정은 그들의 출병 명분인 '조선의 유사(有事)' 상황, 즉 농민군들의 봉기를 진압하거나 해산시켜야 하는 과제에 직면하였다. 또한 당시 농민군들은 농번기를 맞이하여 동요하고 있었고, 중앙에서 내려온 경군(홍계훈)과의 세 차례나 되는 격전[33]으로 피로한 상태에 있었다. 이 같은 상황 속에서 경군의 입장(농민군을 해산하고 서울로 철수해야 하는 상황)과 농민군의 입장(농번기에 대비하는 한편, 청일 양국 군대와의 대결을 회피함으로써 농민군 전력을 보호해야 하는 입장)이 서로 일치하여 5월 7일 '전주화약'이 성립되었다. '전주화약' 이후 농민군들은 전주성에서 자진 철수하여 출신 군현으로 돌아가 기본 전력을 유지하면서 '집강소'[34]를 설치하고 폐정개혁(弊政改革)을 단행하게 된다. 이 때부터 농민군이 재봉기하는 9월 이전까지를 흔히 집강소 통치기라고 부른다. 그렇다면 집강소 통치기 충청도의 상황, 그중에서도 공주의 상황은 어떻게 전개되었을까? 사료상으로 보는 집강소 통치기 공주의 모습을 보기로 한다.

집강소 통치기 공주의 상황 가운데 가장 먼저 주목되는 것은 청일 양국군의 동향을 들 수 있다. 전술했듯이, 일제 측은 농민군이 전주성을 점령한 직후부터 대본영 참모본부 무관을 비롯, 영사관경찰, 거류민, 유학생, 상인, 낭인 등을 공주와 전주 등지로 파견하여 충청도와 전라도의 상황을 정탐하고 있었다.[35] 그들의 정탐 내용 가운데 공주 상황을 담고 있는 영사관경찰 오기와라 히데지로(荻原秀次郎)의 정탐 내용을 일부 소개한다.

이상과 같이 필요한 지역(전주를 중심으로 한 제1차 동학농민혁명의 진원지; 번역자 주)의 상황을 시찰하고(5월 22일부터 26일까지) 돌아오는 길에 공주에 도착하니(5월 28일경; 번역자 주), 청나라 군대 2천 명 정도가 섭제독(聶士成; 번역자 주)을 대장으로 하여 동지(同地)에 머물고 있었다. 즉각 전보를 치려고 생각하여 다카시마(高島) 유학생이 전보국으로 가던 도중 그들(청국군대; 번역자 주)에게 폭행을 당해 도저히 발신할 수가 없었다. 다시 프랑스인에게 부탁하여 전보를 치려고 하였지만, 한문을 사용해야 한다고 하여 암호를 사용할 수가 없었다. 조선전보국은 청나라 사람 손에 들어가 마침내 우리들이 사용할 수 없기에 이르렀다는 것을 알고 그대로 지나쳤다.[36] 〈그림13〉의 한글 번역

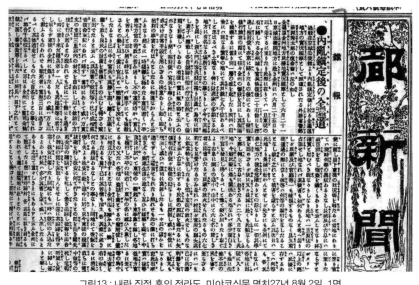

그림13 : 내란 진정 후의 전라도, 미야코신문 명치27년 8월 2일. 1면

　위의 내용에 의하면, 5월 5일과 5월 22일 두 차례에 걸쳐 충청도 아산 백
석포(白石浦) 일대에 상륙했던 청국군 가운데 약 2천 명이 5월 28일을 전후하
여 공주에 주둔하고 있음이 밝혀지고 있다. 청국군은 성환전투에서 패한 뒤
인 6월 27일에도 공주로 물러나 주둔한 바 있다.[37] 이 같은 사실은 동학농민
혁명 과정에서 청일 양국 군대의 동향을 이해하는 데 유용할 뿐만 아니라,
청일전쟁의 전개 과정을 파악함에 있어 공주가 차지하는 비중이 적지 않음
을 보여주는 것이라 하겠다.

　집강소 통치기 공주의 동향은 6월 21일 일본군에 의한 경복궁 불법점령
사건 이후 급격하게 변하는 것으로 확인된다. 우선 경복궁 점령 사건 열흘
정도 뒤인 7월 3일 공주 이인역(利仁驛)에서 농민군들이 취회(聚會)하였다.[38]
이틀 뒤인 5일에는 이인 반송(盤松)에서 "지금 외국이 내침(來侵)하여 종사가
매우 위급하니 병대를 일으켜 한번 토벌하여 환난을 평정하고자 한다"[39]며

군량과 마필, 총 등을 거두어 들였다. 이
때 이인 반송의 동학 접을 이끌고 있던 접
주는 김필수(金弼洙)였다.[40]

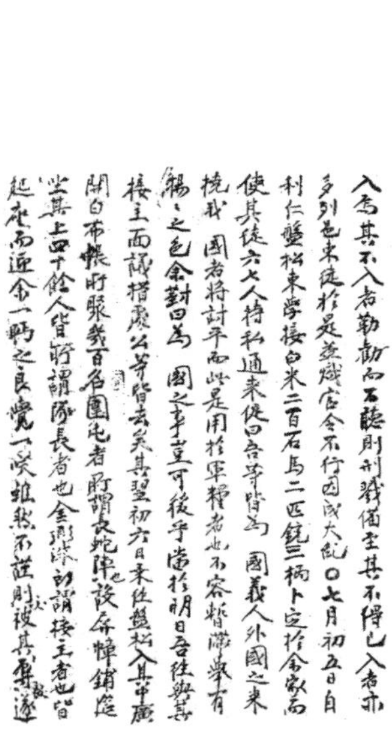

이 같은 내용은 이인 반송의 농민군들
이 경복궁 불법점령 사건을 계기로 다시
봉기하고 있음을 명확하게 보여 주고 있
다. 각 군현에 설치된 집강소를 중심으로
폐정개혁을 단행하고 있던 농민군들이 경
복궁 불법점령 사건을 '종사(宗社; 국가의 안
위)'와 관계된 사태, 즉 국난(國難)으로 인식

그림14 : 시문기, 총서2, 178쪽

하고, 그 국난 극복을 위해 재봉기를 단행하는 모습 속에서 제2차 동학농민
혁명의 '반침략적' 성격이 선명하게 드러난다 하겠다. 이하에서는, 7월 이후
공주 일대에서 잇따라 봉기하는 농민군들의 모습을 열거한다.

7월 7일, 공주의 대교(大橋)·공수원(公壽院)·반송(盤松) 등지에서 동학농민
군 수백 명이 돈과 곡식을 압류함(금번집략 별계 7월 7일, 총서 4, 29쪽)

7월 12일, 공주 동천점(銅川店)에 도인(道人)이라 칭하는 자들이 '보국안민(輔
國安民)'과 '척화거의(斥化擧義)'를 주장하며 둔취함(홍양기사 7월 12일, 총서 9, 97쪽)

8월 1일, 공주(또는 논산) 건평(乾坪) 유생 이유상(李裕尙)은 건평에서 민준호(閔
俊鎬)가 유회(儒會)를 열고 있다는 소식을 듣고 달려가 함께 '토왜보국(討倭報國)'
하자고 청했으나 거절당하자 유회군 1백여 명을 이끌고 떠나감(남유수록 8월 1
일, 총서 3, 226쪽)

8월 1일, 공주 정안면(定安面) 궁원(弓院)에서 동학농민군 1만여 명이 모여 공
주(公州) 부내로 들어와 유진(留陣)하려고 함(금번집략 별계 8월 5일, 총서 4, 43쪽)

8월 2일, 공주 정안면 궁원에서 취회했던 농민군 수천 명이 혹은 깃발을 들고, 혹은 창과 칼을 든 채 접주 임기준(任基準)의 지휘 아래 공주 부내로 들어옴 (금번집략, 총서 4, 11쪽, 43쪽)

8월 3일, 공주 부내의 농민군이 해산하여 공주부에서 10여리 혹은 30여리 떨어진 금강 근처에 유진함(금번집략, 총서 4, 11쪽, 43쪽)

8월 4일, 도인(道人, 동학농민군; 번역자 주) 7백 명이 공주에서 정산(定山) 평촌(坪村)을 거쳐 광암(廣岩)으로 감(갑오기사, 총서 9, 251쪽)

8월 4일, 농민군 수천 명이 다시 공주감영으로 모임(금번집략, 총서 4, 11쪽)

이처럼 공주 인근에서 잇따라 봉기하고 있는 농민군들은 '보국안민(輔國安民)', '척화거의(斥化擧義)', '토왜보국(討倭報國)' 등 이른바 경복궁 불법점령 사건으로 야기된 '국난(國難)' 극복의 명분을 내걸고 봉기하고 있음을 알 수 있다. 이러한 사실은 그간 농민군의 제2차 봉기를 9월 초순 경 전봉준의 삼례봉기를 기점(基点)으로 이해해 왔던 기존 연구들이 수정되어야 한다는 사실을 시사해 준다.

또, 집강소 통치기 공주지역 농민군의 동향 가운데, 8월 1일 정안면 궁원에서 취회하여 1만여 명의 농민군을 이끌고 공주부로 들어온 접주 임기준(任基準)을 중심으로 한 농민군의 동향은 여러모로 주목을 요한다. 첫째는 임기준이 취회했던 궁원이 이른바 비밀포교기부터 동학교단과 밀접한 관계를 지닌 곳이라는 점, 둘째 전봉준이 3월 21일 전라도 무장에서 제1차 봉기를 단행하기 이전인 3월 14일에 임기준이 이끄는 농민군 7백여 명이 궁원에서 취회를 했었다는 점, 셋째 집강소 통치기 내내 궁원이 공주 지역 농민군의 거점이 되고 있었다는 점 등은 향후 접주 임기준에 대한 연구와 함께 공주 지역 동학농민혁명의 전개과정과 그 특성을 분석하는 데 있어 반드시 검

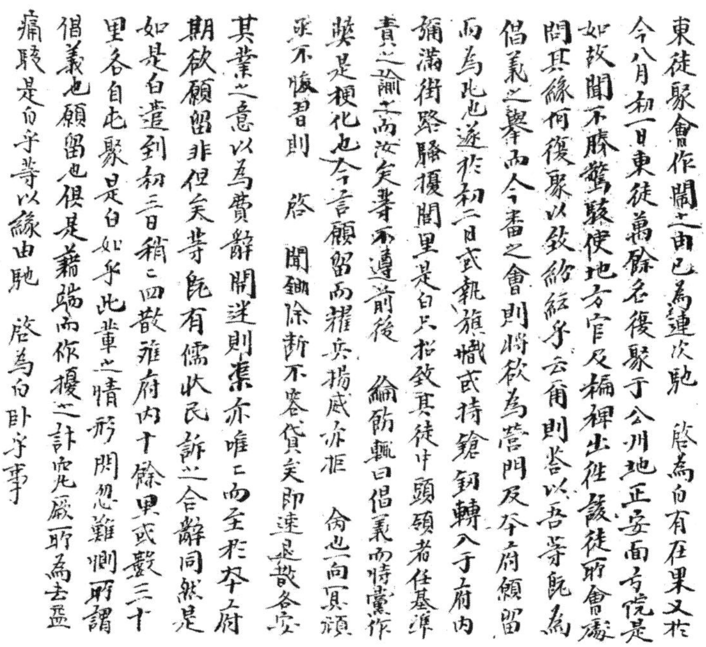
東徒聚會作鬧之由已爲連次馳 啓爲白有在果又於
今八月初一日東徒萬餘名復聚于公州地正安面弓院是
如故聞不勝驚駭使地方官及褊裨出往該徒所會處
問其緣何復聚以致紛紜爲乎云角則答以吾等旣爲
倡義之擧而今番之會則將欲爲營門及本府願留
而爲此也遂於初二日或執旗幟或持鎗劍轉入于府內
彌滿街路騷擾閭里是白只招致其徒中頭領者任基準
責之諭之而汝矣等不遵前後 綸飭輒曰倡義而恃黨作
弊是梗化也今言願留而耀兵揚威亦非 爾也一向頑
惡不悛習則 啓 聞勦除斷不容貸矣卽速退散各安
其業之意以爲責辭開諭則渠亦唯唯而至於本府
期欲願留非但矣等旣有儒狀民訴之合辭同然是
如是白遣到初三日稍稍四散雖府內十餘里或數三十
里各自屯聚是白如乎此輩之情形閃忽難測所謂
倡義也願留也俱是藉端而作擾之計究厥所爲去益
痛駭是白乎等以緣由馳 啓爲白卧乎事

그림15 : 궁원을 중심으로 한 농민군의 동향, 금번집략, 총서 4, 43-44쪽.

토해야 할 사항이라고 생각된다. 이하에 궁원을 중심으로 한 농민군의 동향을 싣고 있는 『금번집략』의 관련 부분을 〈그림15〉를 통해 소개한다.

끝으로 집강소 통치기 공주 지역의 동향을 이해하는 데 있어 반드시 짚고 넘어가야 할 내용이 바로 유생 이유상(李裕尙)의 움직임이다. 왜냐하면, 그는 전봉준의 2차 봉기 때, 동족끼리 싸우지 말고 관과 농민군, 유생들이 함께 힘을 합하여 일본군과 싸우자는 전봉준의 반일연합전선 제의에 대해 유생으로서 유일하게 합류하기 때문이다.[41] 이유상의 동향을 담고 있는 자료는 〈그림16〉과 같다.

부여 유생 이복영(李復榮)에 의하면, 이유상은 정산(定山) 사람으로, 전봉준 휘하의 논산 건평(乾坪)[42] 접주였는데 유회(儒會)를 가탁하여 무리를 모아 전

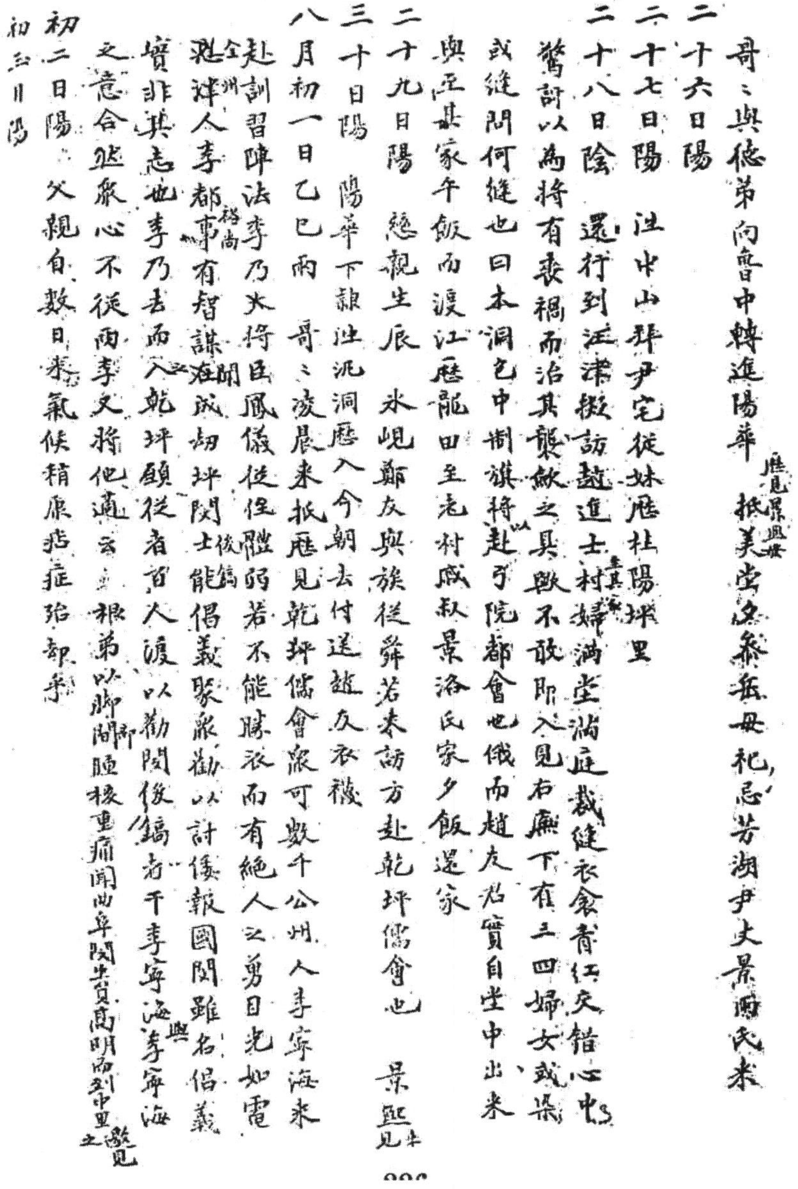

哥~與從弟向魯中轉進陽華〔歷見景源冊〕抵美堂名蔡並毋妃忌芳湖尹丈景源氏來

二十六日陽　注中山拜尹宅從妹歷杜陽坪里〔眞卿〕

二十七日陽　還行到汪津擬訪趙進士村婦滿堂庭裁健衣金肯欠錯心也

二十八日陰　驚討以為將有衰禍而治其戴歛之具歐不敢即入見右廊下有三四婦女或染武從問乞中割旗將赴于院都會也俄而趙友為實自坐中出來與正其家平飯而渡江歷龍田至志村咸叔景洛氏家夕飯還家

二十九日陽　慇親生辰　氷峴鄭友與族從舜若來訪方赴乾坪儒會也〔景熙見〕

三十日陽　華下諫注泥洞歷入今朝去付送諸友衣襪

八月初一日乙巳雨　哥~凌晨來振歷見乾坪儒會衆可數千公州人李寧海來赴訓習踵法李乃大將臣鳳儀從侄體彰若不能勝衣而有絕人之勇目光如電全州胡人李都事有智謀淮㓊圻閔土俊倡義聚衆勸以討倭報國閭雖名倡義實非其志也然心不從其志以乾坪顧從者首人渡以勸閭俊方干壽寧海壽海之意合然衆心不從兩孝文將他邁云　根弟以脚間腫核重痛開出阜閔先貴高明而到中里之覽

初二日陽　父親自數日來氣候精康悲症始卻矣

初三日陽

　　　　　　グ

그림16 : 이유상의 동향, 『남유수록』, 8월 1일, 총서 3, 226쪽

봉준과 합세했다고 한다.[43] 『남유수록』 8월 1일의 내용에 의하면 그가 유회를 열었다는 것은 엄연한 사실이며, '토왜보국', 즉 반침략의 입장에서 전봉준군과 합세했을 것이라는 사실을 짐작하게 해준다.

6. 제2차 동학농민혁명(1894년 9월~11월)과 공주

제2차 동학농민혁명기 공주 지역의 동향을 이해함에 있어 가장 먼저 주목해야 할 것은 대원군의 효유문(曉諭文), 즉 밀지(密旨)와 관련된 충청도 농민군들의 동향이다. 전봉준의 진술을 비롯하여 관변 기록, 유생들의 기록, 일본 측의 기록을 종합해 보면, 1894년 8월 말에서 9월초에 걸쳐 대원군의 효유문(밀지)이 전봉준을 비롯한 각지의 농민군 지도자들에게 전달되었던 것으로 확인되고 있다.[44] 여기에 대해 충청도 농민군 지도자들은 9월 9일, 공주 대접주 임기준을 포함한 21명의 충청도 지역 농민군 지도자들이 대원군의 효유문(밀지)에 대해 답서(答書)를 보냈다.[45]

여기에 대원군의 효유문과 함께 전달되었다고 알려지고 있는 밀지 내용을 소개한다.

> 삼남(三南) 진신장보(縉紳章甫) 임진년(1592)에 순절(殉節)하여 공신록에 기록되어 있는 훈신(勳臣)의 자손 및 동도인(東道人; 동학교도 또는 동학농민군-번역자 주), 보부상 우두머리 등에게 비밀리에 교유(敎諭)한다. 오호라, 내가 과매(寡昧; 모자라고 어두움)하여 왕위에 오른 지 30년에 여러 차례 변고(變故)를 겪었으나 덕이 가히 새로워지지 않고 하늘이 아직 화(禍)를 뉘우치지 않고, 간신(奸臣)이 명령을 사사로이 하며, 왜(倭) 오랑캐가 궁궐을 침범하여 종묘사직의 위험하고 절박

함이 바야흐로 아침 저녁에 있으니, 그 죄가 모두 나로 말미암은 것인데, 화가 죄 없는 사람에게 미치니 내 실로 무어라 말하리오. 비록 그렇지만 국가 5백 년 동안 백성을 아름답게 기른 덕이 두텁지 않다 말할 수 없으며, 나라의 안위를 의지하는 것이 삼남(三南)보다 앞서는 것이 없는지라, 이에 비밀리에 근신(近臣)을 보내어 본경(本境; 삼남 지방; 번역자 주)으로 달려가서 의용군(義勇軍)을 소집하게 하노라.

오호라, 너희들은 내가 부덕(不德)하다 말하지 말고 오직 선왕(先王)들의 깊은 어짐과 후한 덕이 너희들의 조상에게 미쳤으니, 충량(忠亮; 충성스런 백성들—번역자 주)들은 온 힘을 다하여 일본을 이기기 위한 창의(倡義)에 다 같이 참여해서 우리의 망해가는 나라를 붙들어 일으키고 나의 위태로운 목숨을 구할 지어다. 나라가 망하는 것도 너희들에게 달려 있고, 나라가 다시 일어나는 것도 너희들에게 달려 있노라. 내 말은 여기에서 그치니 여러 말 하지 말지어다 8월 일[46]

대원군과 농민군, 그중에서도 공주를 비롯한 충청도 농민군들과의 관계는 아직 충분하게 해명되지 못하였다. 그러나 앞에서 확인한 것처럼, 대원군의 효유문(밀지)은 농민군의 제2차 봉기와 관련하여 충청도지역 농민군들의 움직임에 결정적인 영향을 끼치고 있다. 향후의 연구를 기대하며 여기서는 다만 관련 사료 제시에 그친다.

1894년 1월의 고부농민봉기부터 1895년 1월 전라남도 진도(珍島)에서 있었던 최후 항쟁에 이르는 혁명 기간 중에 가장 처절하고 장렬했던 전투는 두말할 것도 없이 공주 우금티전투이다. 우금티전투에 관한 기록으로는 첫째 동학 측의 기록이 있는데, 가장 대표적인 것은 바로 「전봉준공초」(1895)에 들어 있는 우금티전투 관련 진술이다. 이 자료는 1979년 아세아문화사에서 나온 『동학사상자료집』 전 3권 가운데 제1권에 실림[47]으로써 비교적 널리 알려졌으며, 1996년에 전 30권으로 완간된 『동학농민전쟁사료총서』 제 18권에도 수록됨으로써 누구나 쉽게 이용할 수 있게 되었다. 「전봉준공초」 가운데 우금티전투 관련내용은 1차에서 5차에 걸친 심문 기록 가운데 1차 심문 내용에 해당하는 초초문목(初招問目; 총서 18, 21~22쪽, 25쪽)과 4차 심문 내용을 기록한 4차문목(총서 18, 73~74쪽)에 부분적으로 실려 있다. 초초문목에 나오는 우금티전투 관련 내용을 보면 다음과 같다.

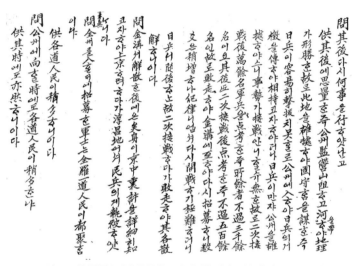

그림17 : 전봉준공초 초초문목 중 우금티전투 관련 부분, 총서 18, 21~22쪽

　　우금티전투에 관한 동학 측 기록으로 주목받고 있는 또 하나의 자료로는 전북 익산(益山) 출신으로 동학농민혁명에 접주(接主)로 참여했던 오지영(吳知泳)이 쓴 『동학사(東學史)』가 있다. 『동학사』는 그동안 1940년(저자 서문은 1939년)에 나온 '간행본(刊行本)'만이 알려졌으나,[48] 동학농민혁명 1백주년을 전후하여 그 '초고본(草稿本)'이 국사편찬위원회에 소장되어 있음이 확인되어,

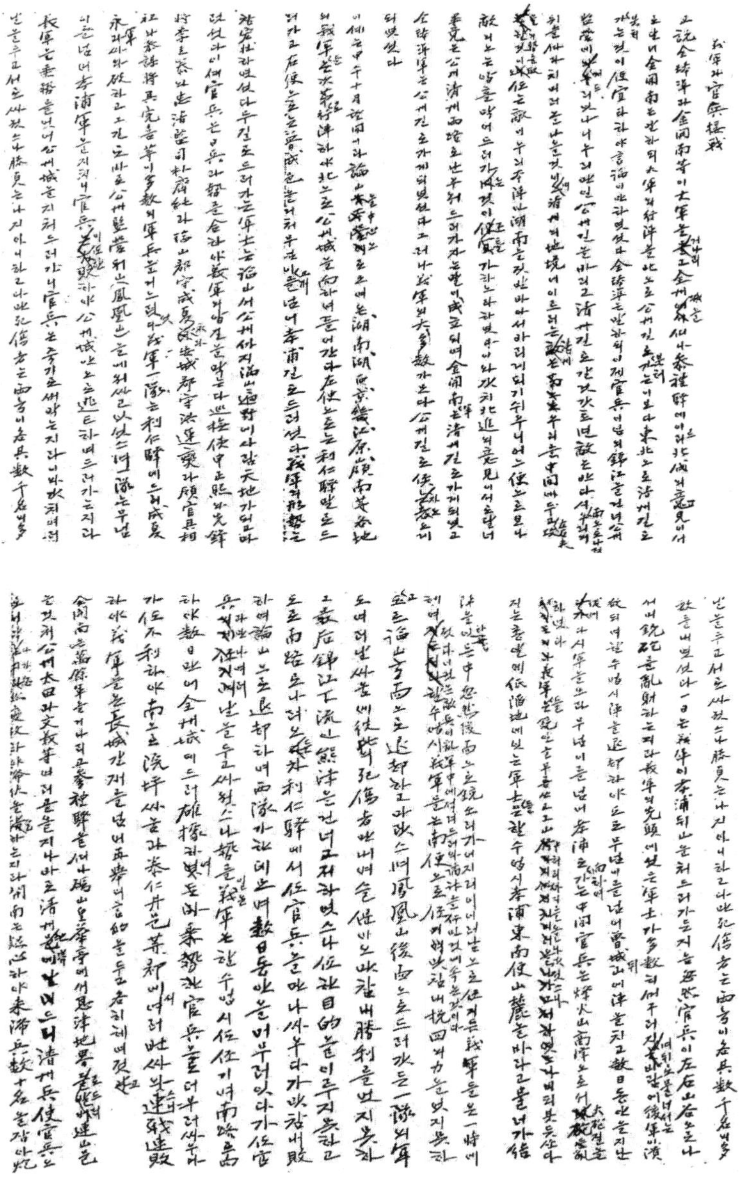

그림18 : 의군과 관병접전, 동학사 초고본, 총서 1, 496~498쪽

1996년에 총서 제 1권 안에 수록되었다.[49] 초고본 동학사에는 우금티전투 관련 내용이 「의군과 관병접전」이란 제목으로 496쪽부터 498쪽까지 3쪽 분량으로 수록되어 있다. 관련 부분은 〈그림18〉와 같다.

「전봉준공초」와 오지영의 『동학사』 외에 우금티전투에 관해 기록하고 있는 농민군 측 1차 자료들은 많지 않다. 그 보다는 오히려 관군과 일본군이 남긴 기록이 더 상세하다. 우선 관군, 즉 조선 정부군이 남긴 대표적인 자료로는 『구한국관보(舊韓國官報)』 개국 503(1894)년 11월 27일, 28일, 29일자에 실린 「공산초비기(公山剿匪記)」가 있다.

이 자료는 후일 경상도 예천 유생 박주대(朴周大)의 일기인 『나암수록(羅巖隨錄)』에도 실리게 된다.[50] 『구한국관보』의 경우, 개국 503년(1894) 11월 27일부터 29일까지 3일간에 걸쳐 「공산초비기(公山剿匪記)」라는 제목 아래, 이인지역(利仁之役, 11월 27일), 효포지전(孝浦之戰, 11월 28일), 우금지사(牛金之師, 11월 29일) 등으로 나누어 수록되어 있다. 『나암수록』의 경우도 날짜 구분 없이 이인지역(利仁之役), 효포지전(孝浦之戰), 우금치지사(牛金峙之師) 세 부분으로 나뉘어 수록되어 있다. 특이한 것은 『구한국관보』나 『나암수록』 양쪽 기록 속에 우금티전투 상황을 묘사한 개념도(概念圖)가 첨부되어 있어 당시의 전투 상황, 관군 및 일본군의 배치 상황이나 농민군의 진격로 등을 정확하게 이해하는 데 유용한 자료가 되고 있다는 점이다. 물론, 이 두 자료 속에는 동학농민군을 비적(匪賊)이라고 칭하고 있다거나, 또는 관군 측의 일방적인 기록이라는 점에서 사료 해석상 유의해야 할 점이 적지 않다. 그러나 당시의 전투상황을 이해하는 데는 상당한 참고가 된다는 점은 누구도 부인할 수 없을 것이다. 그래서 이 글에서는 한문으로 기록된 원문을 알기 쉬운 한글로 옮겨 싣는 동시에 이인지역, 효포지전, 우금지사 세 전투 상황에 대한 개념도를 그대로 싣는 바이다.

이인지역(利仁之役)

순무선봉장(巡撫先鋒將) 이규태(李圭泰)가 10월 상순에 서울에서 길을 떠나 천안(天安)에 이르러 며칠을 머무르면서 일본군병을 기다려 일제히 합류한 다음 장차 공주 (公州)로 나아가려 하였는데 누군가 말하되 목천(木川) 세성(細城; 세성산)의 적(敵; 동학농민군)이 복심(腹心)의 근심이 되니 먼저 목천의 적을 치는 것만 같지 못하다고 하였다. 또 누군가 말하기를 각처의 비류(匪類;동학농민군)가 비록 몹시 창궐하나 마땅히 호남의 전봉준(全琫準)으로서 거벽(巨擘)을 삼을 것이니 그 무리가 여러 만 명이 되고, 또 양포(洋砲), 양창(洋槍; 양총의 잘못-번역자 주)이 있어 일찍이 전주성을 쳐서 함락시킨 경험이 있는 자라, 월전(月前)에 이미 은진(恩津)에 이르러 그 무리를 노성읍(魯城邑)과 공주의 경천점(敬川店)에 포열(布列; 배치)하였으니 금영(錦營; 공주에 있던 충청감영)을 침범하는 것이 경각에 달렸는지라, 만약 금영이 한번 요란하면 호서(湖西; 충청도) 전성(全省; 충청도 전지역)이 문득 우리 소유가 아니될 것이니 먼저 공주를 구함만 같지 못하다 하여 각각 한 쪽 말을 쫓아 헤아려 생각하고 있었다. 문득 들리기를 죽산부사(竹山府使) 이두황(李斗璜)이 청주, 보은으로부터 공주로 이동하는 길에 북상하여 세성(細城)의 적을 격파하였다고 하고, 또 금영으로부터 군관을 계속 파견하여 선봉진에게 구원을 요청하였으나 일본 군병의 연고 때문에 행동거지가 오히려 확정하지 못하였다고 한다. 이 때에 적의 형세가 점점 치열하여 세 길로 아울러 나아가는데 공주감영 아래에는 다만 경리청(經理廳) 4개 소대 병력과 일본 군병 1백 인이 있을 따름이었다. 9월(10월의 잘못; 번역자 주)22일 밤 삼경에 감사가 문득 군령을 발하여 명일 새벽에 경천(敬川), 이인(利仁)으로 출정하게 하였다. 이 날 밤에 차가운 비가 오락가락하여 바로 행군하는데 근심이 되었다. 23일 새벽은 하늘이 말끔히 개었고 감사는 새벽에 장대(將臺)에 나와 영전(令箭; 명령을 하달하는 화살)과 영기(令旗; 명령을 하달하는 깃발)를 나누어 보내고 서산군수 성하영

(成夏泳)과 안성군수 홍운섭(洪運燮)과 경리영관 구상조(具相祖) 등을 불렀는데 참모관 구완희(具完喜)는 이미 일찍부터 군병을 거느리고 기다리고 있었다. 이에 각 군을 나누어 고르게 하였으니 구완희는 순병(巡兵; 충청감영의 군대) 4개 분대를 거느리고, 성하영은 경리병 1개 소대를 거느리고, 일본 소위 스즈키 아키라(鈴木彰)는 스스로 그 군병을 거느리고 아울러 이인을 향하여 떠나갔으며, 홍운섭과 구상조는 각각 1개 소대를 거느리고 효포(孝浦)로 가서 진을 쳤고, 공주 우영장(右營將) 이기동(李基東)과 경리대관 백낙완(白樂浣)은 금강나루(錦江津)와 산성(山城) 모퉁이에 머물러 주재하였다. 백낙완은 또 강을 건너 순열(巡閱; 순찰)하다가 저녁 늦게 유비(遊匪; 농민군) 십여 명을 붙잡아 돌아왔다. 이 날 낮에 우금티(牛金峙)를 지키던 군인이 보고하기를 이인(利仁) 근처에서 갑자기 포성이 일어났다 하고, 또 대포소리가 몇 차례 나서 감영 안의 인심(人心)이 놀라고 두려워하여 이상하였다. 문득 사람이 달려와 급히 고하기를 적병이 봉황산(鳳凰山) 뒤로 숨어들려고 바야흐로 고마나루(熊津)를 건넜다고 하므로 감사가 영기(令旗)를 발(發)하여 이인에 있던 군대를 불러 감영으로 돌아오게 하였다.

성하영 등이 이인에 이르러 바라보니 (적군이) 꽂은 깃발들이 수풀과 같고 적병이 가득하여 막고 있는지라, 이에 일본 병관(兵官; 스즈키 아키라 소위)과 더불어 약속하여 가로대 '우리들이 이미 여기에 이르렀으니 만약 일보를 물러가면 저들이 반드시 뒤따라 바로 들어올 것이니 단번에 무찔러 싸우는 것만 같지 못하다' 하고 성하영의 군대는 산의 남쪽 기슭을 에워싸 포를 쏘고(총을 쏘고; 번역자 주) 고함을 지르면서 바로 그 앞을 두드리고, 일본 병대는 북쪽 방향으로부터 산에 올라 나무 뒤에 몸을 숨기고 포를 쏘며(사격을 하며; 번역자 주) 서로 호응하였으며, 구완희는 먼저 남월촌(南月村)에 주둔하던 비적을 격파하고 큰 길을 따라 들어와 세 방면에서 합세하여 잇따라 포를 놓아 북으로 쫓으니

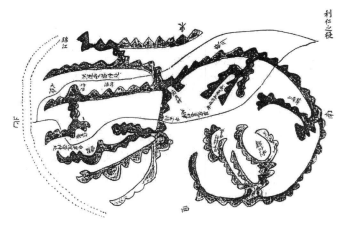

그림19 : 이인지역 개념도, 총서 2, 417쪽

적병은 달아나 취병산(翠屛山)으로 오르고 관병은 이인역(利仁驛)으로 들어가 점령하였는데 적이 계속해서 대포를 놓았으나 다만 탄환이 없고 소리만 있었다. 날이 이미 저물어 감에 문득 영기(令旗; 명령을 하달하는 깃발)를 보고 곧 회군(回軍; 군대를 뒤로 물림)하였는데 일본병이 앞에 있고 경리병(經理兵; 경리청군)이 가운데요 순영병(巡營兵; 충청감영의 군대)이 뒤에 있었다. 애석한 것은 충청감사가 병사(兵事; 전투나 전술에 대한 것)를 알지 못하여 문득 헛소문을 듣고 급히 영기(令旗)를 보내어 진을 치고 있던 군병을 불러 돌아오게 하였는데, 일본병은 명일(10월 24일; 번역자 주) 서울로 돌아갈 생각 때문에 밤을 지내고자 아니 하였고, 또 적이 이미 높은데 올랐으니 평원(平原)으로부터 위를 향하여 포를 쏘아야 하니 형세가 자못 어렵게 되었다.

효포지전(孝浦之戰)

이인을 점령했던 군대가 이미 철병하고 돌아와 백낙완(白樂浣)의 군대와 합하여 머물러 지키면서 밤을 지내는데 이날 밤에 적추(賊酋; 전봉준; 번역자 주)가 이미 경천(敬川)에 이르러 저녁 내내 포(砲)를 울리니 그 소리가 천둥소리와 같았다. 새벽녘에 금강 나루의 선격(船格; 뱃사공)이 와서 고하며 가로대, 효포(孝浦)에 진을 치고 있던 군병(홍운섭의 경리청군; 번역자 주)이 이른 새벽 달빛을 따라 강을 건너갔는데 일본군 소위(스즈키 아키라 소위)가 여러번 말하며 만류하였으나 기약한 모임이 있다고 하며 드디어 이른 아침에 북상(공주 大橋에 진을 치고 있던 옥천포 농민군을 기습하기 위함; 번역자 주)을 하니 인심이 흉흉하여 의지할 데가 없고 헛소문 때문에 소동이 크게 벌어지니 가히 안주치 못하였다. 아침 8시 경 (10월 24일) 봉대(烽臺; 봉수대)에서 연기가 일어나며 보고하기를 적병이 크게 이르렀다 하니 효포는 무방비 상태라 무인지경(無人之境)과 같았다. 성하영이 대관 윤영성(尹泳成), 백낙완과 더불어 효포 뒤 마루턱에 급히 올라가 높은 봉우리에 나누어 웅거하며 아래를 향하여 포격(砲擊; 사격)을 하니 적의 날카로움이 조금 꺾여 잠깐 전진했다가 급히 물러갔다. 오전 8시 경부터 오후 6시 경에 이르기까지 탄환이 비오듯 날고, 연기는 넘쳤으며 비마저 뿌리고 구름은 어두워 서로 지키기만 하고 결판내지 못하였다. 서천군수 유기남(柳冀南)이 마침 감영 안에 있다가 감사의 전령을 가지고 급히 가서 선봉진에게 구원을 요청하러 가니 진잠현감(鎭岑縣監) 이세경(李世卿)은 도보로 갔다. 선봉장(이규태)은 23일 천안으로부터 떠나 광정(廣亭)에 이르러 자고, 24일에는 모로원(毛路院)을 경유하여 25일에 금영(공주의 충청 감영)에 다다르기로 한지라 이에 행장을 서둘러 갖추고 황혼에 금강을 건넜다. 이 때 충청감사가 봉대(烽臺; 봉수대) 아래에서 싸움을 독려하는데 서천군수가 와서 고하기를 선봉(先鋒; 이규태의 선봉진군)이 이미 이르렀다 하니 조금은 군심(軍心)이 위로가 되었다. 또 사람이 와서 보고하기를 홍운섭이 대교(大橋)의 적을 가서 격파하고 돌아왔다 하니 무리가 크게 기뻐하였다. 대교(大橋)는 효포의 동북 20리에 있는데 비류의 이른바 영옥포(永沃包; 영동과 옥천의 농민군; 번역자 주)가 남비(南匪; 남쪽의 전봉준군; 번역자 주)와 더

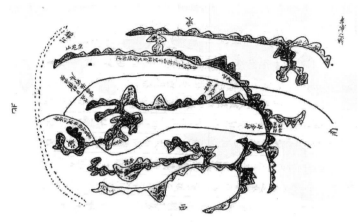

그림20 : 효포지전, 총서 2, 423쪽

불어 구연(句連=鉤連의 잘못; 연계함)하여 장차 협공하고자 하다가 어찌 뜻하였으랴! 관군(홍운섭군)이 급히 가서 치니 이에 크게 놀라 낭패하여 달아나서 남비(南匪; 남쪽의 전봉준군의 진영)에 모였다 이르더라.

(10월 24일) 바야흐로 선봉이 강을 건넘에 나루에 주둔하던 일본 대위 모리오(森尾)가 또한 1백여 명을 거느리고 본부(本府; 공주부=충청 감영)에 이르러 주숙(駐宿; 주둔하여 숙박함)하였다. 이날 밤 적진의 불빛이 수십 리를 서로 비추고, 인산인해는 거의 항하(恒河; 인도의 갠지스강-번역자 주)의 모래 수에 비길 만하였다. 이에 홍운섭, 구상조(具相祖)가 거느리는 병대(兵隊; 경리청군)를 나누어 보내서 우금티를 마주하고 지켰다.

25일 이른 아침에 일본병이 또한 곰티(熊峙)로 올라왔다. 적추(賊酋; 전봉준을 말함)가 붉은 색 장막을 친 큰 가마를 타고 남쪽 길을 따라 곧바로 올라오는데 그 형세가 마치 밀물이 넘치는 것 같았다. 일본병과 관군이 동시에 잇따라 사격을 하니 그 소리가 산골짝에 떨치고 혈전을 벌인 지 몇 시간에 (적의) 사상자가 심히 많았다. 저들이 이에 물러가 옛 성첩(城堞)에 의지하며 바야흐로 물러

가려고 할 때에 포 소리를 연발하며 장차 싸우려는 형세를 지으니 적의 우두머리가 이미 진영을 수습하여 산을 올라 퇴각하는지라 일본 병관이 그것을 보고, 저들 또한 전술에 대해 앎이 있는 자라 이르더라. 성하영과 백낙완 등이 적의 진영에 이르러 대포와 군기(軍器; 무기와 탄약 등)를 빼앗아 돌아왔다. 마침 통위영(統衛營)이 주둔하고 있는 곳으로부터 위급함을 고하면서 구원을 청하거늘 백낙완이 드디어 금강 나루에 이르러 통위병관 신창희(申昌熙) 등과 더불어 한번 힘써 싸우니 적병이 피하여 달아나는지라 뒤쫓아 평원(平原)에 이르렀다가 이어서 다시 신호를 보내 군사를 거두었다.

이날 밤에 적병이 남쪽을 향하여 도망가면서 탄환에 맞아 죽은 자가 산골짜기에 어지럽게 흩어져 있었다. 이 전투에서 일본병의 부상자는 한 사람이었는데 금학동(金鶴洞)을 정찰하다가 유탄(流彈)에 맞아 우측 발가락을 약간 다쳤다고 하더라. 우영장(右營將) 이기동(李基東)이 토병(土兵; 민병·번역자 주)을 홀로 이끌고 좌우에서 우군으로 지원하니 그 노고가 불태(不怠)함이 족히 많은 것이 있었다.

우금지사(牛金之師)

(10월) 25일 밤 적이 퇴각한 뒤로부터 정찰하는 기병을 네 번 발하였으나 묘연(杳然; 알쏭달쏭하여 알 수 없는 모양)하게도 자취가 없었다. 며칠이 지나 사람이 은진(恩津)으로부터 와서 말하기를 적병이 다시 논산(論山)에 모여 여당(餘黨)을 불러 모으고, 아울러 완산(完山;전주)에 들어와 웅거하고 있는 김개남(金介南=金開南)에게 구원을 요청하여 힘을 합하여 재거(再擧)한다 하고, 또 며칠 사이에 방사인(訪事人=정탐꾼)이 이어서 보고하기를 적병이 점차 노성과 공주 경천을 향하고 있으며, 산을 오르며 쌀을 옮기고 아울러 포대(砲壘)를 설치하고 있다고 하였다. 이 때 감영에 머무르고 있던 군병은 통위(統衛) 2개 소대와 경리(經理)

4개 소대가 있었다. 11월 초 3일에 선봉(先鋒; 이규태의 선봉진군)이 일본 병관(森尾雅一 대위; 번역자 주)과 더불어 의논하여 병력을 나누어 셋으로 하니, 하나는 판치(阪峙; 板峙의 잘못)에 머무르고, 하나는 이인(利仁)에 머무르고, 하나는 감영에 머물러 이틀 만에 대(隊)를 바꾸어 윤회케 하였다. 초 8일에 판치(阪峙)를 지키는 구상조(具相祖)와 이인(利仁)을 지키는 성하영(成夏泳) 등이 아울러 보고하기를 적의 형세가 심히 절박하므로 군사를 나누어 외로이 지키는 것이 불가하다 하여 이에 돌아와 감영으로 모이게 하였다. 이인의 군사가 미처 회군(回軍)하기 전에 적의 포위를 당하였다. 이인의 지세(地勢)는 세 면이 모두 산이고 다만 한 면만이 열렸다. 적병이 약속하기를 산에 오른 뒤에 일시에 불을 들기로 하였기 때문에 순식간에 그 일대가 화성(火城)을 이루었다. 관병(官兵)은 포를 놓아(사격을 하며; 번역자 주) 포위 공격하여 적을 죽이기를 무수히 하였고 관병도 또한 한 사람이 부상하였다. 이에 사격을 그친 지 수 각(刻)에 평원(平原)의 한 길을 따라 빠져나오니 하늘이 어둡고 비가 내리고 있다는 것을 해가 뜰무렵에야 깨달았다. 일본 병관 모리오(森尾雅一)가 밤에 우금티(牛金峙)의 제일 높은 곳에 올라 유둔(留屯; 주둔)하였고, 통위대관 오창성(吳昌成)은 금학동(金鶴洞)에, 경리영관 구상조(具相祖)는 능치(能峙; 熊峙의 잘못; 번역자 주)에, 통위영관 장용진(張容鎭)은 봉대(烽臺; 봉수대)에, 성하영은 뒤에 처져 돌아오지 못하여 바야흐로 구원을 보내어 포위를 풀기를 의논할 새, 방수(防守; 방어)의 흘긴(吃緊; 늦추거나 서두름)으로써 군병을 나눌 만한 겨를을 갖지 못하다가 밤이 깊어서야 이에 이르니 일군(一軍)이 서로 하례하고 우금티(牛金峙)의 견준봉(犬蹲峰)에 주둔하였으며, 영장(營將) 이기동(李基東)은 두리봉(周峰)에 주둔하였으니 곧 봉황산(鳳凰山)의 뒷봉우리(後峰)였다. (9일) 적병(농민군; 번역자 주)이 삼면을 포위하니 그 머리 부분에서 꼬리까지가 30리에 이르러 마치 상산(常山)의 뱀을 치는 듯하였고, 응당 효포와 능치(能峙=熊峙의 잘못; 번역자 주) 쪽에서 움직이면서 곧장 공격해 오려는 기세였지만 사실은 그 의도가 언제나 우금(牛金=우금티) 쪽에 있었다. 그러나 적(농민군; 번역자 주)은 (관군과 일본군이) 우금티를 엄히 지키고 있다는 사실을 알고, 또한 공격 방향을 두리봉(周峰) 쪽으로 바꾸었다. 견준봉(犬蹲峰)을 지키는 부대가 그들을 쳐서 물리치고, 두리봉(周峰)을 지키던 부대가 포를 쏘며 (사격을 하며; 번역자 주) 호응하니 이에 우금티에서 큰 전투가 벌어지게 되었다. 처음에는 성하영의 경리청군이 홀로 그 충돌을 감당하였으나 가히 지탱할 만한 형세가 되지 못하여 일본 병관(兵官; 후비보병 제 19대대 서로 분진대 제 2중대 森尾雅 一 대위; 번역자 주)이 군대를 나누어 우금티와 견준봉 사이에 배치하였다. (관군과 일본군은) 산등성이에 벌려 서서 일제히 사격을 하고 다시 몸을 산속으로 숨겼다가 적이 능선을 넘어오려고 하면 또다시 산등성이에 올라가 일제히 사격을 하였으니, 이렇게 되풀이한 것이 4~50 차례가 되어 적의 시체더미가 온 산에 가득하였다. 관군(官軍)은 일본 군대 사이에 진을 벌리고 총을 쏘니 빗나가지 않았고 일본 군병도 또한 그 능숙함에 어울리게 하였다. 적이 또 퇴각하여 마주보이는 조금 먼 언덕위에 웅거하며, (그들은)산등성이에서 아래로 쏘아대는 탄환을 피했다.

관병(官兵) 수십 명이 산을 내려와 작은 언덕으로 차폐물로 삼고 숨어서 맞은편 언덕의 적을 향하여 포를 쏘아대니 낱낱이 명중하였고, 적이 진박(進博; 나와서 공격함)하고자 하다가도 산등성이에서 날아올 탄환을 두려워하여 이에 진을 버리고 물결같이 달아나는지라 관병이 크게 외치며 쫓아 그들의 대포(大砲)와 군기(軍器; 무기와 탄약 등)와 기치(旗幟; 깃발) 60여 개를 거두었다. 일본 대위가 경리병(經理兵) 50 인과 더불어 십 몇 리를 추격하니 적이 이미 멀리 달아났다. 이 싸움에서 관병(官兵)과 토병(土兵; 감영군)이 각각 한 사람씩 상하였고, 우금(牛金; 우금티) 일대의 적은 비록 물러갔으나 동남쪽 여러 봉우리(판치 쪽)에 진

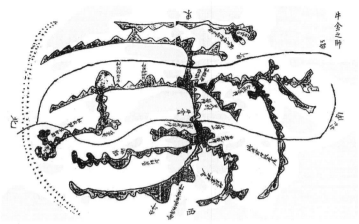

그림21 : 우금지사, 총서 2, 427쪽

을 친 적은 오히려 홀로 움직이지 않은 채 오직 탄환이 이르지 않는 곳에 있어서 다만 관군과 대치하여 서로 포격을 하며 대응하고 지키는데, 적이 또 글을 내걸고 비웃어 꾸짖었다. 11일에 능치(能峙, 熊峙의 잘못; 번역자 주)에 주둔하며 방어하고 있던 군병이 그 호의(號衣;군복)를 벗고 수건으로 머리를 싸맨 채 기어 올라가니 적이 동류(同類; 동료)로 인정하고 의심치 않는지라, 눈앞까지 이르러 쉬지 않는 고함 소리에 흐르는 탄환이 비와 같으니 적이 이에 놀래어 흩어지는지라, 또 대포와 납으로 만든 탄환 수만 발을 빼앗으니 각 봉우리에 웅거하며 지키던 적도 또한 점점 흩어져 갔다. 이에 방비(防備)를 풀고 군병을 쉬게 하고, 다만 토병(土兵; 감영군)으로 하여금 머물러 지키게 하였다. 이두황(李斗璜)이 홍주(洪州)로부터 구원차 왔는데(이두황군은 11월 11일 공주 유구에 도착하였다; 번역자 주), 적이 이미 물러갔음을 듣고 이인(利仁)에 옮겨 주둔하니 앞뒤로 협공하는 형세가 되었다.

우금티전투는 이렇게 당시 조선왕조의 최정예부대가 투입된 전투였다.

경리청군, 장위영군, 통위영군, 여기에 일본식으로 훈련된 교도중대에 이르기까지 조선왕조의 최정예부대가 투입되어 1, 2차의 대접전이 이루어졌으며, 날짜로는 2주일 이상 계속된 대전투, 역사적인 싸움이었다. 그런데 이 우금티전투에는 조선왕조의 최정예부대만이 아니라, 그들을 몇 배 능가하는 최신 무기와 최신 전술로 단련된 일본군도 투입되었다. 이들 일본군은 조선왕조가 불러들인 군대가 아니었다. 조선왕조의 요청 없이 '불법'으로 출병하여, 그들의 철병을 요구하는 민씨 정권을 몰아내고 괴뢰정권을 내세운 다음, 그 괴뢰정권으로부터 농민군 진압 '의뢰'를 받아 내려온 군대였다. 이들 역시 공주 우금티전투가 끝난 뒤 전투상보(戰鬪詳報)를 남기고 있다. 우금티전투에 관한 전투상보는 1차(10월 25일, 양력 11월 22일)와 2차(11월 8-9일, 양력 12월 4-5일)로 나뉘어 『주한일본공사관기록』에 실려 있는데, 그 내용은 다음과 같다.[51]

    (1) 공주부근 전투상보 (1894년 11월 22일, 음 10월 25일)

대위 모리오(森尾雅一)

    1. 22일 오전 6시 공주 동면(東面) 능치(陵峙=熊峙; 번역자 주) 고개를 수비하게 했던 경리영병(經理營兵)으로부터, 우세한 적군(대략 3백여 명)이 공주 동면을 향해 진격해 오고 있으며, 3천여 명은 냉천(冷泉) 뒷산으로 진격하고 있다고 보고해 왔다.

    2. 이러한 상황 아래에 공주에 있는 적도(賊徒; 농민군) 정토대의 편성은 다음과 같다.

        일본군 제 2중대(1개 소대와 2개 분대; 여러 사료에 따르면 1개 소대와 2개 분대 缺이라고 해야 정확하다. 당시 1개 소대와 2개 분대로 구성된 제2중대의 枝隊는 홍주 방면에 파견되어 있었다; 번역자 주) 한국군 810명

3. 오전 8시 30분 중대가 능암산(陵庵山)에 이르러 적의 정세를 정찰해 보았더니, 적도(賊徒) 약 3천여 명이 능암산에서 약 1천m 전방에 있는 냉천 뒷산에 있으면서 능치 고개와 월성산(月城山) 등의 한국군과 교전 중이었다. 그리고 적군 몇 명이 우리의 우익(右翼; 오른쪽 진영)인 능암산 기슭으로 나와 이 산을 점령하려 하고 있는 것 같았다. 그래서 니시오카(西岡) 조장(曹長)에게 2개 분대를 이끌고 능암산을 점령하려는 적도를 격퇴하고, 또 냉천 뒷산에 있는 적도의 인원수를 정찰케 했다.

4. 여기서 우리 군대를 월성산과 능암산과의 중앙에 배치하여 적의 측면과 배후를 향해 몇 번 일제사격을 시도했지만, 탄착점이 보이지 않고 거리가 맞지 않아서 사격을 중단했다. 이렇게 서로 대치한 상태에서 오후 1시가 되었다.

5. 오후 1시부터 냉천 뒷산의 적이 점차 뒤쪽 산위로 퇴각했다. 그래서 한국군으로 냉천 뒷산을 점령하여 경계하도록 맡기고, 중대를 이끌고 공주로 철수했다. 이 때가 오후 2시였다.

6. 적은 일몰에 이르러 결국 퇴각하여 경천(敬川) 지방에 집합한 듯 하였다.

7. 적정을 정찰토록 파견했던 니시오카 조장이 이끄는 분대의 병졸 스즈키 젠고로(鈴木善五郎)가 적의 유탄을 맞고 오른쪽 정강이에 부상을 입었다.

◎피아(彼我)의 사상자

　아군　전사자 없음, 부상자 1명

　적도　전사자 6명, 부상자 미상

◎노획품

　대포　1문

　납 총알　약 2천 함, 소실

◎소비탄약 5백 발

(2) 공주 부근 전투상보(1894년 12월 4~5일, 음 11월 8~9일)

대위 모리오(森尾雅一)

1. 12월 4일(음 11월 8일; 번역자 주) 오후 4시 판치(板峙) 경계를 맡고 있던 경리영병(經理營兵)으로부터 오후 3시에 우세한 적의 공격을 받고 점차 공주(公州)로 퇴각했다는 보고를 받았다.

2. 그 당시 공주에 있던 관군(조일 연합 진압군; 번역자 주)은 다음과 같다. (일본군 후비보병 제19대대) 제 2중대(1개 소대와 2개분대가 빠져있음)와 한국군 810명

3. 위와 같은 보고에 따라 한국군(統衛營兵) 250명에게는 월성산(月城山)으로 가서 요지(要地)를 점령하여 적을 막게 했으며, 한국군(經理營兵) 280명에게는 향봉(香峰) 부근에서 월성산과 연락을 취하면서 적을 막게 하였다. 이인(利仁)에 있던 경리영병(經理營兵) 280명은 점차 우금티산(牛金峙山)으로 퇴각케 하였다. 제2중대가 우금티산을 점령하였다. 오후 5시 20분 스즈키(鈴木) 특무조장(特務曹長)에게 그의 소대와 이인(利仁)에서 퇴각해 온 한국군을 이끌고 우금티산과 이인가도(利仁街道)를 수비케 하였다. 대위 모리오(森尾雅一)는 제 3소대 (2분대 빠짐)를 데리고 향봉 부근에 있었다.

4. 향봉에 이르러 적의 정세를 정찰했더니, 적은 향봉산(香峰山) 위로부터 약 1,400m 떨어진 산 위 일대에 적도가 무리로 모여 있었다(2만여 명). 활활 불을 지피고 동남쪽을 포위하면서 계속 총과 포를 쏘아댔다. 이렇게 해서 다음날 아침까지 서로 대치하고 있었다.

5. 5일(음 11월 9일; 번역자 주) 오전 10시 이인가도와 우금티산 사이 약 10 리에 걸친 곳에 적도가 대략 1만여 명이 나타나 우리의 우익 서쪽을 향해 급히 진격해 왔다. 그 기세가 맹렬하였다. 우금티산은 공주의 요지로서 이 곳을 잃으면 다시 공주를 지킬 방도가 없었다. 이와 동시에 삼화산(三花山)의 적(1만여 명)도 오실(梧實) 뒷산을 향해 전진하였는데, 그 정세가 매우 급하였다. 그리고 이

곳 역시 공주의 요지로 천연의 험지(險地)였다. 그래서 노나카(野中) 군조(軍曹)에게 1개 분대와 한국군 1개 분대를 이끌고 오실 뒷산을 단단히 지키도록 명령하였다. 오전 10시 40분 우금티산에 이르러 적의 정세를 정찰하니, 적이 우금티산 전방 약 500m에 있는 산위로 전진해 왔다. 이 때 스즈키 특무조장은 다음과 같은 배치를 하고 있었다.

- 1개 분대를 견준산(犬蹲山)의 산허리, 또 1개 분대를 우금티산(牛金峙山) 산허리와 이인가도(利仁街道) 오른쪽(전방 도로를 막을 수 있는 곳).

- 한국군(經理營兵) 280명을 봉황산(鳳凰山)(전면과 오른쪽 방어를 맡다).

- 나머지 2개 분대(일본군; 번역자 주)는 우금티산.

여기서 (일본군) 제 3소대를 우금티산으로 증파(增派)하여 일제사격으로써, 전방 산위 약 800m가 되는 곳에 군집한 적을 대적케 했으며, 경리영병은 가장 가까이에 있는 적을 향해 사격토록 하였다. 그러나 적은 교묘하게 지형지물을 이용하여 약 200여 명이 우금티산 꼭대기에서 약 150m되는 산허리로 진격해왔다. 그 선두의 5, 6명은 몇 m앞 사각(死角)지점에 육박했고 앞산 위에 있던 적은 더욱더 전진해 왔다. 몇 시간 동안 격전했는데 우리 군대가 가장 힘써 싸웠다.

6. 오후 1시 40분 경리영병의 일부(50명)를 우금티산 전방 산허리로 전진시켜 우금티산 산꼭대기에서 약 140내지 150m의 산허리에 걸쳐 있는 적의 왼쪽을 사격케 하였다. 그래서 적은 전방 약 500m의 산꼭대기로 퇴각하였다. 오후 1시(2시 또는 3시의 잘못; 번역자 주) 20분 우금티산의 우리 군대를 그 전방 산허리로 전진시키고, 경리영병에게 급(急) 사격을 시켰으며, 적이 동요하는 것을 보고 1개 소대와 1개 분대로써 적진에 돌입케 하였다. 이에 이르러 적이 퇴각했으므로 경리영병에게 추격을 맡기고 중대는 이인가도(利仁街道)로 나가 적의 퇴로(退路)로 다가가려고 하였다.

7. 중대는 이인가도로 나가 급히 추격, 드디어 이인 부근에 이르러 그 일대의 산허리에 불을 지르고 몰래 퇴각하였다. 그러나 동남쪽의 적도가 여전히 퇴각하지 않으므로, 한국군에게 우금티산(牛金峙山), 오실(梧實)뒷산, 향봉(香峰), 월성산(月城山) 등의 경계를 맡기고 기타 대원은 공주로 철수하였다. 이 때가 오후 8시였다.

◎피아 사상자

아군 : 없음   적도 : 전사자 37명, 부상자 미상

◎노획품

화승총 : 5자루   창 : 50자루

납 총알 : 약 2 관   칼 : 2자루

활 : 1개   화살 : 50개

깃발 : 50폭   이상은 소실

화포 : 2문   소 : 2마리

말 : 2마리

◎ 소비 탄약 2,000발

그림22 : 일본군이 농민군 진압에 사용한 스나이더 소총(일본 동경 야스쿠니신사 유취관 소장, 1997년 8월 1일 박맹수 촬영)

공주 우금티전투 관련 자료 목록

1. 동학 교단측 자료

1. 『동경대전』(계미중하 경주개간, 1883년)

   『발문』(동학사상자료집 1, 53-56, 4쪽, 공주접)

2. 『해월문집』(최시형, 1892년)

   『입의통문』(한국학자료총서9:동학농민운동편, 327-330, 4쪽, 공주의송소)

3. 『동학사』(초고본, 오지영)

   『의군과 관병접전』(총서 1, 496-506, 11쪽)

4. 『동학사』(간행본, 오지영)

   『신원운동』(자료집 2, 426-427, 2쪽, 공주취회)

   유도수령 이유상이 동학군에 투합

   토벌대장 김윤식(김원식; 필자 주)이 동학군에 투합

   『공주접전』(이상, 자료집 2, 497-504, 4쪽)

5. 『대선생사적』(필사본, 필자미상)

   『해월선생문집』(총서 27, 236-237, 2쪽, 공주취회)

6. 『본교역사』(오상준)

   포덕 삼십삼년 임진 7월(총서 27, 314-318, 5쪽, 공주취회)

7.『이조전란사』(권병덕)

　『갑오동학란』(총서 27, 343-346, 4쪽, 공주취회)

　『갑오동학란』(총서 27, 365-369, 5쪽)

8.『천도교서』(천도교 중앙총부)

　포덕 삼십삼년 임진 7월(총서 28, 199-201, 3쪽, 공주취회)

　포덕 삼십오년 갑오(총서 28, 241-242, 2쪽)

9.『시천교종역사』(박정동)

　『爲師訟寃』(총서 29, 86-90, 5쪽, 공주취회)

　『甲午教厄』(총서 29, 114-117, 4쪽)

10.『동학도종역사』(강필도)

　제8장 유적간포 급 강서(총서 29, 261, 1쪽, 공주접)

　제9장 유액도유 급 강서(총서 29, 276, 1쪽, 공주 신평 윤상오가)

　제10장 이기대전 급 대인접물장(총서, 297, 1쪽, 윤상오)

　제11장 위선사신원 복합상소(총서 29, 305-306, 2쪽, 공주취회)

　제12장 갑오동학당혁명급일청교전(총서 29, 325-327, 3쪽)

11.『천도교회사초고』(천도교 청년 교리강연부)

　포덕 삼십삼년 (임진) 7월(동학사상자료집 1, 439-441, 3쪽, 공주취회)

　포덕 삼십사년 (갑오)(자료집 1, 466-468, 3쪽)

12.『천도교창건사』(이돈화)

　제7장 신원운동(자료집 2, 135-136, 2쪽, 공주취회)

　제8장 갑오운동(자료집 2, 155-157, 3쪽)

13.『시천교역사』(최유현)

　임진 7월(자료집 3, 595-597, 3쪽, 공주취회)

　갑오　(자료집 3, 628, 1쪽)

14.『전봉준공초』(전봉준)

개국 504년 2월 초9일 초초문목(총서 18, 20-26, 7쪽)

을미 2월 19일 전봉준 삼초문목(총서 18, 47, 1쪽)

을미 3월 초7일 전봉준 사차문목(총서 18, 72-80, 9쪽)

2. 관변측 자료

1.『금번집략』(이헌영)

別甘

傳令 이인민회소

이인민회소

전령 이인민회소

공주 홍산 은진유회소

이인취회소 방

공주 전의 목천 온양(총서 4, 49-67, 19쪽)

2.『갑오실기』

갑오 11월(총서 6, 322-327, 6쪽)

3.『선유방문병동도상서 소지등서』

公州倡義所義將 李裕尙上書

충청도 공주 정안면 봉암 화촌 大小民等呈

공주 水村居民等書(총서 10, 335-343, 14쪽)

4.『황해도동학당정토약기』

양호창의영수 전봉준근백배상서

공주창의소의장 이유상근상서

공주 湖西接中(이상, 총서 12, 355-361, 7쪽)

5. 『순무 선봉진등록』

갑오 10월 18일조부터

갑오 11월 10일조까지(총서 13, 44-265, 222쪽)

6. 『양호 우선봉일기』

갑오 10월 18일조부터

갑오 11월 16일조까지(총서 15, 52-138, 87쪽)

7. 『순무사 각진전령』

갑오 10월 12일

전령 선봉 이규태

전령 공주각면 남부면 두민급대소민인(총서 16, 3-10, 8쪽)

8. 『선봉진 전령각진』

전령 경리청부영관 안성군수 홍운섭

경리청참령관 구상조 갑오 10월 14일

전령 (10월) 23일

"각대병중 抄定 90명 鳳凰山, 孝浦峰, 燕尾峰삼처양중 삼십명식"

전령 봉황산 연미산 유진소 25일

전령 경리청 통위영영관 대관 25일

　　"營底留駐經理二隊 往駐板峙 板峙留駐經理二隊

　　　因往利仁替駐 利仁留駐統衛二隊 還駐 營底宜當向事"

전령 장위영부영관 이두황 29일

　　"卽地回軍 錦營救援之意 方有傳令"

전령 牛金峙留陣 經理廳領官 具相祖

熊峙留陣 瑞山郡守 成夏永

　　　金鶴洞留陣 統衛營領官 張容鎭

　　　將旗臺留陣 統衛營隊官 吳昌成 11월 초1일

　　전령 판치유(진) 통위군 초2일

　　전령 경리청대관 백낙완

　　전령 교도소중대장 이진호 11월 3일

　　전령 장위부영관 이두황 초4일

　　전령 서산군수 성하영 초4일

　　전령 경리영관 대관 12일

　　전령 장위부영관 이두황 11일

　　전령 교도소중대장 이진호 12일

　　전령 장위부영관 이두황 14일

　　전령 통위대관 오창성 14일(총서 16, 21-29, 9쪽)

9. 『선봉진 서목』

　　개국 503년 10월 11일

　　公州赴援事 10월 16일

　　양호순무겸 장위영정령관서목

　　　24일 公州大橋里 屯聚匪類”

　　양호순무영 별군관서목

　　별군관겸 경리청부영관서목

　　선봉진 서목 갑오 10월 25일

　　　10월 26일 “率領各營小隊與日兵 札駐公州”

　　　10월 27일 출진장위영 부영관 겸 죽산진 토포사 서목

　　선봉진 서목 갑오 10월 27일 “공주비류격퇴”

10월 27일 "장위영영관 이두황 금일(27일; 주)유시량 到公州牧"

10월 28일 "솔영각영소대여일병 찰주공주"

10월 29일 "솔영각영소대여일병 찰주공주"

11월 초1일 "솔영각영소대여일병 찰주공주"

양호 순무선봉 겸 장위영정령관 서목

"대관 백낙완 자충청감영 본도중군 차하사"

선봉진 서목 갑오 11월 초2일

"본영(경리청; 주)대관 백낙완 자충청감영 본도중군 차하사"

11월 초3일 "經理廳兩小隊派送於利仁路 統衛營兩小隊派送於板峙"

11월 초3일 "솔영각영소대여일병 찰주공주"

11월 초4일

11월 초4일 "領率各隊及利仁板峙 兩處派送 防守各隊"

11월 초5일 "利仁板峙 防守兩陣之連日留駐"

11월 초7일

11월 초8일

11월 12일 "웅치방수 경리청부영관 홍운섭첩정"

양호 순무선봉 겸 사장위영정령관 서목 11월 18일

선봉진 서목 11월 28일(총서 16, 45-67, 23쪽)

10. 『선봉진 일기』

갑오 10월 18일 錦伯 이문

10월 23일 공주유진 경리영관 성하영 홍운섭

11월 초2일 전령 우금치유진 경리영관 구상조

웅치진 서산군수 성하영

금학동진 통위영관 장용진

장기대진 통위영관 오창성

　11월 초3일 전령 판치진 통위영

　11월 초3일 原報狀

　11월 16일 원보장(총서 16, 81-95, 15쪽)

11. 『선봉진 정보첩』

　갑오 10월 24일 양호 순무선봉 在錦營

　　10월 25일 재금영

　　10월 26일 在公州邑

　　10월 27일 재공주읍

　　10월 28일 재공주읍

　　10월 29일 재공주읍

　　11월 15일 재공주읍

　　11월 17일 재공주

　　11월 18일 재공주읍

　동도배치도(총서 16, 179-203, 25쪽)

12. 『선봉진 상순무사서』

　갑오 11월 초6일 하관 서만보상서(총서 16, 289-293, 5쪽)

13. 『순무사 정보첩』

　갑오 10월 24일

　갑오 11월 10일(총서 16, 311-329, 19쪽)

14. 『남정록』(경리청대관 백낙완)

　갑오 9월 14일 서울에서 출정

　　10월 초6일 공주 도착 유진

　　10월말-11월초 공주전투 참가 지휘

11월 초6일 우금치전투 전공으로 충청감영 中軍에 임명

(총서 17, 217-264, 48쪽)

3. 유생측 자료

1. 『오하기문』(전남 광양, 황현)

   3필 갑오 10월(총서 1, 259-268, 10쪽)

2. 『시문기』(이단석)

   갑오 7월 초5일(총서 2, 176-185, 10쪽)

3. 『약사』(이용규)

   冬10월, 冬11월(총서 2, 227-229, 3쪽)

4. 『나암수록』

   公山剿匪記(총서 2, 417-432, 16쪽)

5. 『남유수록』(충남 부여, 이복영)

   갑오 10월, 11월(총서 3, 234-245, 12쪽)

6. 『일사』(전남 강진, 박기현)

   갑오 10월 19일, 11월 16일, 11월 22일

   (총서 7, 486-491, 6쪽)

7. 『피란록』(충남, 대교김씨가 갑오피란록)

   성하영파전녹두(총서 9, 78-79, 2쪽)

8. 『홍양기사』(충남 남양, 홍건)

   갑오 11월(총서 9, 159-167, 9쪽)

9. 『의산유고』(경북 현풍, 문석봉)

상 순영(총서 9, 303-323, 21쪽)

10. 『시경록』(경남, 필자미상)

公州(총서 10, 310-314, 5쪽)

11. 『소모일기』(경북 상주, 정의묵)

갑오 10월-11월(총서 11, 161-168, 8쪽)

4. 일본측 자료

1) 東京朝日新聞

1894년(날짜는 모두 양력임)

5월 26일 2면 〈조선내란상보: 충청도의 동학당〉

"충청도의 동학당도 (전라도 동학당과; 필자 주) 서로 호응하여 차례로 봉기하였는데, 그(봉기; 필자 주) 지방은 작년(1893년 보은취회 당시; 필자 주)과 똑같이 오로지 東部를 근거지로 하여 公州, 회덕, 회인, 청산, 진잠 등의 각 읍 일부와 연결되어 있다"

5월 27일 2면 〈조선 소란지 개도〉

"목하 소란은 전라 충청 二道에 걸쳐 있지만 지금은 주로 전라도에 있으며"

6월 20일 6면 〈조선 최신보: 公州는 아직 패하지 아니함〉

11월 3일 2면 〈동학당 창궐〉 "公州로부터 삼십 리"

11월 10일 2면 〈헌병피해상보〉

11월 20일 2면 〈동학당정토군〉 "1개 중대는 西路를 취해 수원, 천안, 公州

를 거쳐"

　11월 21일 2면 〈東學黨狀〉 "任箕準은 공주에 살며 세력이 강하고"

　11월 23일 2면 〈조선시사: 동학당 정토병의 파견〉 "충청도 동학당정토를 위해 兵4백을"

　11월 27일 6면 〈조선시사: 동학당 정토중지〉 "동학당 정토의 명을 받은 강화도병 2백6십 명이 병량탄약 부족과 대장 황씨의 병으로 출발이 어려워"

　12월 1일 1면 〈동학당 정토보고〉 "公州 부근에는 二三萬 集合하여"

　12월 4일 1면 〈경성 근보: 동도의 창궐〉 "我 兵(일본군) 1개 소대 작일(11월 27일) 公州에서 2만여의 동학당 때문에 敗했다"

　12월 4일 1면 〈동도 추토응원대〉 "11월 28~9일 동학당 수만 공주를 습격하다. 아군 및 조선병 1천여 명은 그들을 역습 격퇴하여 수천 명을 죽였다"

　12월 5일 1면 〈동학당 정토보고〉 "11월 27일부 公州에 있는 모리오(=森尾) 대위의 필기 보고에 의하면, 西路 분진중대는 11월 21일 공주에 도착하여 그 東南 방향에 있는 수만의 적도와 교전하여 그들을 격퇴하였다. 다음 날인 22일 새벽부터 그들은 다시 공격을 해왔으며 우리 군대는 그들을 방어하여 오후 1시 경에는 마침내 그들을 물리치고 적 6명을 죽였으며, 포 1문, 소총 탄약 2천 발을 노획하였다. 같은 날 일몰에 이르러 적도는 敬天과 定山 방향으로 퇴각하였다. 그런데 그들 가운데는 청나라 병사가 대강 40명 정도 있다고 한다. 또 우리 大隊(후비보병 제 19대대) 본부는 27일 公州에 도착할 예정이므로 그 도착을 기다려 그 지휘에 따라 다시 공격을 시작하려고 한다."

　12월 6일 2면 〈조선시사 11월 25일, 인천, 아오야마 코노에=靑山好惠〉
　　　　 "西路 중대는 (11월) 22일 충청도 公州에 도착하고"

　12월 6일 2면 〈조선시사 11월 28일, 경성, 아오야마 코노에〉 "충청도의 동학당 점점 더 창궐하여 우리 동학당 진압 1개소대가 2만의 동학적 때문에

公州 부근에서 패했다는 급보를 접하고 지금 경성수비대 장교와 이노우에 (=井上) 공사가 회동 謀議 중에 있다"

12월 14일 2면 〈조선시사 12월 2일, 경성, 靑山好惠; 동학당의 격문〉"公州 湖西各接中 (중략) 갑오 9월 11일(양력 10월 9일) 湖西大義所"

12월 21일 1면 〈동학당 정토보고〉"지난 10일 공주발 모리오(=森尾) 대위의 필기보고에 의하면, 중대는 지난 5-6일 利仁 부근에서 적을 격파하였고"

12월 28일 2면 〈동학당 정토보고〉"公州에 留置했던 1개 소대는 오늘(12월 25일; 필자 주) 용산으로 歸着하였다. 동 소대장 사이토(=齋藤) 소위는"

12월 29일 1면 〈충청도의 동도 진정〉"충청도의 동학당략진정 我征討軍은 전라도로 진입하다" (이상, 17쪽)

2) 海南新聞(에이메현=愛媛縣)

12월 6일 〈동학당을 격퇴하다〉"公州 모리오(=森尾) 대위의 보고, 西路 分進隊는 11월 21일 공주에 도착"

12월 6일 〈동학당 수천 명을 죽이다〉"이토(=伊藤) 병참사령관, 11월 28일 동학당 수만 公州를 습격"

12월 6일 〈公州의 동학당〉"이토 병참사령관, 적은 점차 전라도로 퇴거" (이상, 2쪽)

3) 주한일본공사관기록(주한일본공사관)
충청감사 박제순의 일군주둔 요청(음 10월 15일)
호남비도 공주로의 진격상황 통보(음 10월 16일)
공주 구원요청과 강원, 함경, 경상도 방면으로의 적도침입 경고(양 11월 13

일)

南(미나미) 육군보병소좌 전(양 11월 13일)

鈴木(스즈키) 소위의 공주주재에 관한 건(양 11월 24일)

鈴木 彰(스즈키 아키라) 소위의 공주주재 간청의 건(음 10월 25일)

은진·여산 등지 동도의 공주공취예정 개전서 송부(양 11월 17일)

동도 초멸까지 스즈키 소위대의 공주주류 의뢰건 통보(양 11월 26일)

스즈키 소위대의 공주주재와 전주방면에의 군대파견문제(양 11월 28일일)

충청도 동학당 거괴 인명록(날짜 미상)

공주부근 전투상보(양 11월 22일)

충청도 동학당 토벌경황 및 전황보고 사본송부(양 11월 27일)

홍주 적도 격퇴 상황보고 및 원병요청(양 11월 28일)

공주부근 전투상보(양 12월 4일-5일)

연산부근 전투상보(양 12월 10일)

논산 전투상보(양 12월 11일)

(주한일본공사관기록 한글판 1, 163-222, 246-254, 69쪽)

＜3부＞
공주에서
동학농민혁명 뒤
남은 이야기들

정선원

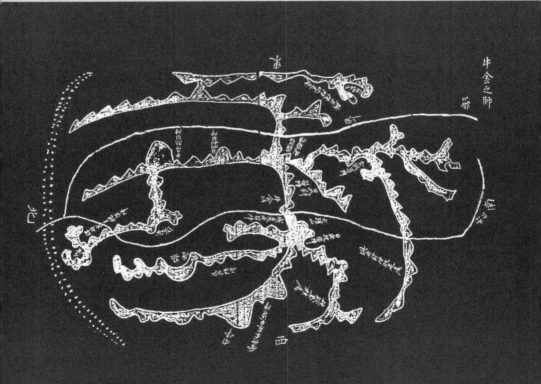

[일러두기]

1. 1894년의 '동학농민혁명'의 호칭 : 이 구전 자료에서는 1894년, 조선 전역에서 일어난 농
   민봉기를 '동학농민혁명 참여자 등의 명예회복에 관한 특별법'(2004.2.9)이 국회에서 통과
   되면서 호칭되고 있는 '동학농민혁명'과 공주의 '우금티기념사업회'에서 일반적으로 부
   르는 '동학농민전쟁'을 혼용한다. 또한 '동학농민혁명'과 '동학농민군'에 대한 약칭으로
   '농민혁명', '농민전쟁' 그리고 '동학군', '농민군'도 함께 사용하였다. 아울러 구술자의 어
   법에 따라 '동학농민혁명'을 '갑오년 난리', '갑오 난리', '동학난'이라고도 기록하였다.

2. '우금티(우금고개)'와 '우금치' : "공주의 60세 이상 되는 이들은 '우금치'라고 하지 않고, '우
   금티' 또는 '우금고개'라고 부른다. 원래 이름인 '우금티' 또는 '우금고개'로 불러야 한다."
   1993년 공주 동학기념사업회 결성 이후, 이 사업회에 함께 하신 공주 토박이 어른들인
   구상회(향토사학자), 심우성(전 공주민속극박물관장) 선생님 등이 일관되게 이렇게 주장해 오셨으
   며, 2005년 발간한 책자 『공주와 동학농민혁명』에서도 같은 내용으로 정리하였다.

앞머리에

1. 동학농민혁명 시기 공주전투 개요

1894년 1년 동안 조선의 평양 이남에서 조선 군현의 1/2 그리고 인구의 1/3이 참여하는 동학농민혁명이 일어났다. 전봉준 장군을 위시한 동학농민군 주력은 1월(이하 음력) 전라도 고부봉기와 이어 3월의 무장봉기, 4월의 전주성 점령을 잇따라 전개하고, 5월 7일 전주화약에 이어 농민군을 해산하면서 전라도 여러 지역에서 집강소를 건설한다.

조선 왕조는 농민봉기를 진압하기 위해 청나라에 군대를 요청하고, 이를 빌미로 청국군과 일본군이 조선에 출병한다. 동학농민혁명을 빌미로 조선에 출병한 일본군은 6월 21일 경복궁을 무력으로 점령하고, 6월 22일 민씨 정권을 축출하고 대원군과 친일 개화파를 중심으로 괴뢰정권을 수립한다. 일본군은 친일 개화파 정권을 통해 청일전쟁의 협조를 얻어 내고, 6월 23일 풍도해전을 일으켜 청일전쟁을 도발한다.

일본군을 몰아내기 위해 전봉준 장군을 중심으로 9월 10일경 삼례에서 재기포하고, 9월 18일 해월 최시형 선생이 충청도 청산에서 '기포령'을 내려 동학교단도 본격적으로 동학농민혁명에 참여한다. 이로써 공주를 공략하기 위한 농민군 대열에는 전라도 농민군, 경상도 농민군, 강원도 농민군, 경기도 농민군 그리고 충청도 농민군이 합세하였다.

▲ 우금티를 넘어 새 세상으로 나아가고자 했던 농민군의 염원과 함께하다. 1894년 11월 9일(음) 이 들판에서 1만여 명의 농민군은 전봉준 장군 지휘하에 우금티를 넘고자 하였다. 우금티를 공격하던 농민군이 서 있던 자리, 우금티의 남쪽에서 우금티를 바라보다. 견준산 두리봉(정주봉) 우금티가 보인다.(2005.12.9 촬영)
가 지역 : 우금티싸움에서 가장 치열한 전투와 큰 희생이 있었던 곳으로 이야기한다.
나 지역 : 우금티 터널 지역으로 40번 국도가 지나는 이 지역은 1894년 동학농민혁명 당시 통행로가 아니고 높은 능선이었다.

동학농민혁명의 공주전투에는 일본군 동학농민군 진압 전담부대(일본군 후비보병 19대대 등 4천명)의 일부와 조선 중앙 관군의 정예부대 다수와 충청감영의 군대 그리고 관군측 민병이 집결했다.

공주전투는 10월 23일 공주 남쪽 이인에서 시작되었다. 농민군의 승리로 끝난 이인 싸움 이후, 농민군은 금강 남쪽의 공주를 삼면에서 포위하였다. 공주의 동쪽 효포에서 10월 24일 하루종일 능티 고개를 넘기 위해 싸웠고, 10월 25일 오전 내내 싸웠으나 농민군들은 결국 논산으로 퇴각하였다.

세력을 재결집한 동학농민군은 11월 8일 저녁 무렵 다시 공주를 삼면 포위하였다. 농민군의 거대한 기세에 눌린 일본군과 관군 연합부대는 최후의 방어선을 우금티 동쪽으로 금학동-능티 · 효포-봉수대로 이어지는 선, 그리고 우금티 서쪽으로 견준산-두리봉(주봉)으로 이어지는 전선으로 잡아 부대를 배치했다. 11월 9일 오전부터 우금티와 그 주변에서 40~50차례 공방전이 벌어졌다. 우금티 싸움에서 일본군 · 관군 공략에 실패한 농민군은 11

일부터 공주에서 퇴각하기 시작한다.

논산의 황화대(11.15) 그리고 전라도 원평(11.25)에서 농민군은 다시 한번 세를 결집하여 일본군·관군 연합군에 대항하였으나 패하였고, 태인전투(11. 27)를 끝으로 농민군의 주력은 해산한다. 그러나 12월에 장흥 석대들에서 다시 한번 대규모 전투가 전개되었다. 그리고 1894년 12월부터 1895년 1월까지 황해도에서는 동학농민군이 일본군과 관군에 대항하여 약 25회의 전투를 계속하였다. 1894년의 농민전쟁의 정신은 의병전쟁으로, 일제 강점기에는 노동운동과 농민운동으로 그리고 만주의 무장투쟁으로 계속된다.

2. 지도 및 지형도로 보는 동학농민혁명 시기 공주전투

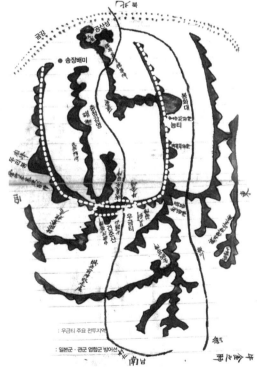

◀ 1894년 동학농민혁명 공주전투 시기 농민군과 일본군·관군 연합군의 대치 상황도인 '우금지사(牛金之師 : 조선정부군이 동학농민군을 진압하면서 남긴 『공산초비기』에 실린 지도의 '우금티전투' 부분)'

▲ 공주시내권 행정구역도, 일본군·관군 연합군의 방어선(아래쪽 굵은선)과 금강(위쪽 굵은선)

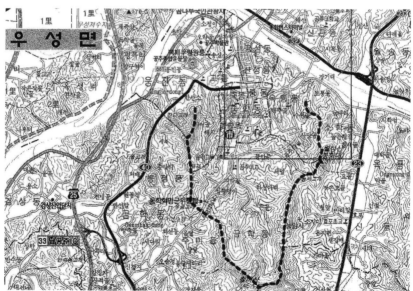

▲ 공주시내권 지도, 일본군·관군 연합군의 방어선(점선). 일본군·관군연합군의 방어선은 병풍처럼 솟은 산줄기이다.

1.

동학농민혁명 시기 공주의 큰 싸움터인
우금티, 효포, 이인에 남아 있는 이야기들

우금티/우금고개 전투 지역과
그 주변

우금티와 금학동

1. 우금티/우금고개와 그 주변

동학농민군은 11월 8일 공주시내를 포위하였다. 그리고 11월 9일, 오전 10시부터 오후 1시40분까지 우금티(우금고개)에서 공주전투 기간 중 가장 치열한 공방전을 벌였다.

우금티에서 9일 오후 1시40분경 관군과 일본군이 돌격하자 농민군이 퇴각하기 시작했다. 일본군은 이인 부근까지 진격하여 산허리에 불을 지르고 다시 퇴각하였다. 일본군이 다시 퇴각할 수밖에 없었던 이유는 동남쪽(능티와 효포 쪽)의 농민군은 여전히 퇴각하지 않고 대치하고 있었기 때문이다.

11월 11일, 효포 일대에서 관군이 농민군으로 위장하여 농민군 진영을 기습하면서 농민군은 공주에서 퇴각하기 시작한다.

동학농민군은 11월 9일 오전부터 40~50차례 공격을 감행하였으나 고개를 끝내 넘지 못하였다. 전봉준 장군이 '2차 접전 후 1만여 명의 군병을 점고하니 남은 자는 3천여 명을 넘지 않았으며, 그후 다시 2차로 접전한 후 점고하니 5백여 명을 넘지 않았다'고 한 지역이 바로 이곳 우금티이다.

① 죽창을 든 동학군과 신식 소총으로 무장한 일본군 : "동학군 수천명이 이인에서 우금고개를 점령하려고 갔다. 동학군은 대나무 죽창밖에 무기가

없어 소리만 빽빽 지르고 다녔다. 일본군은 얼마 되지도 않았다. 일본군들은 줄지어 계단식으로 앉아 총을 쏘았다. 일본군 한 부대(여나무 명)가 논두렁 계단에 엎드려 있다가 앞에서 일어나 총을 쏘면 동학군들이 쓰러져 죽고, 연이어 일본군 한 부대가 총을 쏘면 쓰러져 죽었다고 한다. 동학군들이 우금고개까지 올라갔다고 한다. 동학군들은 죽창밖에 없어 총에 맞아 쓰러지고 쓰러지고 하다가 도망갔다."

"정산에서 어렸을 때 인연이 있어 우 선생이란 분에게서 2년 동안 하숙을 하며 한문을 배웠다. 주인 양반도 노인네고 손님도 노인네고 선생도 노인네가 모여 이런저런 이야기를 할 때 그때 그 이야기를 들었다."

[김광웅(아명 김광철, 이인면 신흥리 넌추골 거주), 2004.8.4(90세) / 2006.6.18]

② "우금티에서 왜병들이 총을 가지고 논두럭 밑을 내려다 보고 총을 쏘았다. 이쪽은 죽창이나 몽둥이를 가지고 갔다. 우리 집(동네에서는 '오빠골'이라 부름)에서 밥 해서 고리짝에 밥을 담아서 보냈다."

[김진식(74세), 김용식(77세)(두 분 모두 이인면 신흥리 넌추골, 옛 지명 '만동/송정'), 2006.6.18]

③ "농민군들의 무기는 화살, 죽창, 쇠스랑, 몽둥이 등이었다. 활, 죽창 등이 농민군의 중요한 무기였다. 화살에는 독약인 비상을 묻혔다. 지금도 꾸벅꾸벅 조는 사람에게는 '비상 묻힌 화살촉 맞았냐?' 하는 농담을 한다. 왕퉁이탄(일본군 탄알)은 '윙' 하는 벌 소리를 내며, 날아오는 것이 보여서 날랜 병정들은 짚단을 두어 단 묶어서 받아치면 받기도 했다."

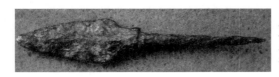

◀ 화살촉-1970년 초에 우금티 도로 공사에서 나온 것으로 농민군이 사용하던 것으로 추정된다.(조재훈님 소장. 『숨쉬는 우금티 동학농민전쟁 전적지 안내』 36쪽에서 인용)

▲ 우금티 주변 마을인 봉정동에서 살아 오신 오성
영 어른이 공주의 동학이야기를 말씀해 주셨다. 승
주골에서.(2004.8.3 촬영)

▲ 김영오 님(2004.10.10 촬영)

[오성영(76세, 470년 16대째 봉정동 거주), 2002.9.27]

④ "그때 동학군은 총이 없었던 모양이야. 농민군들이 개좆배기(견준봉)에
서 총 맞아 죽고, 부상당한 사람들은 쫓겨 가다가 은골고랑과 방축골에 가
서 많이 죽었다. 새재 쪽으로도 공주로 넘어 가려고 하다가 많이 죽었다고
했다. 납탄알을 맞으면 살이 썩었다고 한다."

[김영오(72세, 주미동 원골 거주), 2004.10.10]

⑤ "농민군들이 오실의 큰 집(기와집)만 골라서 밥해 달라고 해서 먹고 잤
다. 한 이삼 일 묵었다. 공주를 점령하려고 우금고개 방향인 오송쟁이와 양
달로 나가서 공격했는데 일본군이 위에서 내려 쏘니까 시체가 포개 쌓였다.
농민군들이 뒤적뒤적해서 시체를 찾아갔다. 농민군들의 많은 시체를 개좆
배기 밑 구렁텅이에 묻었다."

[김학범(약 80세, 오곡동(오실 막골 거주), 2003.2.19]

▲ 김학범 님(2003.2.16 촬영)

▲ 뱁세울 마을의 정제순 님(2002.9.12 촬영)

⑥ "농민군들이 우금티를 공격하기 위해 콩나물 동이의 콩나물처럼 빽빽이 올라왔다. 우금티에서 패전한 뒤에, 우금티에서 구시티고개(이인)까지 사흘 걸려 풀려 나갔다(도망갔다)."

[오성영(76세, 470년 16대째 봉정동 거주), 2002.9.27]

⑦ 견준산(개좆배기) 아래 전투 : "개좆배기 아래에서 그랬대요. 개좆배기 아래에서 동학군이 밥을 먹고 있는데, 걸인 두 사람이 와서 밥을 먹고 갔다. 잠시 후에 개좆배기 높은 곳에서 총알이 쏟아졌다고 한다."

[송옥룡(1927년생, 오곡동 장자울 거주), 2005.8.27]

⑧ 일본군이 사용한 탄알 : "소화 12년(1937)에 견준산에서 주미산 아래까지 날등에서 사방공사를 하며 떼와 나무를 심었다. 동학란 때 왜놈들이 사용한 탄알을 많이 발견했다."

[정제순(78세, 금학동 뱁세울 거주), 2002.9.12]

2. 견준산 이야기

견준산(犬蹲山)이 있는 주미동 마을 주민들의 구전에 따르면 견준산 아래와 주변에서 농민군들이 제일 전투를 많이 했고, 그리고 가장 많이 죽었다. 공주를 공격하던 농민군들의 치열한 우금티 공방전은, 견준산은 병풍처럼 솟아 있어서 견준산 바로 아래에서 실제 전투가 있었다고 볼 수는 없고, 견준산과 우금고개 사이의 산자락에서 공방전이 일어났다고 한다.

견준산의 기록은 동학군 진압 기록으로 조선 정부군(관군)이 남긴 『구한국관보(舊韓國官報)』(개국503(1894).11.27, 28, 29)에 실린 「공산초비기(公山剿匪記)」에 '전투지도'와 기록으로 실려 있다.

견준산 지명 유래 1 : "견준산을 동네에서는 개좆배기로 부른다. 개의 성기처럼 주변보다 치솟았다고 해서 붙여진 이름이다. 개좆배기를 지도에 실을 때, 비슷한 한자음인 견준산(犬蹲山)으로 옮겼을 것이다."(犬은 '개', 蹲은 '웅크리다', '춤추다'의 뜻)

[구상회]

견준산 지명 유래 2 : "동학군들이 먹을 것이 없어 '개죽' 같은 죽을 써먹으면서 전쟁을 했다고 해서 '개죽배기'라고 불렀다고 한다."

[전은선(82세, 주미동 양달뜸 거주), 2014.6.28]

3. 우금티 '동학혁명군 위령탑'의 역사 왜곡을 바로잡다

1973년 11월 11일에 건립된 우금티 '동학혁명군위령탑'의 대리석 안내판에는 '동학혁명의 정신을 이어받아 5·16군사정변과 10월 유신을 이룩했다'고 기록되어 있고, 거대한 탑의 몸에는 박정희의 글씨로 '동학혁명군위령탑'

이라고 새겨져 있다.

전두환 정권이 시퍼렇게 살아 있던 1985년, 대전과 충남지역에서 반유신 투쟁·반전두환 투쟁으로 대학에서 제적되었던 청년들이 선도투쟁을 목표로 〈충남민주운동청년연합〉을 결성하였다. 이 단체의 첫 사업으로, 공주 사범대학 교정에서 우금티 위령탑까지 공주와 대전지역 대학생들과 함께 4.19기념 마라톤행사를 개최하였고, '동학혁명군위령탑'의 잘못된 안내판을 바로잡기 위해 안내판 글자를 깨부수는 상징적인 행사를 했다. 그리하여 이 단체의 의장 오원진은 우금티 기념탑 비문의 '5·16혁명', '10월 유신', '박정

◀ 1985년 우금티 위령탑 앞에서 개최된 왜곡된 위령탑 비문의 글씨를 깨부수는 행사 장면. 충남민주운동청년연합 주최, 오른쪽 박수를 치는 이가 충남민주운동청년연합 의장 오원진.

▼ 우금티 위령탑 비문(부분 확대) : '5·16 혁명', '10월 유신', '대통령 박정희'라는 글자를 깨부수었다.

▼ 역사 왜곡의 비문 바로잡기를 한 우금티 위령탑

희'라는 글씨를 깨부셨다.

박정희 군사독재 정권에 대한 비판은 전두환 군사독재 정권에 대한 비판이었기 때문에 이 단체에서는 안내판 파손을 빌미로 벌어질 구속 등의 형사처벌을 예상하고 행사를 진행하였으나 이로 인한 구속은 없었다.

행사를 이끌었던 〈충남민주운동청년연합〉의 당시 의장 오원진 씨는 유신 때부터 유신 반대 활동 때문에 대학교에서 제적, 강제 징집, 복학을 거듭하였고, 그 뒤 사회민주화를 위한 여러 활동을 계속해 왔다. 그런데 1992년 젊은 나이에 암으로 사망했다. 유신 때부터 20여 년의 거듭되는 민주화 투쟁의 중압이 그분을 먼저 가게 한 것이리라.

▲ 2002년 3월 23일 우금티위령탑 앞. 공주지역 민주화운동에 헌신해 왔던 최연진님의 영결식 모습(이동철 님 촬영)

봉정동 주미동 태봉동

1. 두리봉/ 정주봉, 부조산
—우금티를 공격하는 농민군 전방 지휘소

① 두리봉은 봉정동과 주미동에 걸쳐 있는 봉우리로 주미동에서는 두리봉(또는 부조산)으로, 봉정동 주민들은 정주봉으로 부른다. 우금티 주변 마을

봉정동 · 주미동 · 태봉동 행정구역도

봉정동

금강

우금티

능티

주미동

견준산

두리봉
(정주봉)

태봉동

일본군 · 관군 연합군 방어선

강정자: 농민군 신참봉이 활동

의 구전에 의하면, 1894년 10월 9일(음) 오전 중에 있었던 우금티 싸움의 가장 큰 격전지는 우금티와 견준산 사이에 있는 우금티 남쪽 산자락이다. 이 산자락에서 우금티를 공격하는 농민군 최전방 지휘부가 있었던 곳이 두리봉이다. 두리봉(해발 192m)과 견준산(해발 234m) 봉우리의 지도상 직선거리는 830미터이다. 견준산은 우금고개와 서쪽으로 바로 이어져 있는 가장 높은 산으로 우금티를 방어했던 관군의 주요 거점으로 마을 사람들은 흔히 개좆배기 또는 가죽배기라고 부른다. 두리봉과 견준봉 사이에는 옛날 큰 장길(원골→슴방)이 있어 그 길은 논산이나 부여에서 공주 읍내를 통과하지 않고 고마나루를 거쳐 유구나 천안으로 가는 샛길의 하나였다고 한다.(논산→이인 복룡리→발양리→오곡동→**원골**→**슴방**→고마나루 / 부여→**원골**→**슴방**→고마나루) 두리봉은 해발 200미터도 안 되는 야트막한 산이지만 정상에 서면 멀리 논산의 번쩍번쩍하는 함석지붕들이 눈에 잡힐 정도로 시야가 탁 트여 있다.

② "두리봉(정주봉)과 견준산에서 동학군과 일본군이 서로 대치를 하고, 불질을 했다."

[오성영, 2002.9.27]

[전희남(주미동 거주), 2003.2.21]

[김영오(72세, 주미동 원골 거주), 2004.10.10]

③ 아루고개(봉정동) 마을 사람들이 두리봉으로 지게로 밥을 해날랐다. "아루고개(원봉정 반선말 건닝골 저대 방축골의 봉정동 마을을 일컫는 말 또는 봉정동에 있는 고개)에서 두리봉으로 지게로 밥을 해날랐다. 20년 전까지 두리봉의 산에 나무가 없어 사태가 자주났다. 사태가 나면 일본군이 사용하던 납탄알을 자주 주었다. 탄알의 크기가 새끼 손가락 끝마디 만큼 했다. 그때 동학군은 총이

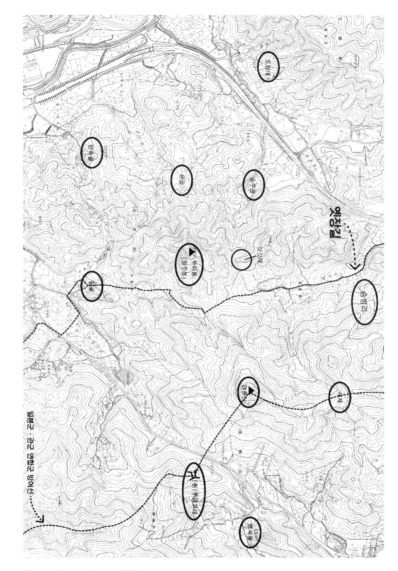

▲ 봉정동과 주미동 동학농민혁명 전적지

*두리봉 : 우금티를 공격하는 농민군 최전방지휘소. *도장대 : 농민군 서쪽 지휘소.

*봉정동과 주미동의 주민들이 동학군이 주둔하던 두리봉 승주골 새재로 밥을 해 날랐다.

*물레방아간(현 계룡백일주 건물) : 양태인 등 여러 명이 우금티로 밥을 해 나르다가 왜군에게 쫓기어 총에 맞아 죽었다. *우금티 주변을 방어하던 일본군·관군연합군은 삿갓재를 넘어 승주골과 두리봉, 은골과 방축골에서 농민군들을 학살했다. (국립지리원 1:5,000 지도)

없었던 모양이야. 농민군들이 개좆배기에서 총 맞고 부상당하고 쫓겨 가다가 은골 고랑과 방축골에 가서 많이 죽었다. 새재 쪽으로도 공주로 넘어 가려고 하다가 많이 죽었다고 했다. 납탄알을 맞으면 살이 썩었다고 한다."

[김영오(72세, 주미동 원골 거주), 2004.10.10]

④ 주미동 주민들이 농민군을 먹이기 위해 점심을 해서 두리봉(정주봉)으로 이고 지고 갔다.

"왜군들은 개좆배기(견준산, 가죽배기)에 진을 치고, 농민군들은 두리봉(부조산, 정주봉)에 진을 쳤다. 마주보는 농민군과 왜군 사이에 큰 싸움이 있었다. 개좆배기에서 일군들이 불질을 했다. 우리 동네 부자가 쌀을 내어 동네에서 아주머니들이 농민군을 먹이기 위해 밥을 해서 이고 지고 두리봉으로 오르락 내리락 했다고 한다. 주미동 마을에서 두리봉까지는 걸어서 1시간 정도되는 거리이다. 동학군들이 점심 먹다가 일본군들에게 죽었다. 주미동 마을과 우금고개까지는 걸어서 10분 거리도 못된다. 주미동 마을은 동학군들의 수중에 있었다."

[전희남(주미동 거주), 2003.2.21, 채록-구상회, 정선원. 2004.8.1(85세), 채록-송성영, 정선원]

⑤ 정주봉(두리봉) 주변에서 농민군들이 많이 죽었다.

"정주봉(두리봉) 중턱 쯤 산제당(산지장)에서 북과 징을 주어왔다. 징은 망가지면 바꾸어 쓰기 때문에 보관되어 있지 않다. 산제당 근처에서 사람이 많이 죽었고 피가 고랑에서 벌겋게 내려왔다. 우리 20대, 30대 때는 갈퀴로 나무하느라 헤치면 납탄알을 자주 주었다."

[임영수(67세, 봉정동 거주), 2002.9.27, 채록-구상회, 정선원]

[전희남(85세, 주미동 거주), 2003.2.21, 채록-구상회, 정선원]

[김영오(72세, 주미동 원골 거주), 2004.10.10. 채록-정선원]

[오성영(78세, 470년 16대째 봉정동 거주), 2004.8.3. 채록-송성영, 정선원]

2. 도장대
—동학농민군이 공주 서쪽 방면 공격을 지휘하던 곳

동학도의 장수(줄여서 도장)가 공주의 서쪽 방면의 공격을 지휘하던 곳이라고 해석한다(구상회). 봉정동 사람들에 의하면 이 도장대에서 보이는 산은 전쟁터가 아닌 곳이 없었다고 한다. 또 봉정동 노인들은 어렸을 때 봉정동 일대에 산사태가 나면 납탄알을 주워 엿을 바꿔 먹던 기억을 가지고 있다.

[봉정동 주민들, 1993. 채록-구상회 / 임순철(69세, 봉정동에서 2대째 거주), 2003.3.30]

3. 봉정동의 농민군

"도장대 주변 봉정동으로 집결했던 농민군들은 먹을 것 조달이 원활하지 않았다. 농민군들이 봉정동에 와서 주민들에게 벼를 달라고 해서, 그것을 모아 방아를 찧어서 밥을 해 먹었다. 농민군들이 '사흘을 못 먹었네, 나흘을 못 먹었네.' 해서 숭주골 근처 마을들(건넝골, 반선말, 방축골) 주민들이 농민군들이 진을 치고 있는 숭주골과 새재로 밥을 해 날랐다. 농민군들의 무기는 화살, 죽창, 쇠스랑, 몽둥이 등이었다. 화살에는 독약인 비상을 묻혔다. 지금도 꾸벅꾸벅 조는 사람에게는 '비상 묻힌 화살촉 맞았냐' 하는 농담을 한다. 왕퉁이탄(일본군 탄알)은 '윙' 하는 벌 소리를 내며, 날아오는 것이 보여서 날랜 병정들은 짚단을 두어 단 묶어서 받아치면 받기도 했다. 활, 죽창 등이 농민군의 중요한 무기였다."

4. 삿갓재
―우금티를 공격하는 농민군의 최전방 진지 중 하나

"두리봉(농민군 진지)과 가죽배기(견준봉, 관군의 진지)에서 서로 대치하였는데, 일본군・관군 연합군이 승주골이 약한 것을 알고 삿갓재(승주골을 둘러싸고 있는 북쪽 산날등)를 넘어 기습공격을 했다. 일본군・관군연합군이 삿갓재를 넘어 승주골, 은골, 두리봉, 방축골에서 학살을 저지르고 이인 근처까지 가서 산에 불을 지르고 다시 우금티로 퇴각하였다. 일본군과 관군 수십 명에게 농민군 수천 명(많은 수)이 우금티를 바로 눈앞에 두고 죽고 도망간 것이 아쉬워서 '무르팍으로 내밀어도 나갈 수 있었는데, 주먹만 내질러도 나갈 수 있었는데 그걸 못했다'는 이야기가 마을에 전해오고 있다."

[오성영, 2002.9.27]

5. 승주골
―농민군이 떼죽음을 당한 곳.
삿갓재 서쪽아래 골짜기, 두리봉의 북서쪽 산자락 아래

① "동학군들이 우금티 공격을 위해 준비하며 점심 먹다가 왜군 습격을 받아 죽었다. 승주골은 서남향으로 3대가 덕을 쌓아야 얻을 수 있다고 하는 좋은 집터인데, 하도 참혹한 화를 당해서 현재까지 백년이 넘도록 원두막 하나 없다."

[봉정동 주민들. 1993. 채록-구상회]

▲ 승주골 앞에 선 구상회 선생님(2003.3.30 촬영)

▲ 북통 - 승주골에서 나온 곳으로 오성영님 집에서 보관하고 있었다. 현재 독립기념관에 보관되어 있다.『숨쉬는 우금티 동학농민전쟁 전적지 안내』의 35쪽 사진 인용.

② "승주골의 농민군 시신을 어떻게 할 수 없어서 동네 사람들이 묻었다. 시신이 너무 많아 흙만 덮었다. 여기가 전부 무덤이었다. 작은 무덤, 큰 무덤이 즐비한 공동묘지가 되었다. 동네에서 송장을 묻고 북이나 징, 꽹과리를 주워 왔다. 징과 꽹과리는 부서지면 바꾸기 때문에 그때 것이 남아 있지 않고, 그때 주웠던 북통을 우리 집안(오성영 씨네)에서 헛간에 걸어 보관하고 있었다. 승주골에 골짜기 가까이 3채와 왕밤나무골에 4채, 모두 7채의 집이 있었다. 동학 난리 나고 승주골 주민들은 도망가 버렸다. 날이 궂으면 우는 소리가 나고, 무서워서 사람들이 여기에 들어오지 못했다."

[오성영, 2003.2.20]

③ "지금 살아 있으면 120세, 130세 되는 동네 노인들이 이야기했다고 하는데, 승주골과 주변 마을의 농민군 시신을 치우기 위해 3년을 두고 동원부대를 만들어(주민들을 동원해) 시신을 치웠다고 한다."

[오성영, 2004.10.23]

▲ 농민군이 참혹한 죽음을 당한 은골. 뒷산이 두리봉 자락. 당시 참나무밭 산기슭에서 많은 농민군이 죽었다고 한다.(2004.7.23 촬영)

④ "승주골 안에 있는 망막골에 샘이 하나 있었는데, 콩나물 동이의 콩나물처럼 모인 동학군들이 샘물을 너무 많이 먹어 샘물이 동났다고 한다."

[오성영, 2004.8.3, 채록-송성영, 정선원]

⑤ 승주골과 삿갓재 관련 기록 자료

(1) 『공산초비기』의 '우금티 싸움' 기록에 따르면, 11월 9일(음) 오전, 우금고개와 견준봉 사이에서 40~50차례의 공방으로 농민군의 시체가 산에 가득쌓였다(積尸滿山). '동학군이 맞은편에 조금 멀리 떨어진 언덕 위로 올라가 진을 치며 산등에서 일본군·관군 연합군이 쏘는 탄알을 피하자, 관군 수십 인이 이내 산을 내려가 작은 산등성이를 방패 삼아 동학군을 향해 발포했는데 낱낱이 명중했다. 동학군들이 그만 진루를 버리고 언덕으로 해서 달아났다. 관군이 크게 외치며 쫓아가서 그들의 대포, 군물이며 깃발 60여 개를 거두었고, 일본군 대위와 경리병 50인이 십 수 리를 추격하였다.'고 한다.

(2) 『주한일본공사관기록』 번역본 247쪽에 따르면, 우금고개와 견준봉 사

▲ 은골에서, 오천근 님(2004.8.1, 송성
영 촬영)

▲ 검상동에 있는 참여자 양씨의 무덤. 왼쪽편에는 부인의 무
덤이 있다. 며느리 이점례, 손녀 양만순 씨, 손녀사위 김영원
씨.(2006.5.11 촬영)

이의 오전 싸움에 이어, '오후 1시 40분 경리영병(관군)의 일부(50명)를 우금티
산 전방 산허리로 전진시켜 우금티산 꼭대기에서 약 140~150미터 산허리에
걸쳐 있는 농민군의 왼쪽을 사격케 하였다. 그래서 농민군은 전방 약 500미
터의 산꼭대기로 퇴각하였다. 오후 1시20분 우금티산의 일본군을 그 전방
산허리로 전진시키고, 경리영병(관군)에게 급사격을 시켰으며, 농민군이 동
요하는 것을 보고 1개 소대와 1개 분대로써 농민군 진영에 돌입케 하였다.
이에 이르러 농민군이 퇴각하였다. 이때 일본군은 화포 2문, 깃발 50폭과 화
승총과 창칼을 노획하였다'고 한다.

6. 은골/언골
　－농민군들이 학살당한 곳. 두리봉 자락의 남서쪽 아래 마을

①　"농민전쟁 당시 은골에 동학군들이 꽤 많이 모였다. 동학군들이 점심
밥 먹다가 당했다. 은골 마을 북쪽에 있는 정주봉에서 일본군 몇 명이 내려

▲ 이황 님(87세), 뒷편 계룡백일주 건물자리에 물레
방앗간이 있었고 여기에서 학살이 있었다고 증언하
셨다.(2006.5.11 촬영)

▲ 검상천 앞에 선 오성영 님. 부상당한 농민군을
봉정동 주민들이 업어 냇물을 건네 주었다고 한
다.(2004.8.3 촬영)

다보고 총을 쏴서 농민군들이 참나무밭 고랑에서 늘피하게 죽었다. 농민군
의 시신을 많이 묻었다. 하나하나 묻지 못하고 굴멍진 데(골탕진 곳, 고랑이 있는
곳) 다 넣고 양쪽 언덕의 흙을 부수어 덮었다. 몇 해 전만 해도 납탄(2번째 손가
락 2마디 크기 정도)이 나왔다. 당시 농민군들의 무기는 화승총과 죽창 등이라
고 했다. 일본군의 총알에 맞아 윗집 오영환 씨네 나무 절구통이 부서졌다."

[오천근(吳千根, 86세, 봉정동), 2002.10.1 / 오정남(61세, 오천근 씨 아들, 7대째 은골 거주), 2002.9.23]

② 은골에서는 마침 메주를 만들기 위해 메주콩을 쑬 적이라 추위와 배고
픔에 허덕이며 피신해 온 농민군들이 메주콩을 얻어먹다가 총탄에 맞아 마
당에서 즐비하게 쓰러져 죽었다고 한다.

[채록-조재훈]

③ "일본군들이 은골에 모인 사람들의 신발을 보며 조사했다고 한다. 검
상동 쪽 흙이 빨갛기 때문에 빨간 흙이 묻은 짚신을 신은 사람은 동학군이

라고 죽였다고 한다."

[오천근, 2003.3.30]

7. 동학군 여러 명 사망

우금티 아래 마을 물레방앗간에서 왜군들 총에 맞아 양태인 등 여러 명 사망 - 봉정동 신경지 마을, 현재 계룡백 일주 건물 자리

(1) "시아버지(양용봉) 일곱 살 때, 시할아버지(양태인)가 지게에 고리짝을 싣고 개젖배기에 동학군들에게 밥해다 주고 오다가 방앗간 풍구(지금 냉장고보다 큰 크기로 바람을 일으켜서 왕겨나 돌을 골라내는 도구) 뒤에 숨었다가 총맞아서 죽었는데 풍구가 구녁(구멍)이 뚫어졌다고 했다. 집안 사람들이 묘를 써서 지금 검상동에 묘가 있다."

(2) 참여자 양씨는 '의지할 집도 없이 신경지의 친척집 양씨네 방앗간(현 계룡백일주 건물, 공주시 봉정동)에 일해 주면서 밥 얻어 먹으며 행랑채에 살았을 것 같다는 이야기'와 '가족이 있고 개젖배기에 밥을 해 가지고 나른 것을 보건 대 집이라도 있었을 것이다'라는 이야기를 같이 가지고 있다. 참여자의 아들 양용봉 씨는 3살 먹어 어머니 돌아가시고 7살 먹어 갑오년 난리에 아버지가 돌아가셔서 삼대 독신으로 근근하게 살았다고 한다. "옛날에는 밥 먹고 사는 게 제일 컸다. 28살에 신부가 온다고 하여 일하다가 말고 중의적삼을 빌려 입고 결혼식 올리고, 그즈음해서 냇가 건너편 지금 집터가 있는 강정자로 제금을 났다. 쌀 되가웃 가지고 제금 나서 남의 짚 털어서 밥해 먹다가 지금 논 열댓마지기 짓고 살고 있고, 아들 형제와 세 딸에 손자 아홉을 두었으니 나는 김아산(공주 갑부 김갑순)보다 잘 된 사람이다"라고 평소에 자주 이야기 했다고 한다.

양태인 이야기 : 양태인(梁泰仁) 님은 을묘년(1855년) 9월 16일생으로 39세의 나이로 갑오년 11월 9일에 사망하였다. 우금티에서 11월 9일 오전에 왜군-관군 연합군과 공방을 벌이던 농민군은 점심 무렵 왜군과 관군의 급습을 받아 이인까지 쫓겨 가는데 그 과정에서 양태인 님이 학살당한 것으로 추정된다. 양태인 님의 검상동 묘지 터는 원래 양씨네 산이었는데 벼슬한 연안 이씨네가 보이는 곳은 다 빼앗아서(또는 징을 쳐서 소리 들리는 곳은 다 빼앗아서), 양씨가 묘를 쓴다고 하면 괄세를 못했다고 한다. 양태인 님은 2004년 '동학농민혁명 참여자 등의 명예회복에 관한 특별법'에 따른 심의 결과, 동학농민혁명 공주지역 참여자(명예회복자)로 인정되었다(2009.1.16).

(3) "방앗간에서 왜군들에게 총 맞아 여럿 죽었다. 우리 집이 검상동 아랫 마을에서 살다가 현재 계룡백일주 터로 이사를 왔는데 계룡백일주 터에 살고 있었던 신완석 씨에게 들은 이야기이다."

8. 동학농민혁명군 참여자 신참봉

① 태봉동 강정자의 동학농민혁명 참여자 신참봉 : "태봉동 강정자에 사는 신참봉이 동학 난리에 참여하여 싸웠다."

* 증언자 양팔만 씨는 태봉동에서 살다가 40 여년 전에 검상동 열목으로 이사 왔다.

② "내가 중1 때쯤, 신참봉이 여기에서 살다가 사망했는데, 그때 동네분들이 신참봉이 동학혁명에 참여했던 것을 이야기해서 들었다."

③ "신참봉이 동학혁명에 참여했는데 피신해서 죽지는 않았다. 신참봉이

▲ 우금티 주변마을 주미동에서 소중한 증언을 해 주신 전희남 님. 뒤로 견준산이 보인다. (2003.2.21 촬영)

▲ 양팔만 님(81세), 태봉동 강정자의 신참봉이 동학 난리에 참여한 것을 증언하였다. (2006.4.22 촬영)

90세 가량 살았다."

[이황(87세, 공주시 봉정동 계룡백일주 터에 거주), 2006.5.11]

9. 그 밖의 이야기들

① 군량미를 쌓았던 슴방/슴방골, 승방이, 승방리 : 두리봉의 농민군과 견준산(개좆배기)의 관군 일본군과 대치하고 있는 사이 길에 있는 마을로 조선 시대 말엽 남부면 소재지가 있었던 곳이다. '옛날 절이 있었던 곳이어서 승방(僧房)이라고도 부른다고 한다. 1894년 농민전쟁 당시 군량미를 쌓았던 곳이라서 지금도 산을 파다 보면 불에 탄 쌀이 나온다'고 전한다(『공주지명지』 48쪽).

② 소가죽으로 밥을 해 먹은 동학농민군 : "우금티를 넘기 위해 공주를 공격하던 동학농민군들이 견준과 두리봉 사이의 새재(고개) 근처에서 소가죽으로 밥을 해먹었다고 한다."

◀ 동학농민혁명 참여자 태봉동 신참봉의 집터. 지금은 공터이다. 증언해 주신 신경환님(74세).

③ 검상천을 건너 이인으로 도망치다 : "승주골 쪽에서 패한 동학군들이 검상천을 건너 만수리를 거쳐 이인면으로 도망쳤다. 냇물을 못 건너가는 다친 농민군들을 봉정동의 동네 사람들이 업어 건넸다. 소개(효포)에서 패한 이들은 오실 골탕으로 와서 발양으로 도망쳤다."

[오성영, 2003.2.20]

④ 동학군 이하사가 주미동 원골에 돌아다니다 : "아랫마을 회선동(여기에서 걸어서 5분 거리)에서 아홉 살 때 이곳으로 와서 지금까지 살고 있다. 내가 열댓 살 되었을 때 이인 사람인데 동학혁명에 참여했던 80세 정도 되는 '이하사'라는 노인네가 여기까지 와서 돌아다녔다. 비슷한 연배의 친구들이 '이하사'라고 불렀다. 동학 난리 때도 하사가 있었다고 했다."

[김영오(72세, 주미동 원골 거주), 2004.10.10]

오곡동
- 동학군 1만여 명이 오곡동의 오실 뒷산을 넘기 위해 전투를 벌이다

1. 농민군이 주둔한 오곡동

① "오곡동은 4개 자연마을(오실, 장자울, 막골, 점말)으로 이루어져 있다. 농민군들이 큰 집(기와집)만 골라서 밥해 달라고 해서 먹고 잤다. 한 이삼일 묵었다. 동네에서는 국가와 탐관오리들에 대해 불만이 많아서 환영하였다. 동학군들이 면사무소를 습격했다고 했다. 탐관오리 등을 붙들어다가 혼내주었다. 동학군도 거친 사람이 있어서 부잣집 보물 같은 것을 빼앗아 갔다. 재당숙이 주사고, 삼종이 참봉인데 제기와 놋그릇을 빼앗겼다. 김완식, 김원식 씨네는 유기그릇을 빼앗겼다."

[김학범*(80여 세, 오곡동 막골 거주, 2004년 초 사망), 2003.2.19]

* 김학범님은 4대째 오곡동의 막골에서 살았다. 당시 농민군들이 묵었던 집들은 기와집의 큰 집들로 막골 김창기 댁(조부 김완식, 당시 주사), 점말 이흥서 댁, 주항식 댁(조부 주종갑), 오실 안창식 댁(은행나무 안집), 장자울 최모씨 댁이었다고 한다.

② "오곡동 마을에서 우금티 주변으로 동학군에게 밥을 해 날랐다."

[연동희(91세, 오곡동 거주), 2005.3.13 / 송일용(오곡동 거주), 2005.10.15]

③ 오곡동과 소작농민들 : "해방 전, 오곡동 마을이 다 소작*이었다. 약은

지주는 소작인들에게 일찍 토지를 나누어 주고 알아서 달라고 했는데 그게 더 정부 보상보다 이익이었다."

[연동희(91세, 오곡동 거주), 2005.3.13]

* 조선 후기에 동학농민혁명이 실패하면서 지주에 의한 토지독점이 해결되지 못했다. 그리고 뒤이은 일제강점기 역시 지주를 통한 조선사회지배체제이어서, 일제강점기 말에는 오곡동 마을은 대다수 농민들이 소작인이었던 것을 볼 수 있다.

2. 오실 마을

11월 9일, 오곡동의 오실 뒷산(공주분지 남쪽 주미산 자락)을 두고 농민군 1만여 명이 일본군·관군 연합군과 전투를 벌였다.

① 오실마을 전투에 관한 일본군의 기록(' ' 부분) : 11월 9일(양12.5) 오전 10시 우금티산으로부터 약 10리에 걸친 곳에 농민군 대략 1만여 명이 나타나 맹렬히 진격해 왔다. '이와 동시에 삼화산(三花山)의 적('농민군', 1만여 명)도 오실(梧實) 뒷산을 향해 전진하였는데, 그 정세가 매우 급하였다. 그리고 이곳 역시 공주의 요지로 천연의 험지(險地)였다. 그래서 노나카(野中) 군조(軍曹)에게 1개 분대와 한국군 1개 분대를 이끌고 오실 뒷산을 단단히 지키도록 명령하였다.'

▲ 오곡동에서 바라본 주미산 자락-1894년 11월 9일, 우금티에서 전봉준을 대장으로 농민군 1만여 명이 공주를 공격할 때, 동시에 이곳 오곡동에서도 농민군 1만여 명이 공주 점령을 위해 이 산자락(오실 뒷산)을 공격하였다. (2004.2.2 촬영)

[『주한일본군공사관기록』 번역본 247쪽 ; 공주 부근 전투상보(1894.12.4~5, 음11.8~9),

대위 모리오(森尾雅一)]

② 오실마을 골짜기 땅이름과 동학농민혁명 : (1) 절골 - 1만평 정도로 비교적 평탄하고, 옻샘과 시내가 있어 물이 있어서 수백명이 주둔할 수 있는 지형. 우금티 공격의 동학군 본부가 설치. (2) 등배, 잿갓, 서당골, 욕골, 새내골 등 (3) 외터골(왜터골) : 일본군(왜군)이 주둔했던 곳, 동학군과 일본군의 싸움이 있었던 곳. (4) 산제당

[오실마을 골짜기 땅이름 증언 : 이은길, 2014.9.14]

③ 동학군들이 오실 뒷산 자락을 타고 우금티를 공격 : "발양리에서 온 동학군들이 여기 오곡동의 외터골을 지나 새내골(오실 뒷산의 골짜기의 하나)에서 쉬어서 자고, 대등을 타고 배내미고개를 넘어 우금티로 진격했다고 한다."

[이은권(81세, 오곡동 오실 거주), 2014.6.28]

④ 오실 절골의 동학군 본부 : "사랑방에서 어른들한테 들은 이야기이다. 오실 뒤 국유림(오실의 절골)에 동학군 본부가 있었다. 이 본부에 전봉준이 있었다. 연락병만 살짝살짝 왔다갔다 했다. 양반들은 개좆배기 쪽이 본부인 줄 알고 있었다. 절골에서 장길과 갈공절과 좌지절 등을 이용하여 전투 지휘를 했을 것이다."

[김완기*(60세 중반, 오실 막골 거주), 2003.2.19]

* 증언자 김완기 씨의 할아버지는 주사 벼슬을 했고, 말을 타고 다녔고 마부를 2명이나 부릴 정도로 마을 유지였다고 했다. 갈공절과 좌지절(자지절)은 오곡동에 있는 옛 절이름.

⑤ 왜터골(외터골) : "왜터골은 오실 마을로 내밀고 있는 주미산 자락의 낮

은 산등성이 지역이다. 왜군이 왜터골에 짚으로 방벽을 쌓아 터를 잡고 수비하였다고 한다. 이곳에서 일본군과 농민군이 싸웠다고 한다."

[이갑호, 오곡동 거주, 2003.2.14 / 2014.6.28(80세)]

⑥ 병사(동학군)들이 절골에서 지막골 고개를 넘어 공주로 갔다 : "해방 전 오곡동에 훈장 선생님이 두 분이 계셨다. 해방 전 내가 초등학교에 들어가기 전에 장자울에서 한학을 가르쳤던 유 선생님에게 한학을 배울 때, 선생님에게 들은 이야기이다. 유 선생님은 머리에 부스럼이 나도 일본약은 쓰지 않을 정도로 반일의식이 투철한 분이었다. 그분이 말씀하시길, '병사(동학군)들이 절골(오실마을)에서 지막골 고개*를 넘어(주미동을 거쳐) 공주로 갔다'고 한다."

  * 지막골 고개를 신현각 님은 오실고개라고 한다.

[신현각(오곡동 장자울 보화터 거주), 2005.3.13 / 2014.7.20(85세)]

⑦ 11월 9일, 오곡동의 오실 뒷산(공주분지 남쪽 주미산 자락)을 공격하는 '삼화산의 적 1만여 명', 삼화산은 어디인가? 앞에서 말한 일본군의 전투기록에 나오는 '삼화산(三花山)'을 구상회 선생님은 금강 건너 공주 우성면의 사마산(司馬山, 해발 308m)으로 추정한다. 삼화산(三花山)의 산 이름을 우금고개와 공주 인근에서는 찾을 수 없고, 비슷한 산이름을 금강 건너 공주시 우성면 사마산에서 찾을 수 있기 때문이다. '공주와 청양 쪽에서 농민군의 움직임이 활발했다'고 하는 관군의 기록과 마을 구전이 있고 또한 농민군들이 금강 건너편 우성에서 '꽝꽝 얼어 얼음판이 된 금강'을 타고 공주를 공격했다는 구전이 있다.

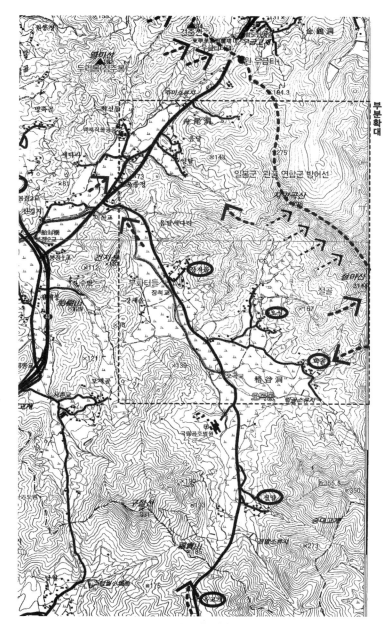

▲ 오곡동의 동학농민혁명유적1
*동학군 이동 및 공격로 : - - - ▷

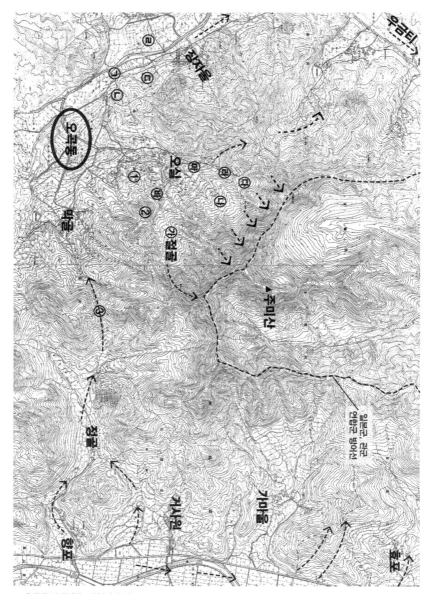

▲ 오곡동의 동학농민혁명유적2
③ 큰오실고개(전봉준 장군이 효포를 공격하는 척 하다가 이 고개를 넘어 우금티 공격을 준비하다.)
*동학군 이동 및 공격로 : ➡
① 뫼터골 ② 산제당 ㉮ 절골 ㉯ 등배 ㉰ 잿갓 ㉱ 서당골 ㉲ 욕골 ㉳ 새내골 ㉠ 돌탑모랭이 ㉡ 큰병재울 ㉢ 작은병재울 ㉣ 부화터들

3. 장자울 마을

① 장자울 마을 땅이름과 동학농민혁명 : (1) 돌탑모랭이 - 동학농민혁명이 끝난 뒤, 동학농민혁명에 참여했던 동네사람 이하사가 농민군을 위령하고자 쌓은 탑이 있던 모퉁이 (2) 큰병재울, 작은병재울 - 농민군들이 주둔했던 곳. 농민군의 시신과 각종 기물이 묻혀 있다고 한다. (3) 부화터들(보아티들) - 후퇴하던 농민군들의 시신이 늘비하게 늘어져 있었다고 한다.

② 이하사*가 동학농민군을 위령하던 돌탑을 쌓은 돌탑모랭이 : "동학농민군 출신 이하사(또는 이아사)가 동학군을 위령하기 위해 돌탑을 쌓은 곳이다. 산자락이 삐죽하게 나와 있는 곳에 돌탑이 있었는데 길 닦으면서 돌탑이 없어졌다고 한다. 송옥룡 씨 부친이 지은 집터가 돌탑모랭이(모퉁이, 굽이길) 산자락에 있었다. 송옥룡 씨 부친이 15년간 돌탑모랭이에서 살았다. 송옥룡 씨 아버지와 이아사는 호형호제로 가까이 지낸 사이. 송옥룡 씨가 열대여섯살 될 때 보았는데 그때 그는 극노인으로 백살 정도 되었을 것이라고 한다."

* 주미동의 한 노인은 이하사를 '동학군 나팔수'로 기억하고 있었다.

[송옥룡(1927년생, 오곡동 장자울 거주), 2005.3.12~13]

③ 동학군 시신과 그릇이 묻혀 있는 병재울 : "동학군들이 와서 병재울에 주둔했다. 돌탑모랭이가 있는 산자락을 사이에 두고 큰병재울, 작은병재울로 불린다. 큰병재울 산자락에 안씨네 논이 있는데 '농민군 시신과 그릇 등 각종 기물이 묻혀 있다'고 전해지고 있다."

[송옥룡(1927년생, 오곡동 장자울 거주), 2005.3.12~13]

▲ 절골에 스며든 동학군이 하룻밤을 자고 오실 뒷산 산자락을 타고 우금티를 공격했다고 한다. 증언자 이은권 님(81세)이 오실 뒷산을 등지고 있다.(2014.6.28 촬영)

▲ 오곡동 큰병재울에서. 증언자 송옥룡님 뒤편의 병재울 골짜기에 농민군 시신과 그들이 사용하던 그릇 등이 묻혀 있다 한다.(2005.3.13 촬영)

④ "병재울은 병정(동학군)들이 싸우는 물자들을 두었던 곳이다."

[송일룡(송옥룡 씨 동생, 75세, 오곡동 장자울 거주), 2005.10.15]

⑤ 동학군들이 늘비하게 죽은 보아티들 : "우금티에서 동학군들이 밀리면서 이곳 오곡동의 보아티들과 보아티고개에서 동학군들이 늘비하게 죽었다고 한다. 우리 젊었을 때는 보아티들과 보아티고개가 '아이고 팔아, 아이고 다리야 하고 죽은 자리'라고 계속 이야기 해 와서 장자울 마을(보아티들 건너편 마을)에서는 밤에 혼자 다니지 못했다. 마을 어른들이 거의 돌아가시면서 최근에야 그런 이야기가 그쳤다. 8.15해방 때까지 지금 마을회관 앞에 큰 뽕나무가 있었는데 동학 당시에는 보아티들에 뽕나무가 꽤 있었다고 한다. 설 쇠고 보름까지 오실마을(오실 막골 점말 장자울로 이루어짐)에서는 나이 먹은 어른들에게 새해 인사를 다녔다. 그때 들었는데 마을 어른들이 그 이야기를 또 하고 또 하고 사뭇 이야기해서 알고 있다."

▲ 농민군이 물자를 쌓아두었던 작은병재울 골짜기   ▲ 외터골을 증언하는 이갑호 님(80세). 뒷 산자락이
에서. 증언자 송일룡 씨.(2005.10.15 촬영)   외터골.(2014.6.28 촬영)

[송일룡(송옥룡 씨 동생, 75세, 오곡동 장자울 거주), 2005.10.15]

4. 막골 마을

① 전봉준 장군이 효포를 공격을 하는 척하며 오실 막골로 큰오실 고개를
넘어 몰래 들어와 우금티 공격을 지휘하였다. : "그는 여기저기 떠돌아다니
며 생활하다가 여기(우금고개 바로 아래 주미동 마을)에서 정착해서 살았는데 그에
게서 들은 이야기이다. 그는 이미 사망한 지 오래되었다. 농민전쟁 당시 일
본군에 편입되어서 활동했다고 한다. 한국 사람도 일본군에 편입된 사람이
있었다고 한다. 주미산 아래 오곡동의 오실 막골과 계룡면 화은리의 여사울
막골은 고개 하나 사이이다. 전봉준 장군이 여사울 막골까지 나팔 불고 올
라와 효포의 능티를 공격하는 척하다가 고개를 넘어 오실 막골로 넘어 왔다
고 한다."*

[전희남, 2003.2.21. 채록-구상회, 정선원]

▲ 오곡천 뒤로 오곡동 철마산이 보인다. 지금도 오곡천에서 사금캐는 작업을 하면 동학 때 사용하던 납탄알 조각을 찾을 수 있다고 연동희님은 증언한다.(2005.4.10 촬영)

▲ 녹두장군이 우금티 공격을 위해 몰래 넘었던 큰오실고개를 답사하다. 지금은 다니지 않는 고개길을 정골(계룡쪽 큰오실고개 아랫마을)에 사는 오흥환님(77세, 왼쪽에서 두번째로 서 있는 분)이 안내해 주셨다. 향포에서 오곡동 막골로 가는 길에 큰오실고개 정상에서 찍은 기념사진. 공주학부모회와 공주민협 회원들이 함께 하였다.(2014.5.5 촬영)

▲ 오실 마을 동학군 돌무덤이 있던 자리를 이야기　　　▲ 동학군이 늘비하게 죽은 보아티들 앞. 증언자 송
하는 김학범 님.(2003.2.18 촬영)　　　　　　　　　　일룡 씨.(2005.10.15 촬영)

* 오곡동 막골은 공주 남쪽인 주미산 아래 마을이다. 오곡동 막골로 전봉준 장군이 잠입했다고 하는
　것은 우금티와 오곡동 뒷산(주미산) 방면 공격을 지휘하기 위해서였을 것이다. 계룡면 화은리에서
　'여사울 막골'의 '막골'은 찾을 수 없었다. 효포(봉화대)의 건너편 소학동에 막골이 있다.

　② 농민군 시신이 묻혀 있던 논배미-오곡동 막골 마을 앞 논 : "10여 년 전
에 마을 앞의 논을 경지 정리할 때에 논 사이 돌더미 속에서 큰 키의 시신이
나왔는데 선친(김근식 님)이 동학농민군의 시체라고 했다. 동학군이 도망가다
가 사살되어서 찾아가는 사람이 없어서 그냥 묻었다. 묻은 그 자리에 주변
의 돌을 쌓아 올려 논 사이의 돌더미가 되어버렸다. 무덤자리에 7년 전에 전
봇대가 들어섰다."

[김학범, 2003.2.19]

5. 그 밖의 오곡동 이야기

　① 공주전투에 참여한 노성 출신 동학군 송영오, 후손들은 오곡동에 정착
: "할아버지 송영오(宋永五) 씨가 동학농민전쟁 당시 노성 병사리 2구(지금의 논

산에 속한다)에 살고 있었다. 전라도 농민군이 들고 일어나 공주로 갈 때 같이 합류하여 공주에 가서 죽었는데 어디에서 어떻게 죽었는지는 집안에 알려지지 않았다. 우금고개에서 멀지 않은 태봉 저탈리에 산소를 모신 것으로 볼 때 동학농민전쟁 중 개좆배기나 송장배미 쪽에서 죽었을 것이라고 한다. 기일이 음력 2월 30일이어서 1895년에 돌아가신 것으로 안다. 당시 40여세라고 했다. 외할아버지에게서 '너희 할아버지는 동학난리에 참여해서 돌아가셨다.'고 들었다. 아버지 송만봉 씨에게도 이야기를 들었다. (그런데 집안의 족보에 송영오 님의 사망 년월일이 1900년 3월 1일로 나와 있다. 이에 대해서는) 40세에 동학에 참여했고, 47세인 1900년에 죽었다면 동학혁명에 타격을 입어 부상으로 젊은 나이에 병들어 죽었을 것이다. 할아버지가 가난한 빈농이었고, 할아버지가 돌아가시자, 할머니가 개가를 하셨고, 아버지도 고모네가 있는 이인 오룡리 등 여기저기 떠돌아 다니다가 이곳 오곡동 장자울에 정착하였다."

[송옥룡(송영오의 손자, 1927년생, 오곡동 장자울 거주), 2005.8.27]

* 송영오 님은 2004년 '동학농민혁명 참여자 등의 명예회복에 관한 특별법'에 따른 심의 결과, 동학농민혁명 공주지역 참여자(명예회복자)로 인정되었다(2006.11.20)

▲ 우금티와 사마산의 직선거리는 6.8km

* 금강변 죽림마을 : 동네사람 유씨가 농민군에 참가하여 '꽝꽝 언 금강'을 건너 우금티로 진격했다.

▲ 오곡동 돌탑모랭이에서. 돌탑이 서있던 자리에 송옥룡 님이 서있다.(2005.3.13 촬영)

▲ 이인면 이하사 집터. 오실마을에서 남쪽으로 고개하나 넘는 옥고개(바랭이재)아래 마을이다. 송옥룡 님과 이하사 증손자 이구영 씨.(2005.3.13 촬영)

◀ 오곡동 장자울 마을의 신현각 님(85세)(2014.7.20 촬영)

②노성 부자 강건수, 노성에서 밥을 해서 소에 싣고서 오곡동 철마산까지 나르다 : "외할아버지 강건수(姜建洙) 씨가 노성읍에 살고 있었다. 물레방아간을 운영할 정도로 제법 부자였는데 '노성읍에서 밥을 해가지고 이곳 공주 오곡동 철마산까지 소에 싣고서 동학농민군들에게 실어 날랐다'고 한다."

[송옥룡(1927년생, 오곡동 장자울 거주, 직업은 법사), 2005.3.12~13 이후 여러 차례 만남]

* 증언자 송옥룡 님 가계는 할아버지 송영오(족보의 이름은 宋五用), 부친 송만봉 그리고 송옥룡, 송일룡 형제로 이어진다. 부친 송만봉 씨는 갑오생으로 농민전쟁이 있던 해에 태어났다.

원 우금티/우금고개

① 꾸불거렸던 우금티(고개)에 대한 이야기 : "부여 방향에서 공주로 넘어
가는 우금고개는 4굽이 정도 완만하게 꾸불거렸고, 우금고개에서 공주로
내려가는 길은 급경사로 5굽이 정도 꾸불거렸다."

[신현각(76세, 오곡동 장재울 보아티/부화터 거주), 2005.3.13]

* 증언자 신현각 님은 해방 전 금학초등학교(지금 공주여고 자리)에 입학하여 1945년 2월에 금학초등학
교를 제1회로 졸업하였다. 그래서 오곡동에서 우금티를 넘어 금학초등학교를 다녔다고 한다.

② "일정시대에는 우금고개가 차가 넘기 힘들 정도로 높았다. 차 2대가
다닐 수 없어 한 대는 비켜 있다가 지나가면 다시 가곤했다. 자갈길이었다.
2차선 길은 일본사람들이 들어가고 난 뒤에 만들어졌다."

[양팔만(81세, 공주시 검상동 열목1반 거주), 2006.4.22]

③ 우금고개와 당산나무 : "신작로(40번 국도)가 나 있는 현재의 우금고개는
지금 당산나무만큼 높았다. 그 높은 곳에 원래 당산나무가 있었고 그 당산
나무는 세 아름 정도 됐다. 현재 우금고개 아래에 있는 당산나무는 원 나무
의 아들로 40~50년 됐다. 왜정 말에 전쟁에 쓰려고 왜놈들이 우금고개 당산
나무를 베어갔다.

[오성영, 2003.2.20]

▲ 우금티 옛 고개, 옛 우금고개 마루에서 옛길을 증언하고 있는 오성영 님. 뒷편으로 뱁세울 마을이 보인다.(2003.2.20 촬영)

▲ 원 우금고개를 답사하다. 우금티기념사업회 박남식 이사, 지택영 이사, 진영일 전 회장님이 보인다.(2005.1.7 촬영)

④ 옛길과 주막 : "해방 전까지 옥고개(발양)에서 주미 마을 앞으로 이어지는 길이 양달로 이어지고, 그리고 현 위령탑 옆으로 지나는 길로 이어졌다. 양달과 우금티 위령탑 입구에 주막이 각각 있었다."

[김학범(오곡동), 2003.2.16]

⑤ "기도원 옆을 끼고 뱁세울로 넘어가는 길은 공주에서 나무하러 오던 나무꾼 길이다. 옛날 밭주미에는 사람이 살지 않았다. 기도원 고랑물이 좋아 빨래할 때나 김장 때 그 고랑에 갔다. 왜정 때 음력설을 못 쇠게 하려고 신작로 길을 막을 때, 몰래 기도원 쪽 길을 따라 갔다."

[오성영, 2003.2.20 / 전희남(85세, 주미동 거주), 2003.2.21]

⑥ "3차례에 걸쳐 신작로 고개를 낮추었다. 신작로가 있어도 차 때문에 위험해서 이리로(원 우금고개) 다녔다."

[오성영, 2003.2.20]

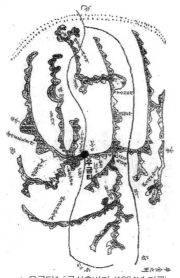

▲ 우금티1-「공산초비기」(1894년 기록)

▲ 우금티2-2000년 발행, 국립지리원 1:5000 지도

▲ 우금티3-조선총독부 발간 지도(1914년 실측), 현재의 40번 국도, 뱁세울로 넘어가는 원래의 우금고개, 옛길(점선)을 볼 수 있다.

* 1914년에 실측된 조선총독부 발간 지도(대정3년[1914] 실측, 대정8년[1919] 제1회 수정 측도, 5만분의 일 지도)에
서 신작로 길과 바로 옆 동쪽으로 우금티 옛 고갯길을 볼 수 있다. 40번 국도가 지나는 우금티 터
널은 2006년 개통되었다. 「공산초비기」(갑오년[1894] 11,27,28,29 「관보」에 실린 선봉진 이규태의 전투일기를 요
약한 공주전투 기록)의 '우금티 싸움'의 지도에 나오는 우금티 고갯길은 현재의 40번 국도가 아니라 바
로 옆 동쪽 고갯길로 판단된다.

⑦ 우금티 옛날 고갯길은 현재의 신작로(40번 국도)가 아니고 바로 동쪽 옆
고갯길 : "우금티 옛날 고갯길은 현재의 신작로가 아니다. 옛날 우금고개에
서 부여 방향으로 원골→회선동→시도리→모새울고개(남월고개)로 넘어 다
녔다."

[오성영, 2003.2.20 / 전희남(全喜男, 85세, 주미동 거주), 2003.2.21]

효포 전투 지역과
그 주변

효포 마을과 능티, 신기동

1. 효포와 능티(능티고개, 능고개)

현재 효포초등학교 주변 지역으로 능티 아래에 펼쳐진 신기동 일대의 지역이 효포이다. 효포에서 공주로 갈 때 넘는 고개가 능티이다. 능티 오른편으로 월성산(봉화대)이 있다. 능티를 넘으면 공주 터널 서쪽편에 있는 물안주를 지나 공주 읍내로 들어간다.

1894년 10월 24일, 25일(음) 능티를 사이에 두고 금강 남쪽 공주 분지의 동편 방어진지인 월성산(봉화대)·효포 뒷산 일대에 포진한 일본군·관군 연합군과, 이를 마주보고 효포뜰과 건너편 승화산 일대의 산줄기와 그 뒤편의 시화산 산봉우리에 포진한 농민군들이 치열한 접전을 벌인 곳이다.

능티를 구상회 선생님은 '곰티'였을 것이라고 한다. 능티는 옛날 공주의 중심고개였을 때, 공주를 상징하는 '곰티'였을 것이고, 우금티는 공주의 위쪽으로 보아 '윗곰티'라고 보는 것이다. 곰 웅(熊)이 받침 불화(灬)가 생략되면 능할 능(能)으로 변해서 '능티'로 되었다고 본다.

2. 효포 싸움 이야기

① "새터 동네는 동학군들이 불을 질렀다. 능티고개 말랭이와 승화산에서

서로 총질했다. 승화산 말랭이가 굉장했었어. 동학군들이 승화산 말랭이에서 공주의 감사 있는 데(공주감영)로 쪼끔 총질하다가 말았다. 전쟁 시작하다가 말았어. 총알이 떨어졌다고 지각없는 사람이 이야기하니까 잡아다 죽였다고 한다. 우리 동네 사람들이 동학군들에게 점심을 해다 주었다. 동학군들도 총이 몇 개 있었지만 대개 대나무 꼬챙이 하나 가지고 전쟁을 했다."

[오세응(1903년생, 계룡면 기산1구 우와동 거주), 2004.7.3. 채록-송성영, 정선원]

② 시화산(내흥리) : 효포 싸움 당시 농민군의 전방 본진은 시화산에 있었던 것으로 추정된다(구상회) 이 산의 앞쪽(공주 방면)에 늘어선 능티, 성화산, 소학산 등의 능선과 높은 봉우리를 중심으로 남북 20리에 낮에는 농민군이 꽂아 놓은 깃발이, 밤에는 횃불이 줄을 이었다고 한다. 산에 찔레꽃이 많이 있는 산이라 해서 시화산이라 부른다고 한다.

③ 효포 마을의 농민군 유치복 : 효포 마을 주민 조병주 이감용 씨는 동학혁명 때 유영준(2002년 당시 66세) 씨의 할아버지 유치복 씨가 농민군으로 참전한 것을 마을에서 구전으로 들어서 알고 있었다. 유치복 씨가 유사또로 불리며 지역에서 높은 덕망을 가지고 있었다고 했다. 유치복 씨의 손자 유영준씨는 할아버지 유치복 씨가 동학농민군으로 참전한 사실을 모르고 있었다. 그러나 유치복 씨의 할아버지가 자신이 어렸을 때(일제 말), 도(민족종교로 아마 천도교의 일파로 기억)를 닦으면서 많은 사람들과 교류를 하며 주문을 외우고 가르쳐 주곤 하던 것을 보았다고 했다.

[조병주(71세, 신기2동 거주), 2002.11.24 / 이감용(78세, 신기2동 거주), 2002.11.24]

3. 새터 마을과 갑오난리

* 새터 마을은 능티 아래 효포들의 건너편 마을이다. 동학농민혁명(새터 마을에서는 갑오난리라고도 부름) 당시 큰 피해를 입어 불타서 '새로 세웠다'라는 의미로 '새터' 또는 '신기리(新基里)'라고 불린다고 한다.

① "갑오난리 당시는 100여 호의 집이 있었다고 이야기하는데 경천 장군이 여기 와서 공주 감영인 줄 알고 여기로 들렀다. 여기가 그만큼 큰 마을이고 부촌이었다."

[이건인]

② "새터가 농민전쟁 당시에 폐허가 된 이유는 동학군의 보복 때문이라는 이야기를 하는 주민들이 있다."

[새터 마을 이건인, 계룡 소와리 오세응, 계룡 복명리 유영욱]

③ 또한 관군들이 동학군을 토벌하기 위해 소학리에 포진을 하고 여기에 포탄을 퍼붓는 바람에 마을이 폐허가 되어 버렸다고 하는 이야기도 있다.

[『공주지명지』 125쪽]

④ 지금도 집을 새로 지으면서 땅을 깊이 파면 불탄 기와 흔적 등이 보인다고 한다. 마을이 폐허가 되면서 산소를 지키는 장손을 제외하고는 대전 등 외지로 나간 자손들이 많다고 한다. 현재(2002년)는 63호라고 한다. 새터 마을에서 악행을 저질러 온 양반의 집은 동학농민군들이 불을 놓았다고 한다. 새터 마을의 김주사 양반네는 그동안 선행을 많이 베풀어 와서 동학군이 보복을 하지 않고 오히려 치사했다고 한다.

[이건인(64세, 효포 마을 신기1동 효포초등학교 건너편 마을 거주), 2002.12.1]

▲ 효포들, 건너편 가운데 제일 낮은 고개가 능티, 오른쪽 제일 높은 쌍봉이 봉화대이다.(2004.10.9 능티 건너편 시루바위가 있는 산 위에서 촬영)

▲ 효포들에서 바라본 환향바위와 시루바위. 능티에서 왕촌으로 넘어가는 길 옆에 있는 논 가운데에 환향바위가 있었고, 오른편 산봉우리에 시루바위가 있다.(2004.10.9 촬영)

신기동(효포마을과 능티) 행정구역도

충청감영
(현 사대부고 자리)

봉화대
(월성산, 313m)

금강

우금티

능티

신기동

우금티위령탑

일본군·관군 연합군 방어선

1 금성동
2 교 동
3 반죽동
4 봉황동
5 산성동
6 중 동
7 중학동

효포마을
(농민군 유치복이 활동)

0   2   4
Km

▲ 환향바위가 원래 놓여 있던 논. 논주인 이건개 씨가 서 있는 자리에 환향바위가 있었다.(2004.11.7 촬영)

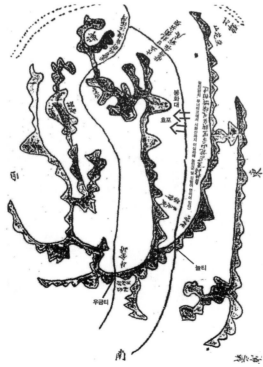

봉화대

효포

늘티

우금티

南

西

北

◀ 효포지전
*늘티(무너미고개, 판치)에서 시화산까지 이십리에 농민군 및 깃발이 연이어 있다.
[自板峙至柴花山二十里賊兵及旗幟相連]

[유영준(66세), 우기동(93세), 우봉석(66세, 우기동 씨
의 아들, 이상 신기동 효포 거주), 2002.11.24]

⑤ 시루바위(농민군이 진을 치며 떡을 쪄
먹던 곳)는 새터 마을 뒷산 봉우리에
있는 바위로 모양이 시루형이고 바닥
에 깔려 있는 바위이다(『공주지명지』 125
쪽). "갑오난리가 터지자 동학군이 여
기에 진을 치고는 마을에서 쌀을 가

▲ 새터마을의 동학농민혁명 이야기를 말씀
해 주신 이건인 님(64세). 뒤로 봉화대가 보인
다.(2002.12.1 촬영)

져다가 산봉우리에 올라가서 바위에 시루를 걸고 떡을 쪄먹곤 하였다고 한
다. 마을 뒷산(마을회관 뒤쪽)에서 동학군이 진을 치고 공주 공격을 준비했다
고 했다."

[이건인, 2002.12.1]

⑥ "능티 고개에서 쫓겨오던 장수가 환향바위에 투구를 두고 도망갔다.
장수가 칼로 고개를 쳐서 낮게 하고 왕촌으로 넘어갔다."

[이관하(79세, 신기동 새터 거주), 2004.10.9]

⑦ "쫓겨 가던 장수가 환향바위 밑에 칼과 활을 숨겨놓고 갔다고 했다. 어
느 해인가 마을 사람들이 환향바위 밑의 칼과 활을 보려고 들어 올리려고
하자 비바람이 몰아쳐서 깜짝 놀라 그만두었다고 한다. 새마을 사업하면서
환향바위 돌을 마을 입구로 옮길 때 바위 밑에서 무엇이 나올 것인지 매우
궁금해 했었는데 아무것도 나오지 않았다."

[이건개(67세, 신기동 새터 거주, 환향바위가 원래 있던 논의 주인), 2004.11.7]

4. 효포 마을에 전해지는 노래 이야기

① "소개 한가는 한숨을 쉬고 / 새태 이가는 이를 갈고 / 여사울 전가는 전 대로 있고 / 소와리 오가는 오시란하다."

[오세응(1903년생, 계룡면 기산1구 우와동 거주), 2002.12.15]

② 오세응 할아버지의 이야기 설명 : "소개(소갯골)는 현재 효포 근처의 소 학 신기 화은 기산 마을을 말한다. '소개 한가'는 감사를 역임하였고 동학농 민전쟁 당시 효포에서 주민들에게 악행으로 유명한 양반 한(韓)씨다. 지금도 효포 마을에 한 감사 집터와 무덤이 남아 있는데, 후손들은 마을에서 떠났 으나 아직도 효포에 한씨네 땅이 있다고 한다. 마을에서 절대적 권력을 행 사하던 한 감사는 여러 명목으로 주민들을 한 감사 집 앞에 있는 연못에 집 어넣기도 하고, 대추나무에 거꾸로 매달아 놓고 볼기를 치기도 했다고 한 다. '새태 이가'는 효포초등학교 건너편 정종대왕 후손인 전주 이씨들로 농 민군에 협조하지 않아 마을이 큰 피해를 입었다는 뜻이다. '새터의 이가'가 비나 충격으로 산의 흙이나 눈이 내려앉을 정도로 사태를 당했다는 뜻이다. '여사울 전가'의 여사울은 지금도 전(全)씨 집성촌으로 많을 때는 90여 호였 으나, 2014년 60여 호가 살고 있고 17대까지 내려오고 있다. '소와리 오가'의 소와리는 오(吳)씨 집성촌으로 많을 때는 60여 호가 살았으나 2014년 현재 40여호가 살고 있다. '오시란하다'는 '편하게 살다'라는 뜻이다."

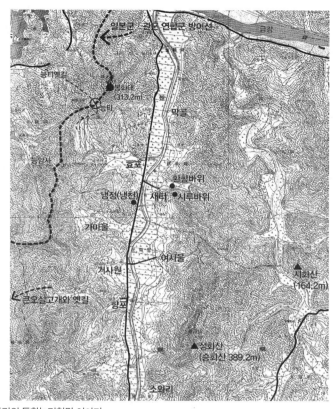

▲ 공주 동편의 동학농민혁명 이야기

* 큰오실고개와 옛길 : 전봉준 장군이 효포를 공격하는 척 하며, 우금티 공격을 위해 몰래 큰오실고개를 넘어 오곡동 오실마을로 숨어들다.(* 국립지리원 1:25,000 지형도)

▲ 오세웅 어른(101세)과 구상희 선생님의 대화(2003.3.1 촬영)

▲ 공주시 사곡면 신영리 서재호 님
(90세). (2005.1.1 촬영)

▲ 효포싸움에서 소가죽으로 소를 삶아 먹었다고 이야기
한 본촌양반 공씨네 집. 오른쪽이 증언한 박주성 님(81세).
(2005.8.13 촬영)

▲ 효포마을 뒷산 한감사 묘에서 한감사 집터를 바라보다. 가운데 나무아래 기와집이 있었고 연못도 있었
다고 한다. 효포뜰이 보인다.(2005.2.6 촬영)

③ 오세응 할아버지의 이야기 설명 : 농민전쟁 당시 그동안 악행을 저질
렀던 효포의 한 감사는 효포가 격전지로 되자 농민군에게 피해를 입을까 전
전긍긍하며 한숨을 쉬고, 조선 이씨 왕조의 후손으로 농민군에 가담하지 않
았던 새터 이가는 피해를 많이 입어 이를 갈고, 농민군에 동조하고 가담하

였던 여사울의 전씨들과 소와리의 오씨들은 큰 피해가 없었다는 이야기가 소개 마을에서 사람들 입에 오르내렸다고 한다. 근처 여사울 노인회관에서도 부분적인 이야기는 확인할 수 있었다. 금강 건너 사곡면 신영리에 사는 서재호 님(90세)에게서도 비슷한 이야기를 확인할 수 있었다. '이서방네는 이를 갈고 한서방네는 한심하게 되고 전서방네는 전과 같이 되었다'라는 이야기가 소개(효포)의 이야기라고 하면서, 금강 건너 사곡면 신영리의 동네 사랑방에서 이야기되었다고 했다.(2005.1.1)

5. 동학군 공주에서 소가죽으로 소고기를 삶아 먹다

"본촌 양반(친구 영학 씨 아버지로 성은 공씨)은 후동마을에서 동학군에 징발되서 식량을 나르는 부역을 했다. 동학군들이 소를 끌어다 잡아 먹었다고 한다. 소가죽을 벗기고 가죽 네 귀퉁이를 천으로 묶고 그 위에 소고기를 썰고 갖은 양념을 해서 가죽 아래에서 불을 때서 먹었다고 한다. 공주라고 하는데 어디쯤에서 있었던 일인지는 모르겠다. 소개 접전(효포 싸움)이 컸다고 했는데 소개 접전 쯤에서 벌어진 이야기 같다. 소개 접전은 일본군 총 때문에 졌다고 한다. 일본군 신식총에 조선 총(화승총)이 당해낼 수가 없었다고 한다."

[박주성(81세, 논산시 상월면 대명리 후동마을 거주), 2005.8.7]

무릉등

　① "무릉동의 금강 가 장수봉 봉우리에 참호(토치카) 파논 것이 있다. 마을
에서 이야기는 장수봉 쪽(취재 당시 장수봉 아래 쪽에는 귀빈 칼국수 음식점이 영업 중)에
일본군이 주둔하고 금강 건너편 생여산에는 동학군이 참호를 파고 서로 대
치하고 접전했다고 한다. 생여산(봉우리가 상여처럼 생겨서 생여산이라고 함)과 생여
산의 참호는 자동차학원과 장례식장을 지어서 지금은 없어졌다."

[이상협(80세, 무릉동 거주), 2004.10.3]

▲ 장수봉과 생여산, 봉화대가 보인다. 봉화대는 1894년 동학농민혁명 당시 관군이 공주 동편을 방어하기
위해 주둔하던 곳이다.(국립지리원 1:25,000 지도)

장수봉의 참호의 흔적은 지금도 남아 있다. 생여산과 장수봉 사이에는 오얏골 나루가 있어 공주의 남북을 잇는 중요한 교통로였다. 동학군은 전주에서 올라왔기 때문에 금강 남쪽인 생여산에 주둔하고 일본군은 서울에서 내려왔기 때문에 금강 북쪽인 장수봉에 주둔하고 있었다고 생각하고 있었고 마을에서 그렇게 이야기를 들었다고 했다.

②"그 당시 장수봉 아래 느라티 마을에는 3호가 살았다. 느라티 마을 사람들은 동학난리 당시에 피난을 갔다. 일본군들이 조선 사람을 잡아다 죽이는 통에 도구통에 삿갓을 쓰고 있었다고 한다."

[최선열(80세, 장수봉 바로 아래 마을인 느라티마을 무릉동 4반에 거주), 2004.10.3]

③"무릉동 부락 사람들이 산하나 넘어서 된비탈로 가서 굴을 파고 피난을 갔다."

[이상협(80세, 무릉동 거주), 2004.10.3]

◀ 느라티 마을. 무릉동 장수봉 앞에 선 최선열 님(80세)

계룡면

1. 가마울의 동학군들

① 이종근(李鐘根, 1873.12.2-1894.10.24, 사망 당시 31세) 님은 가마울 이상열 씨의 할아버지로 농민전쟁 때 참전했다가 죽었다. 이상열 씨는 할아버지가 부상을 많이 입어서 죽었다고 했고, 이남일 씨(이상렬 씨 6촌)는 이종근 님이 붙잡혀 매를 맞는 고생을 하고 돌아와서 죽은 것으로 기억하고 있었다.

이남일 씨가 집안에서 기록하고 있는 이종근 씨 제사 날짜는 음력 10월 24일이었다. 이종근 님 산소는 마을 뒷산에 있다. 이상렬 씨는 건너 마을 전주 이씨도 할아버지와 같이 농민전쟁에 참전하여 참변을 당한 사실을 확인해 주었다. 이상렬 씨의 아버지 덕우(德雨) 씨는 외아들로 일제가 싫어서 자식들에게 일제 교육을 못 받게 하고, 독선생을 모셔서 천자문과 동몽선습 등을 뗐다. 인근 마을에서 10여 명이 와서 같이 모여 공부했다. 그러나 이상렬 씨 11세(부친 40세) 때 아버지가 사망하자 한학 공부는 중지되고 이후 많은 풍파를 겪었다고 한다. 이상렬 씨는 가마울에 5대째, 부인과 살고 있었다.

동학군 이종근 님은 할아버지 이인영 대에 충북 진천 초평에서 계룡면 화은리 가마울로 와서 훈장을 하며 정착한 것으로 추정된다. 싸리나무로 짠 함에 가득 한학 책이 있었고, 도포 허리띠 호패 유물이 있다고 한다.

[이상렬(李相烈, 이종근 손자, 계룡면 화은2구 가마동, 옛 이름 가마울 거주), 1921~2004), 이남일(가마울 거주

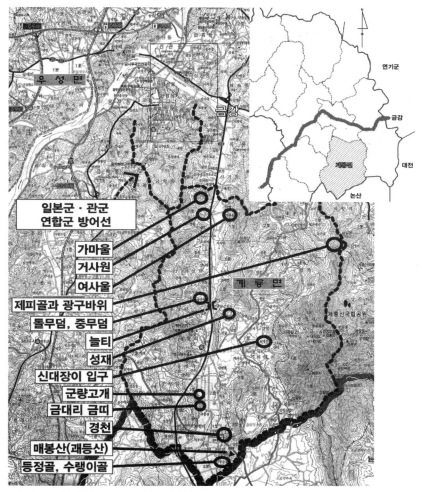

* 가마울 : 주민 4명이 농민군으로 참가. 3명 사망.
* 거사원 : 농민군 이승원 도망다니다가 잡혀서 죽다.
* 돌무덤, 중무덤(기산리) : 농민군 떼무덤
* 여사울 : 목수 정씨 농민군으로 참가
* 늘티(판치, 무너미고개) : 늘티 주변 논에서 복명리 대장장이 손씨가 화형을 당하다.
* 중장리 성재 : 부상당하고 굶주린 농민군이 머물던 곳
* 금대리의 군량고개 : 농민군들이 군량을 쌓아 놓았던 곳
* 금대리 금띠 : 9세 소년 정두상 농민군 연락병으로 참가
* 신대장이 입구(하대리) : 농민군 떼무덤
* 경천 : 동학군 장씨 등이 경천 일대에서 도둑떼가 되다.
* 경천의 등정골, 수랭이골 : 농민군이 주둔을 하고 훈련을 하다.
* 내흥리의 제피골과 광구바위 : 많은 농민군들이 일본군과 맞불질하고, 총맞아 죽은 곳이다.

이상렬(李相烈, 이종근 님의 손자, 계룡면 화은2구 가마동 거주, 옛 이름은 가마울, 1921년생, 2004년 사망)]

[이남일(가마울 거주, 이상렬 씨 6촌), 2002.12.01, 2004.9.27, 채록-구상회, 정선원]

[이문희(1935년생, 대전시 서구 변동 거주, 이종근 님의 손자), 2005.8.25]

* 이상렬 할아버지는 공주 동학기념사업회 회장을 역임한 구상회 선생님이 1994년경에 이곳을 답
사하면서 만나 농민군의 후손인 것을 확인하였고, 1996년 우금티 위령탑에서 개최된 〈우금티기
념사업회〉주최의 동학농민군 추모 제례에 참여한 적이 있다. 2002년 12월 추운 겨울에 이상렬
할아버지를 방문했을 때, 82세 나이의 할아버지는 쓰러져 가는 함석지붕 시골집 앞에서 낡은 소
파에 기대어 해바라기를 하고 있었다. 기력이 쇠하여 간신히 말을 이었다. 동학농민혁명으로 할아
버지가 돌아가시면서 시작된 개인의 고생으로 미루어 볼 때, 보상 없는 역사, 동학농민혁명에 대
해 자랑스러워 하셨을까? 2004년 2월 9일 '동학농민혁명 참여자 등의 명예회복에 관한 특별법'이
국회를 통과한 뒤 할아버지를 다시 찾았을 때는 문패만 남고 집은 비어 있었다. 2004년 1월 사망
하였다고 한다. 이종근 님은 2004년 입법된 '동학농민혁명 참여자 등의 명예회복에 관한 특별법'
에 따라 심의한 결과, 동학농민혁명 공주지역 참여자(명예회복자)로 인정되었다.(2008.9.10)

② 총에 맞아 죽은 가마울 이씨 : "가마울 입구에 있는 집인 전주이씨도 총
에 맞아 죽었다고 했다. 이씨라고만 알고 있다. 자손이 인천에 살고 있다.
시신을 어찌 할 수 없어 총에 맞아 죽은 밭 바로 옆 개도골 기슭에 묻었다.

▲ 집안에서 이종근 님 제사를 10월 24일로 하고 있
다. '큰댁종조부 10월 24일'(2004.9.27 촬영)

▲ 가마울의 농민군 이종근 님의 손자 이상렬님
(2002.12.1 촬영)

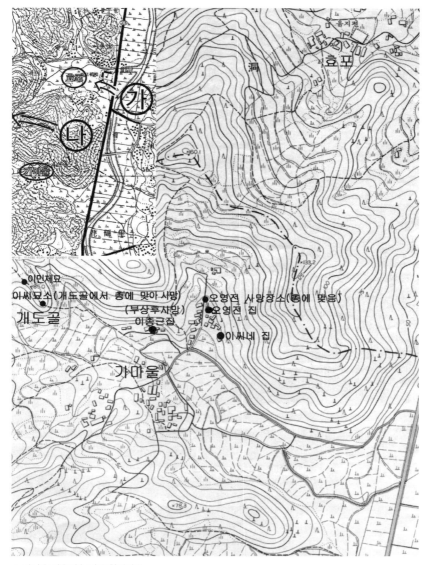

▲ 가마울 마을의 농민군 참여자들

*이민제(묘) : 동학농민군으로 참여했고 뒤에 민족종교 지도자가 되었다. 일제강점기에 투옥되었는데, 1943년 석방 뒤에 고문 휴유증으로 사망했다.

㉮ 10.25(음), 오전 6시 농민군 300명이 공격하다.

㉯ 10.25(음), 오전 6시 농민군 3,000명이 공격하다.(국립지리원 1:5,000 지도)

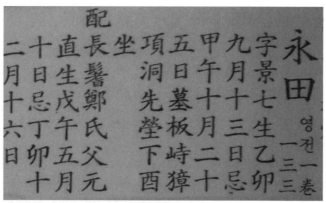

▲ 집안 족보에 기록된 오영전님. 1989년에 발행된 보성오 씨 세보에 실렸다. '기일 갑오년 10월 25일'.

◀ 오영전 님이 총에 맞아 죽은 집 뒤 대추나무자리에 손자 오연갑 씨가 서있다.(2004.9.28 촬영)

또한 이상렬 씨네 할아버지와 오연갑 씨네 할아버지 제삿날이 같은 것으로 알고 있다."

[김일곤(74세, 가마울 거주), 2004.10.10 / 2004.11.7]

③ 공주전투 중 마을(가마울) 집 뒤에서 사망한 오영전 : "할아버지 오영전 씨가 동학난리 때 집 뒤 대추나무(집에서 30m 정도 떨어짐)에서 몸을 숨기고 있다가 총에 맞아 죽는 변을 당했다. 이 사실을 부모님께 들었다. 집안 족보에 10월 25일이 기일로 되어 있다. 이종근 씨와 같은 날 제사를 지내는 것으로

알고 있다."

* 오영전(吳永田) 님은 집안의 족보에서 확인한 바에 의하면 을묘년인 1855년 9월 13일생, 갑오년 10월 25일이 기일로 되어 있다. 39세에 사망하였다. 오영전 님은 2004년 입법된 '동학농민혁명 참여자 등의 명예회복에 관한 특별법'에 따라 심의한 결과, 동학농민혁명 공주지역 참여자(명예회복자)로 인정되었다. (2006.11.20)

④ 가마울 관련 일본군, 관군 기록 자료

(1) 「공산초비기」 중 10월 24일(음) 효포 싸움 부분 : '진시에(오전7~8시) 봉대에서 연기를 피워서 동학군이 크게 이른 것을 알렸다. 효포에 수비가 없는 것을 알고 마치 무인지경처럼 들어온 것이었다. 성하영과 대관 윤영성 및 백락완이 효포 뒤 영마루로 날듯이 올라가 높은 봉우리를 나누어 맡고, 아래쪽을 향해 포격을 함으로써, 동학군의 예기가 좀 꺾이어 잠깐 진격하다가 도로 물러나기를 진시부터 유시(오후6~7시)까지 10시간 동안이나 반복하니, 탄알이 날고 연기가 자욱한데, 비는 뿌리고 구름은 어둑어둑한데, 서로 버티어 결판이 나지 않았다.'

(2) 이때 농민군은 '늘티에서 시화산까지 20리를 농민군이 깃발을 펄럭'이며 효포와 그 주변을 포위 공격했다고 한다.(「공산초비기」, '효포지전'의 지도)

(3) 「주한일본공사관기록」의 10월 25일(음)의 일본군 대위 모리오의 보고 : 1. 10월 25일(음) 오전 6시 공주 동면(東面) 능치(陵峙=熊峙; 번역자주) 고개를 수비하게 했던 경리영병(經理營兵)으로부터, 우세한 적군(대략 3백여 명)이 공주 동면을 향해 진격해 오고 있으며, 3천여 명은 냉천(冷泉) 뒷산으로 진격하고 있다고 보고해 왔다.

(4) 가마울의 농민군 전사자 : 가마울과 효포뜰은 산날 하나를 넘는 옆 동

▲ 효포의 냉정(일본군 기록에는 '냉천'). 두 사람이 서있는 자리가 `찬 샘물이 솟아나오던 샘터인데 지금은 없어졌다. 오연갑 님이 증언하고 이상미 씨가 같이 동행하였다.(2014.2.8 촬영)

▲ 동학농민혁명 참여자 이승원 님의 증손자 이원하 씨(우금티기념사업회 사무국장 역임, 앞줄에 우리옷을 입은 이)가 우금티기념사업회 회원들과 동학농민혁명 공주전적지 두리봉을 답사하고 있다. 배경은 우성들.(2007.5.26 촬영)

네(걸어서 20분 거리)이고, 가마울에서 공주로 넘어가는 장꾼길이 지금도 남아있다. 가마울의 전사자는 10월 24일과 25일에 동학농민군이 효포(곰티)를 포위 공격하는 상황에서 '냉천 뒷산의 3천여 명의 농민군'과 함께 움직이다가 총에 맞아 죽고, 부상당해 죽은 분들이라고 추정한다.

⑤ 성도교 교주 이민제 선생 이야기 : 동학농민전쟁에 참여했던 가마울 출신의 민족종교 지도자 이민제 씨는, 일제시대에 형무소 옥고로 병을 얻어 죽었다는 이야기가 전해온다.

현재 살아 있었다면 130살 정도 되었을 이민제 씨는 동학농민혁명에 참여했고, 일제시대에는 고문 받고 징역 가고 했다고 한다. 이민제 씨가 이 인근에서는 노성까지 민족종교 교주였다고 기억하고 있다. 종교를 핑계로 주민들을 규합시켜서 민심 소동을 일으킨다는 명목으로 일제가 잡아갔다고 했다. 형무소 갔다 와서 가마울 뒷산에 움막 짓고 살았다. 해방 전후 어느 시기인지 기억할 수 없지만 옥고로 병을 얻어 죽었다고 한다.

"이민제 씨 그분이 국가유공자가 되어야한다"고 주민 이건묵 씨는 이야기한다. "이민제 씨가 쓴 「삼역대경」이란 저서가 있었다. 그분 손자인 이내성 씨 결혼식 때 그분 제자들이라고 허연 옷 입은 노인 양반들이 교주님 손자라고 큰절을 하더라. 그 양반은 도통했다고 하더니만, 어려서 건묵이네 집 자리 사랑방에 살고 있을 때, 하얀 종이에 버금 아 자가 씌어 있고 합장하고 앉아 있는데, 마고자 단추 2개가 막 떠는 것을 본 기억이 있다. '시천주조화정영세불망만사지'라고 주문을 외었다. 이북(황해도로 기억함)에서 권오섭이 할아버지도 이리로 가족들을 데리고 왔다. 이북에서 이곳 가마울보다 하대 향지 중장 쪽에 이민제 씨를 바라보고 사람들이 더 많이 모였다. 그분이 형무소에 가 있을 때, 부인과 자식은 산 넘어 승지골(효포)에 외딴집을 지어 놓고 살았다. 그분이 없어도 승지골에 사람들이 한참 모여들었다."

[김일곤(74세, 화은2구 가마울 거주), 2004.10.24 / 이건묵(65세, 화은2구 가마울 거주), 2004.9.28]

* 이민제 선생과 성도교 : 2005년 8월 21일, 이건묵 씨와 이민제 선생의 손자 이래승 씨와 같이 계룡산 아래 마을에 있는 성도교(性道敎)를 방문하였다. 성도교 교당을 지키는 교인들의 증언과 증정받은 『땡땡땡』(심광대사 편저, 창조출판사, 2000.7.24)의 책자에 의하면, 이민제(李民濟, 1880~1943) 선생은 성도교를 창시했으며, 수운대신사의 강령을 기록하여 직접 저술한 '삼역대경(三易大經)'과 성도교에서 사

▲ 가마울의 민족종교지도자 이민제님이 살았던 집. 이건묵씨 집 바로 옆집이다. 마을 뒷산에 묘가 있다. 손자 이래승, 농민군 손자 오연갑, 주민 이건묵 님이 함께 했다.(2005.8.21 촬영)

▲ 『땡땡땡』에 이민제(李民濟, 1880~1943) 선생의 저술인 '삼역대경(三易大經)'과 성도교에서 사용한 동학가사의 일종인 '하락합부가'가 실려 있다.

용한 동학가사의 일종인 '하락합부가'를 확인할 수 있었다. 오연갑 씨(가마울의 농민전쟁 참여자 오영전님의 손자)에 의하면, 이민제 씨와는 외가집 아저씨뻘 되는 사이로 오씨네 집안이 잘 살아서 외가집 식구들이 오씨네 집안에 의지해서 많이 모여 들었다고 한다. 또한 이민제 씨 집안의 선대 산소가 가마울과 신기에 모여 있다고 한다. 이러한 사실로 미루어 오연갑 씨는 이민제 씨가 가마울 출신이라고 추측한다. 이민제 씨가 가마울 출신이라고 한다면, 동학농민혁명 시기 전후해서 가마울과 공주에 동학 경전이 널리 보급되었고, 그리고 이민제 선생에 의해 깊이 연구되어 새로운 민족종교까지 만들어진 것임을 확인할 수 있다.

⑥ 동학혁명 때 집안이 가마울에서 여산으로 피난을 갔다 : "증조할아버지 때 갑오년 난리 때문에 전라도 여산으로 피난가셨다. 왜 여산으로 피난까지 가야 되었는지는 모르겠다. 할아버지는 여산 내려갔을 때 21살 때 돌아가셨다. 선조들 산소가 여기 가마울에도 있어 50년 전(아버지 때) 여기에 다시 돌아왔다. 우리 아버지(이봉대, 천도교에서는 족보 이름인 이상근으로 알려짐)는 노성과 상월까지 천도교를 설교하러 가실 정도로 열심히 믿으셨다. 이북서 피난 온 이창덕 씨와 우리 아버지(이봉대 씨)가 1973년 우금티위령탑 세울 때 같이 일하셨다. 우리 집에 지금도 〈동경대전〉이 있다. 나는 먹고 살기 힘들어 천도교를 믿지 않았다."

[이건묵(65세, 화은2구 가마울 거주), 2004.9.28]

◀ 가마울의 이건묵 님. 갑오년 난리에 증조할아버지가 이곳 가마울에서 여산으로 피난을 했다. 아버지는 천도교를 열심히 믿었다고 한다. 가마울의 동학농민혁명의 역사를 소상하게 증언해 주셨다.(2005.8.21 촬영)

▲ 계룡산 아래 마을 성도교 법당앞. 이래승 이건묵 씨가 함께 했다. 뒤로 계룡산의 삼불봉과 연천봉 (가장 높은 봉우리)이 보인다.(2005.8.21 촬영)

2. 농민전쟁에 참여한 뒤 잡혀 죽은 거사원 이승원

　지금은 돌아가신 이상필(계룡면 화은2구 거사원에서 거주, 1890~1974) 님의 이야기에 따르면 이상필 씨의 아버지 이승원 씨는 동학혁명 때 거사원에 살고 있었는데 '부사'라고 하는 동학농민군의 중요한 직책을 맡아 활동하다가 결국 집에 돌아오지 못하고 떠돌아다니다가 같은 마을 오씨 집에서 잡혀서 죽었다고 한다. 시신은 어렵게 수습하여 가마울과 거사원 사이 산봉우리에 있는 선산 노적봉에 모셨다고 한다(족보에 의하면 1851(신해년) 11월 25일 태어나, 1895년 4월 1일 44세로 사망)".

[이건옥(1934년생, 화은2구 거사원 거주, 이상필 씨 아들), 2004.11.19]

[이원하(34세, 이건옥씨 아들), 2004.11.19]

　* 이승원 님은 2004년 통과된 '동학농민혁명 참여자 등의 명예회복에 관한특별법'에 따라, 동학농민혁명 공주지역 참여자(명예회복자)로 인정되었다.(2009.1.16 결정)

3. 농민전쟁에 참여한 여사울(화은 1구) 목수 정씨

① 전범영 씨의 증언으로 여사울에서 살던 정종갑 씨의 부친(직업은 목수)이 공주전투에 참가했던 것과 정종갑 씨의 손자가 계룡면 금대1구에 살고 있는 것을 확인하였다. 천안 전씨가 여사울에 많이 산다고 했다. 계룡면 화은1구는 여사울과 죽말(10여 호)로 이루어졌고, 계룡면 화은2구는 향포 거사울, 가마울로 이루어져 있다.

[전범영(68세, 화은1구 노인회관에서 만남), 2002.12.22. 채록-송성영, 정선원]

② 피난 중에 등에 업고 있는 아이를 떨어뜨리고 갔다 : "신기동(새터)이 양쪽 능선에서 싸움하는 과정에서 불탔다. 아버지가 갑오생 7월 1일생인데 할머니가 갑오년 동짓달에 아버지를 등에 업고 피난가다가 경황이 없어 얼음 위에 떨어뜨리고 가다가 되찾아 갔다고 했다. 탄자환이 있어 여러 번 터졌다고 했다.

[김종은(72세, 화은2구 노인회관에서 만남), 2002.12.15]

③ 도구통에서 피난한 여사울 꼬마 장도삼 : "갑오년 난리 때 고모부(장도삼)가 몇 살밖에 안 되는 어린 나이였는데, 계룡면 여사울에 있는 식구들이 피난하면서 얼마나 급했는지 고모부를 나무 절구통에 넣고 삿갓을 씌워 놓고 피난을 했다고 한다. 이곳 이인 초봉리로 시집온 사촌누나의 소개로 고모부가 이곳 초봉리 처가쪽에서 살았는데, 사촌누나가 고모부를 가리켜 '도구통에서 피난한 이여'라고 놀렸다고 한다. 올망졸망 형제들이 여럿 될 때 난리를 피하면서 일어난 일일 것이다."

[정해룡(86세, 이인면 초봉리 봉강마을 거주), 2014.9.14]

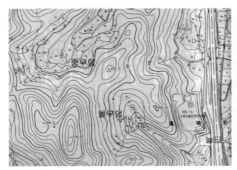

▲ 계룡면의 돌무덤과 중무덤 그리고 늘티
(국립지리원 1:5,000 지도)

▲ '도구통에서 피난한 여사울 꼬마 장도삼'을
증언해 주신 정해룡 님(86세). (2014.9.14 촬
영)

4. 계룡면 기산리 산골의 돌무덤, 중무덤

① 돌무덤 중무덤 : 농민전쟁 뒤에 돌무덤이 7개가 생겼다고 한다. 농민군
이 패전으로 퇴각하면서 농민군 전사자를 정상적으로 장례를 치르지 못하
고 돌무덤을 세워 놓고 갔다고 했다.

[유영욱(82세, 계룡면 복명리 거주), 2003.1.5, 채록-송성영, 정선원]

② "사망한 남편 유현상(남편) 씨가 돌무덤을 가리키며 '저기가 다 무덤'이
라고 했다."

[강태예(65세 가량, 부여 초촌 출생, 계룡면 복명리 큰 동네 골뜸 거주), 2003.2.19, 채록-송성영, 정선원]

* 돌무덤 중무덤이 세워진 산골짜기는 공주 주요 격전지인 우금티, 효포, 오실뒷산에서 산길로 늘티
와 논산으로 이어지고 있다. 공주싸움에서 농민군이 패배하고 농민군이 퇴각할 때 퇴각로 중의 하
나로 생각된다.

5. 계룡면 복명리 대장쟁이 손씨

대장쟁이 손씨가 늘티에서 관군들에게 불에 태워져 죽었다 : "대장쟁이

손씨가 우리 마을(계룡면 복명리) 입구에서 대장간을 했다. 우리 마을도 농민전쟁 당시 누구나 할 것 없이 나섰는데 재수 없이 관군한테 붙잡혀서 늘티의 논에서 생화장을 당해 죽었다. 논에 이름이 있었는데 지금은 기억이 안난다."

[유영욱(82세, 계룡면 복명리 거주), 2003.1.5, 채록-송성영, 정선원]

6. 성재

부상당하고 굶주린 패잔병 농민군 이야기(계룡면 중장3리, 봉동이 위쪽) : "증조부(소준영)가 사셨던 큰댁(현재 중장리 소재인 씨가 거주하는 집)이 당시에 제법 큰 초가집이었다. 증조부가 논산 연산까지 다니며 재산도 많이 모우시고 인덕이 있으셨다고 한다. 동학군이 패배한 뒤, 미처 퇴각하지 못하고 성재의 금구덩이(일제 강점기에는 금 채굴을 했던 구덩이) 근처에 숨어 있었다. 상처를 입고 거지 행세를 하다가 밤에는 구걸하러 왔었는데 정성껏 잘 대접했다고 한다. 소를 판 돈도 내어 준적이 있다고 한다. 동학패잔병들이 제사 음식을 가지러 왔는데 잘 대접해서 보냈다. 그런데 바로 관군들이 뒤쫓아 왔는데, 여기는 동학군들이 오지 않았다고 변명을 해서 화를 면한 적도 있다고 한다. 이 이야기는 계룡의 유지인 정석모 씨네 집안 분들이 소씨네 집안의 인덕을 칭찬하며 선친 소인섭 씨에게 전해준 것이라고 한다. 이전에 이러한 이야기를 부친이 진주 소씨 회보에 발표한 적이 있다."

[소재걸(62세, 계룡면 중장리 거주), 2004.9.29]

* 성재 : 성재에 올라서면 남으로 노성산성이 보이고, 성재에서 북서쪽으로 700미터 거리에 늘티가 보이는 공주 공방전에 중요 거점 지역이다. 여기 성터가 있는 중장리산성(성재)과 근처의 양화산성, 노성산성은 백제시대 이래 웅진성을 보호하는 중요한 구실을 했다(소재걸 증언). '예전에 이곳에 성터가 있었다고 한다. 이 곳은 동학군이 은거하던 곳인데 어느 나무꾼이 나무를 하던 중 잠이 들었는데, 동학군 아귀(굶어죽은 귀신)가 나타나 배고픔을 호소했다는 이야기가 있다(『공주지명지』 180쪽)

▲계룡면 중장3리 소씨네 집-바로 옆 성재에 숨어있던 패배한 동학군이 구걸을 위해 드나들었다. 당시에는 초가집으로 집 구조는 그대로라고 한다.(2004.10.9 촬영)

▼성재의 금구덩이 동굴 앞. 동학군 패잔병 이야기를 증언하는 소재걸 님.(2005.4.3 촬영)

7. 군량고개(금대리 서주골 앞의 얕은 고개)

"난리가 나서 공주에서 군량을 모아 군량고개를 넘어 서주골 뒷산의 샛
길인 막은대미 고개, 성재비탈로 거쳐 이인으로 가지고 가서 전쟁을 했다고
한다."

[정필봉(85세, 계룡면 금대리 서주골 거주), 최정운(76세, 정필봉씨 부인), 2005.2.13]

[민병주(75세, 계룡면 금대리 금띠 거주), 2005.2.13]

* 군량고개 : 군량을 저장하였던 고개라 하여 군량고개라 부른다(『공주지명지』 158쪽). 군량고개는 계룡
면 금대리 서주골 앞에 있는 얕은 고개이다. 일제강점기에 신작로가 나면서 낮아 졌다고 한다. 증
언에서 '난리'가 언급되고 그리고 군량고개가 공주 동학농민전쟁의 중요 지역인 경천과 효포 근처
이고 이인에서 싸움을 했다는 것은 동학농민혁명 시기에 만들어진 지명이라고 추정한다.

▲ 계룡면 기산리 산골의 돌무덤의 하나(2003.2.19 촬영)

8. 금대리

① "9세 소년 정두상(승호), 농민군의 연락병으로 참여 : "정필봉 씨의 아버지 호가 '승호'인데, 동학혁명에 승호 씨가 연락병으로 참여해서 승호 씨 때문에 마을이 피해를 보았다고 한다."

[정일혁(79세, 계룡면 금대리 거주), 2005.5.1]

② "동학혁명 참여 후에 군인들을 피해 집에서 마주 보이는 계룡산 연천봉의 동굴로 피신하였다고 한다. 할머니(임씨)가 말씀하시길 연천봉에 굴이 있는데 그 굴에서 이곳 금띠에 있는 집을 보면 일본 헌병들이 왔다갔다 하는 것이 다 보인다고 했다. 식구들이 쌀농사 지어 미숫가루를 만들어 갔다 주었다고 한다."

[정필봉(85세, 계룡면 금대리 서주골 거주), 최정운(76세, 정필봉씨 부인), 2005.2.13]

[민병주(75세, 계룡면 금대리 금띠 거주), 2005.2.13]

* 집안 족보(장기정씨세보 坤)에 정두상 씨의 생몰은 1885~1942. 자는 성여(星汝).

③ "금대리 마을 뒷산인 금반산에서 동학난리 때 동학군이 진지로 쓰고 봉화를 올렸다고 한다(금반산 아래 마을인 상성, 죽곡, 성재뼈알도 금반산의 일부)."

[정일혁(79세, 계룡면 금대리 거주), 2005.5.1]

9. 경천

① 경천 이야기 : "어머니가 동학난리를 '오작난리'라고 했다. 동학군을 정부에서 무지무지하게 탄압했다고 한다. 무조건 잡아다 죽이는 통해 오장이

(곡식의 씨를 보관해 두는 짚으로 된 둥우리) 속에도 숨고 도구통 속에도 숨고 단지 속에도 숨었다 한다. 어머니가 1904년생으로 노성에서 태어나 15세에 경천으로 시집을 왔다."

[임영수(74세, 경천 거주), 2005.5.14]

② 경천에서 밤에 산 전체에 불을 놓아 밤에 군대가 주욱 깔린 것처럼 보이게 하다 : "노성산에서 봉화를 올리면 경천의 치국산으로, 하대리의 빗금산으로 그리고 우금고개로 봉화가 통했다고 한다. 봉화가 올라 동네사람들이 나와서 만세를 불렀다고 한다. 동학군들이 산 전체를 불을 놓았다. 밤에 군대가 주욱 깔린 것처럼 보이라고 불을 놓았다고 어른들이 말씀하셨다.

[경팔중(81세, 경천3구 용머리 거주), 2005.5.14~15]

③ "참나무 숲으로 가려진 등정골과 수랭이골에서 동학군이 주둔하고 훈련을 했다. 매봉재(매봉산) 아래 등정골과 수랭이골(현 논산시 상월면)이 동학난리 때 같은 익구곡면(益口谷面)이었는데 동학군이 주둔을 하고 훈련을 했다고 한다."

[경팔중(81세, 경천3구 용머리 거주), 2005.5.14~15]

* 경팔중 씨는 6대째 경천에서 살아오고 있으며 들말(등정골 앞 들판에 있었던 마을)에서 용머리(경천 3구)로 이사왔다고 한다. 등잔골은 등잔을 걸어 놓은 모습이라는 뜻이라고 한다. 경팔중 씨네는 등정골이 마주보이는 들말에서 살았는데, 이 이야기는 부친 경석진 씨에게서 들은 이야기라고 한다. 족보를 확인하였는데 경석진 씨는 1885년(을유생)년에 출생하여 동학농민혁명(1984년) 즈음에 아홉 살이었다. 매봉산이 경씨네 종산이고 매봉산 꼭대기에 있는 묘가 경석진 님 묘소이고 그 아래에 경팔중 님의 형의 묘소가 있다.

④ 피난지인 등정골과 수랭이골, 관측하기 좋은 매봉재 : "우리 집은 등정골이 마주보이는 들판 가운데 있었던 들말에서 살다가 등정골로 이사왔다.

아주 어렸을 때 수랭이골에 5채, 등정골에 10호 정도 살았는데 참나무 숲으로 가려 바깥에서 보이지 않아 피난지로 통했다. 6.25 때도 주변의 많은 사람들이 모여들었다. 매봉재(패등혈의 산, 패등산이라 추측하는 봉우리) 산봉우리에서 6.25 때 미군이 하루를 머무르며 관측을 했다고 한다. 경천은 역말이다. 경천과 노성읍과는 1시간도 못 되는 거리이다."

[장용래(70세, 경천3구 등정골 거주), 2005.5.14]

⑤ 동학군 장씨 등이 맨자고개에서 큰 장사꾼을 털다 : "어머니는 논산에서 14살에 경천의 들말로 시집왔다. 동학농민혁명 즈음 경천 시장이 공주, 논산 빼고 제일 컸는데 신도안(지금의 계룡대 부근)에서 경천으로 넘어오는 맨자고개에서 동학군으로 활동한 장씨 등 여럿이 장날에 큰 장사꾼을 털기도 했고, 부자집을 털기도 했다. 공주 계룡면 들말 주변에 장씨네 집이 10호 정도 살았는데 장씨네 집안 식구들에게도 재산을 요구하기도 해 집안에서도 싫어했다. 동학군으로 활동했던 장씨는 떠돌아다니다가 객사했으며 산소도 없다."

[장용구(71세, 논산군 상월면 지경2구 산정마을[수랭이와 인접한 공주 논산 접경 마을] 거주), 2005.5.18]

⑥ 산정마을 출신 동학군 장씨, 작은아버지 집을 털다 : "집안에서 전해오는 이야기가 있다. 8촌쯤 되는 친척이 등정골 바로 옆마을인 상월면 지경리 산정마을*에 살았는데 조카 되는 이가 작은아버지 되는 집에 동학군으로 가장하고 노략질을 했다고 한다. 그 일이 있고 나서 양자를 들이는데 집안이 미워서 인척이 되지 않은 이를 양자로 들였다 한다."

[장용래(70세, 경천3구 등정골 거주), 2005.5.14]

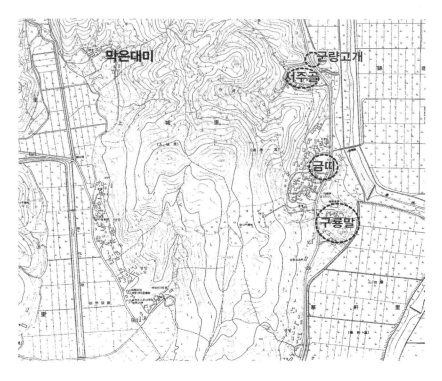

▲ 계룡면 서주골의 군량고개. 일제강점기에 신작로가 나면서 낮아 졌다고 한다.(2005.5.1 촬영)

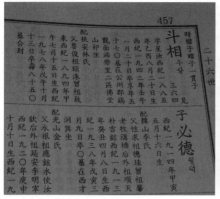
▲ 장기정씨 족보의 정두상 님(1885~1942)

▲ 금대리의 민병주 님(75세)님과 정필봉 님(85세). 군량고개와 동학농민혁명 참여자 정두상 님을 증언하다. (2005.2.13 촬영)

* 산정마을 : 논산군 상월면 지경리 수랭이골에 있는 마을. 동학농민혁명 당시 등정골과 같이 공주의 익구곡면(益口谷面)에 속했다.

10. 계룡 저수지 근처 동학농민군 무덤떼

"갑사와 신원사 갈림길, 계룡 저수지 근처 신대쟁이 입구(대둥이 앞동네)에 동학농민군 무덤떼가 있었다. 만주사변 전후에 계룡산 신도안에 있던 상제교를 동네 송옥룡 씨와 같이 믿으며 계룡산을 자주 다녔는데, 무덤을 벌초하는 사람이 있어 돌보는 사람이 있었다고 했다."

[연동희(91세, 오곡동 거주), 2005.3.13]

11. 범무산의 동학군

"범무산에 동학군이 있었고 대장리(신대장이)에서 주민들이 밥을 해날랐다."

[이창구(70세, 계룡면 하대1구 신대장이 거주), 2005.4.3]

▲ 성재(계룡 중장3리, 농민군 패잔병들이 숨어 들었던 곳)에서 신대장과 계룡저수지를 바라보다. 정면에 보이는 쌍봉산이 동학군이 주둔하고 신대장이 마을 주민들과 밥을 해날랐다고 하는 범무산이다.(2005.4.3 촬영)

▲ 등정골에선 경팔중 님. 뒷 마을이 수랭이골이며, 뒤의 높은 산이 노성산성이다. (2005.5.15 촬영)

▲ 매봉산(괘등산) 앞에선 경팔중 님. 매봉산 산꼭대 기 묘가 부친 경석진 님의 묘이다. (2005.5.15 촬영)

12. 동학군 화형

일본군이 공주에서 동학군을 불질러서 죽이다 : "일본놈들이 동학군을 잡으면 말목(나무기둥)을 박아 앉혀서 묶어 놓고 짚단을 덮은 뒤 불질러서 죽였다고 한다. 마을 사랑방에서 들은 이야기로 기억하는데 이 마을에서 일어난 이야기는 아니고 공주쯤에서 일어난 이야기일 것이다."

[박주성(81세, 논산시 상월면 대명리 후동마을 거주), 2005.8.7]

13. 재피골(제피골, 계피골)과 광구바위(계룡면 내흥리)

동학농민혁명의 공주 싸움터인 능티와 효포에서 계룡산을 넘어 유성·대전으로 가는 고개 길목에 재피골(골짜기)과 광구바위(산꼭대기)가 있다.

제피골(계룡면 내흥리 타목골의 골짜기)에서 일본 사람들한테 사람들이 많이 죽어 '송장이 널브러져 있었다'고 한다. 증언해 주신 임종국 씨가 부친(1882년 임오생, 임종칠)에게 들은 이야기라고 한다. 마을 주민 다른 이들도 일본 사람들이 조선 사람들을 많이 죽인 곳으로 기억하고 있었다.

① 마을 주민들은 제피골의 학살 사건이 어느 때인가를 알지 못하고 있었다. 그런데 계룡 중장리에서 굶주리는 동학 패잔병들을 잘 대접했던 소씨네 집안 이야기 중 '내흥리 위쪽에서 동학군들이 많이 죽었다'는 이야기를 부친 소인섭 씨에게 들었다는 소재걸 씨의 증언으로 볼 때, 효포 방면에서 퇴각하던 농민군이 일본군(혹은 관군)에게 쫓기며 재피골과 광구바위에서 참변을 당한 것으로 추정할 수 있다.

▲ 광구바위-뒤쪽 산 능선에 광구바위가 있다. 광구바위를 향해 일본군이 총질을 했던 솔더골 산날맹이를 증언해 주신 임종국 님이 서있다.(2004.11.28 촬영)

▲ 제피골 - 아래 골짜기가 '송장이 널부러져 있었다'고 하는 제피골이다. 사진은 증언해 주신 임종국 님(74세).(2004.11.28 촬영)

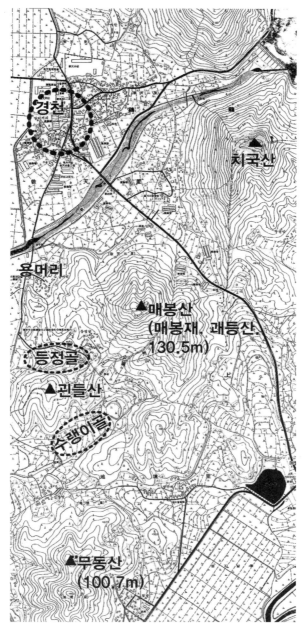

▲ 경천, 등정골, 수랭이골, 매봉산(괴등산)

[장신통(82세, 내흥2구 윗난댕이 거주) / 고명학(56세, 내흥2구 거주), 2004.9.27]

[소재걸(62세, 계룡 중장리 거), 2004.9.29]

[임종국(74세, 내흥2구 윗난댕이 거주), 2004.11.28]

② 광구바위(계룡면 내홍리, 재피골 위쪽 산 능선에 있는 바위) : "'광구바위'는 광구가 죽은 바위라고 한다. 광구(혼자인지 여럿인지 알 수 없었음)가 광구바위에 숨어서 화승총을 가지고 솔더골 날맹이의 일본군과 맞불질을 했다고 한다. 무기의 열세로 광구가 일본 사람 총에 맞아 죽었다고 한다. 광구는 광부라고도 부르는 것을 부친에게 들었다고 한다(임종국)."

"계룡장 중장리의 소씨네 집안 이야기 중 '내홍리 위쪽에서 동학군들이 많이 죽었다.'는 이야기가 있다(소재걸)."

* 광구바위 : 예전에 일본 사람들이 윗난댕이(재피골. 광구바위가 있는 마을)사람들을 죽였던 곳이다(「공주지명지」 162쪽). 앞의 이야기로 미루어 볼 때, 광구바위의 광구도 동학농민군으로 추정할 수 있다. 아울러 주민들이 광구라는 사람을 기억하고 있는 것을 볼 때 광구가 지역 주민이든지 아니면 지역 주민들과 농민전쟁 기간 동안 매우 협조하는 가까운 사이었을 것이다. 윗난댕이 사람들이 농민전쟁에 적극 참여하였음을 생각해 볼 수 있겠다(증언 및 채록은 제피골과 같음). 1895년 10월 28일(음), 문석봉 의병이 관군과 금강변 '와야동'(현재의 소학동)에서 전투가 있었고 의병이 관군(전중군 백락완과 이인 찰방 구원희의 200명)에게 패배하였다. 제피골과 광구바위가 '와야동'과 멀지 않아 관련성에 대해 숙고해 볼 사항이다(국가보훈처의 '이달의 독립운동가' 참조).

14. '우금지사'의 괘등산

① 동학농민혁명 당시 관군이 공주를 방어하면서 우금지사의 '그림지도'(『공산초비기』에 실려 있음)를 남겼다. '우금지사'에 동학농민군이 논산에서 공주를 공격할 때, 항상 동학군이 먼저 자리를 잡았던 '경천 부근에 기록된 괘등산이 어디일까' 가 구상회 선생님의 탐구 주제의 하나였다.

 ⇒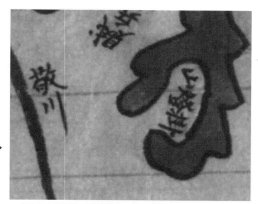

▲ 『공산초비기』의 '우금지사'(우금 티전투)에 기록되어 있는 경천(敬天) 과 괘등산(掛燈山)

▲ '우금지사(우금티 전투)'에 있는 괘등산(掛燈山)(걸 괘, 등불 등, 뫼산)

② 괘등산은 농민군 주력이 논산에 도착(10.16)한 후 공주를 공격하는 전방 사령부를 설치했던 곳으로 보인다. 괘등산은 황산벌의 머리에 해당하는 곳 으로 군수품 보급과 군호의 전달이 매우 편리한 곳이었을 것이다.

[구상회]

③ 구상회 선생님은 여러 차례의 답사와 고심 끝에 '우금지사'의 '괘등산' 을 경천의 '매봉산'이라고 비정한다. 마을 주민들은 등잔골과 수랭이골을 안고 있는 매봉산을 풍수지리의 괘등혈(掛燈穴-옛날 등잔 모양의 혈)의 산이기 때 문에 '괘등산'이라고 불러도 뜻이 통한다고 한다. 그리고 매봉산 앞의 낮은 동산은 고인돌이 있었던 산이라고 해서 '괸들산'이라고 한다.

④ 매봉산의 이름에 대해 등잔골(또는 등경(燈檠)골, 등잔걸이 경) 앞 들판 마을 인 들말에서 살다가 이곳 등잔골 마을로 이사와서 살고 있는 장용래 씨는 매봉산이 이름이 없고 '등잔골 뒷동산'이라고 부른다고 한다. 등정골 건너 편 수랭이골 사람들(논산시 지경리 산정말)은 매봉산을 '왕바위산'으로 부르고 있

다. 그런데 장용래 씨네와 같이 들말에 살다가 매봉산 서쪽 아래 쪽 마을 용머리 살고 있는 경팔봉 씨(81세)는 매봉산이 종중산으로 매봉산에 부친의 묘과 형의 묘를 썼고 본인의 가묘도 만들어 두었는데 이 '등잔골 뒷동산'을 '매봉산'이라고 이야기하고 있다. 따라서 표고 128미터로 그리 높지 않은 매봉산은 주민들 사이에 산이름이 확실하지 않은 것을 확인할 수 있었다.

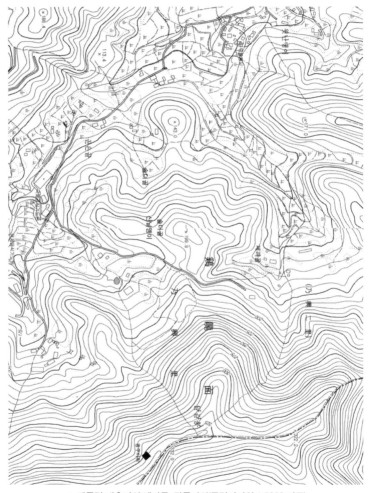

▲ 계룡면 내흥리의 재피골, 광구바위(국립지리원 1:5000 지도)

이인 전투 지역과
그 주변

이인면

1. 이인역과 그 주변지역

이인역(이인면 이인리, 현 이인초등학교) : 조선 시대에 이인은 주변 아홉 역을 관할하는 도찰방이 있는 큰 역이었다. 역에는 일정 숫자의 역졸과 관노비가 있어 전시에는 군대 역할을 하기 때문에 농민군이 공주 감영을 공격하기 전에 먼저 이인역을 점령하는 싸움을 하였다. 500여 년 된 은행나무가 있다.

"10월 23일에 이인역을 두고 동학농민군과 일본군·관군 연합군과 공방전을 벌였는데, 이날 전투에 일군 소위 스즈끼 부대(49명)가 참가하였고, 이때 관군은 120여 명의 전사자와 300여 명의 부상자를 내는 큰 피해를 입었다."(우윤, 『전봉준과 갑오농민전쟁』, 252쪽)

11월 8일 밤에는 농민군이 이인역을 삼면 포위하고 횃불을 일시에 들어 적을 교란하는 방법으로 이인역을 공격하여 점령하였다.

이인역의 규모는 1859년에 간행된 『공산지』에 의하면 '60여 칸의 크고 작은 관아 건물'이 있었고, '기마(타는 말) 4필, 복마(짐 싣는 말) 8필, 노 47명, 비 15명'이 있었고, '서리(하급 관리) 20명을 포함해 장교, 사령, 마부(馬夫) 등 122명, 사역(使役)할 때 보조원에 해당하는 봉족(奉足)의 수효도 1백96명이 있었다'고 한다.(이상의 『공산지』의 해석은 윤여헌 선생님(전 공주향토문화연구회 회장)의 견해에 따른다.)

① 동학군이 포를 쏘아 대다 : "이인역의 북쪽에 있는 당산에 정월에 당제를 지내는 아름드리 참나무가 많이 있었다. 참나무를 껴안고 동학군들이 포를 쏘아댔다고 한다."

② 11월 9일의 오후 싸움에 일군이 농민군을 추격하여 이인 부근에 이르러 산허리에 불을 지르고 몰래 퇴각하였다(『주한일본공사관기록』 번역본 248쪽)

③ 구시티고개(이인 반송리)까지 일본군이 추격 : "우금티에서 패전하여 동학군이 쫓겨갈 때 구시티고개까지 일본군이 추격해서 동학군을 죽였다. 농민군이 뺄뺄이 몰쳐 있어서 장마루까지 사흘을 풀렸다(사흘 동안이나 퇴각했다)."

④ 취병산

(1) 취병산에서 10월 23일, 농민군이 일본군과 관군의 협공으로 이인역에서 퇴각하여 무환포격(알이 없는 포격)으로 응전하였다는 기록이 있다(「공산초비기」)

(2) "일본군이 현 이인중학교 뒷산(취병산)에 불을 질렀다는 것을 어른들에게 들었다."

(3) "동학군들이 이인역에서 진을 치다가 동학군 숫자가 모자라니까 취병산에서 군을 모집했다고 한다. 현재 취병산 아래 이인중학교 자리가 자갈밭이었는데 그 자리가 군을 모집했을 것이다."

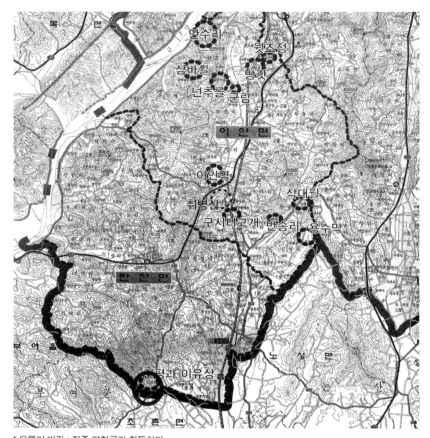

* 오룡리 방갓 : 접주 편창구가 활동하다.
* 오룡리 윗조정 : 오룡리 이씨가 동학농민혁명에 참여한 뒤 전라도로 따라 내려갔는데 그 뒤 행방불명
* 만수리 : 농민군으로 참여한 신현주
* 신흥리 : 삼바실의 김봉래 농민군으로 참여, 넌추골 동네사람들 밥을 해서 우금티로 지원을 가다.
* 이인역(현 이인초등학교, 4.6(음) 농민군 5천 ~6천 집회, 7.3(음) 농민군 집회)
* 취병산 : 동학군을 모집하고 훈련했던 곳, 이인역 점령을 위해 동학군이 일본군ㆍ관군과 공방전을 벌이기도 했다.
* 구시티고개 : 이인역에서 구시티고개까지 농민군 무덤떼
* 반송리 삭대월 : 농민군 주둔지
* 반송리 : 7.5(음) 접주 김필수의 지휘로 반송접이 일어나 군량 말 총 등을 거두어 드리다.
* 신영리 용수막 : 농민군 지역본부가 서다. 신하성이 활동하다.
* 탄천면 성리 구수바위 : 동학 때 한 장수가 말을 매고 말에게 먹이던 주던 구유
* 건평과 이유상
- 8,1(음), 공주 건평(乾坪) 유생 이유상(李裕尙)이 민준호(閔俊鎬)가 중심이 된 유회(儒會)에서 토왜보국(討倭報國)을 요청했으나 거절당하자 유회군 100여 명을 지휘해서 떠났다.(「南遊隨錄」)
- 10,15(음),'공주창의소(公州倡義所) 의장(義將) 이유상'이 충청 감사 박제순에게 글을 보내 '항일'을 위해 함께 하자고 권유하다.

(4) 취병산의 유래와 동학혁명군의 무덤떼(동학농민혁명 다음 해인 을미생으로 유학자였던 조부 홍승묵[호 간곡] 님이 홍석준 씨에게 들려준 이야기라고 한다) : "취병산은 지금도 이인에서는 채병산으로 불리고 있는데 조부 홍승묵 님은 원래 채봉산으로 불리었는데 공주산성을 함락하기 위해 채병산에서 동학군들이 병사를 모으고 훈련을 했기 때문에 채병산 또는 취병산으로 바뀌었다고 한다. 금강의 고마나루 쪽에서도 농

▲ 이인초등학교 자리에 이인역이 있었고, 이인역 건물은 현 이인초등학교의 테니스장이라고 한다. 증언해 주신 안준철 님(77세).(2005.4.24 촬영)

민군들이 공주 공격을 시도했다고 한다. 우금고개는 삼태기형으로 생겼는데 왜군들이 매복 잠복하고 동학군들을 기다렸다고 한다. 결국 전봉준 대장은 패하고 유성 학하리로 피신을 했다고 한다. 거기에서 다시 봉기를 준비했다고 들었다. 홍승묵 님의 부친이 유성에서 살다가『정감록』에 나오는 피난지로 공주의 경천 유구 이인이 이야기되고 있어, 이인면 구암리 319번지로 피난을 오셨다고 한다. 이 이야기들은 홍승묵 님도 부친에게서 들은 이야기라고 한다. 조부 홍승묵 님은 동학혁명은 나라를 위하여 일어났다고 했다고 한다."

[홍석준(63세, 직업은 법사, 이인면 이인리 거주), 2005.7.2]

* 홍석준 씨는 이인중학교 옆 공동묘지에 훈련을 받다가 기진하여 죽은 동학군들을 모셨다고 기억하고 있다. 50기에서 60기 정도 되었다고 한다(지금도 이인중학교 옆은 마을 공동묘지이다.). 홍석준 씨는 회선동의 강유선 씨를 스승으로 송옥룡 씨와 같이 경을 배웠다고 한다. 17살 이래 46년 세월을 법사로 살아왔다.

2. 이인에 있는 관군측 비

① '박제순의 비'(현 이인면사무소 앞 비석거리) 비문

　　巡察使 朴公齊純 去思碑

　　福星所照 我公宣恩 / 剿匪救民 全省賴安

　　賚粟移馬 殘驛復完 / 竪石頌德 永世不諼

　　乙未(1895년) (후면)

　　순찰사 박제순을 보내고 그리워하는 비

　　복성(福星)이 비치듯 공이 은혜를 베풀었다.

　　비적(동학군)을 죽이고 백성을 구하여 온전한 보살핌에 힘입어 편안하였다.

　　곡식을 내고 말을 옮겨와 부서진 이인역을 다시 복원하였다.

　　덕을 칭송하는 비를 세우니 영원히 잊지 않으리.

（구상회 선생님, 권정안 교수님의 도움을 받아 정선원 정리）

▲ 이인중학교 옆 마을공동묘지에 동학군 무덤 50~60기가 있었다고 증언하는 홍석준 님(63세). 서 있는 곳의 뒤가 이인중학교 옆 마을공동묘지.(2005.7.2 촬영)

▲ 박제순 선정비-이인면사무소 앞 비석거리 (2004.8.1 송성영 촬영)

② 유림의병정란사적비(이인면 초봉리 검바위) : 1994년 10월 29일과 30일, 공주에서 동학농민전쟁 백주년을 기념하는 전국 규모 행사가 벌어졌고, 직후인 11월 23일에 〈공주노인회〉와 〈공주유도회〉의 이름으로 이인면 초봉리 검바위에 유림의병정란사적비를 세웠다. 비문의 내용에 1894년 농민전쟁 시기에 이곳 검바위 위에서 관군측 유림 의병이 동학군을 패퇴시켰다고 하였으며, 동학농민군의 활동을 정통성을 가진 봉건왕조에 대한 반란으로 보고 있으며, 농민군의 봉기를 일제 침략을 앞당기는 행위로 기록하고 있다.

3. 만수리 동학농민혁명 참여자

이인 만수리 동학농민혁명 참여자 신현주 : "외할아버지 신현주 씨가 만수리에서 동학난리에 참여했다고 한다. 만수리에서 여기 오동리로 시집 온 정유생(1897년생) 어머니에게 들은 이야기이다."

[정환옥(82세, 우성면 오동리 머그룹마을 거주), 2006.3.11]

4. 오룡리의 동학군

① 오룡리 방갓에서 동학난리에 접장을 한 편창구

(1) "증조할아버지 편창구 씨가 동학군에 참여했다. 둘째아들 병문(炳文,

▲ 유림의병정란사적비(2004.8.1, 송성영 촬영)

▲ 이인 비석거리(2004.8.1, 송성영 촬영)

1889~1956)의 배필을 전북 용안의 평산 신씨(부친이 참봉)를 얻었는데, 동학 때 전라도를 다니면서 자금을 마련했다고 하는 이야기를 집안에서 들은 것을 볼 때, 전라도까지 활동하면서 그때 인연으로 아들 며느리도 얻었지 않나 생각하고 있다."

[편장원(63세, 이인면 오룡리 오룡골 거주, 편창구 씨 후손), 2006.6.18]

* 『이인면지』(2005년 발행, 공주시)에는 편창구(참봉 벼슬) 씨가 동학 당시에 관군 편으로 활약한 것으로 기록되어 있다. 『이인면지』 편찬을 위해 공주대에서 자료조사를 할 때, 편씨네 집안에서 동학군이 아니라 관군으로 활동한 것으로 구술했으리라고 생각된다. 그동안 집안에서 편창구 씨의 동학군 활동 사실을 숨겨온 것 때문이리라. 편창구 씨는 족보에 이름은 편창구(片昌九)이고 자는 원덕(元德), 생몰연대는 1863~1907이고 소령원참봉(昭寧院參奉) 벼슬이 기록되어 있다. 편씨는 임진왜란 때 이여송과 함께 중국에서 귀화한 성씨로 전라도에 자리를 잡았는데, 먹고 살기 힘들어 분가해서 이곳 이인 오룡리로 왔다고 한다.

   (2) "편원덕(편창구의 다른 이름) 씨가 산으로 밤으로 댕기면서 활동을 했다. 오룡리 마을에 와서 밥을 해 놓으라고 했다. 편원득 씨 큰아들과 여기 한동네서 살았다."

[이갑중(85세, 이인면 오룡리 웃조정 마을 거주), 2006.5.15]

   ② 동학난리에 참여하여 행방불명된 오룡리 윗조정 마을 이씨 : "우리 집안은 이곳 오룡리에서 300년 넘게 살아 왔는데 증조할아버지의 셋째 형제분이 동학난리에 참여했고, 아래 지방으로 따라 내려갔다가 그 뒤 소식이 없다. 후손이 없다."

[이갑중(85세, 이인면 오룡리 윗조정 마을 거주), 2006.5.15]
[박정희(이갑중 씨 부인, 습방에서 시집오다, 80세) 2006.5.15]
[이익중(이갑중 씨 동생, 76세, 이인면 오룡리 윗조정 마을 거주), 2006.5.21]

③ "짚신에 황토 묻은 사람은 산을 돌아다닌 것으로 판단하여 왜군들이 다 잡아 갔다.(이갑중 씨가 부친에게 들은 이야기. 이갑중 씨 부친 이갑봉 씨는 병신[1896]년생으로 92살에 사망)"

[이갑중(85세, 이인면 오룡리 웃조정 마을 거주), 2006.5.15]

5. 군량, 군량들과 군량고개, 군량골

① 군량, 군량들(이인면 초봉리) : "초봉리 앞에 있는 '대통들'은 동학농민혁명 당시 인근(현재의 이인면 소재지 앞들이나 용성 발양의 들과 비교해서)에서는 제일 큰 들이었다고 한다. 이 대통들에 있는 군량은 1894년 동학혁명 당시 농민군들이 군량을 쌓아놓은 곳이라고 하는데, 또한 군량이 있는 앞들을 군량들이라고 한다."

[김한준(60세 중반, 초봉리 거주), 2004.8.4, 채록-정선원]

② 군량고개, 군량골(이인면 신흥리) : 이인면 초봉리 옆에 있는 신흥리 바깥넌추골에 살고 있는 김진식 님은 군량을 쌓아 놓았던 군량골과 군량골로 넘어가는 군량고개를 주목해서 말씀하셨다. 군량골은 2층으로 된 평탄한 지형에 수백석의 곡식을 쌓을 정도로 넓은 지형에 바깥에서는 알 수 없는 지형이었다.

김진식 님은 김진식 님의 동네인

▲ 이인면 만수리 동학농민혁명 참여자 신현주님를 증언해 주신 정환옥 님(82세). 금강 건너편 우성면 오동리에 거주.(2006.3.11 촬영)

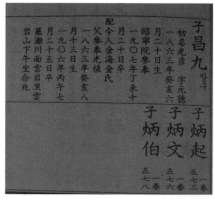
▲ 편창구님 족보. 자는 원덕(元德), 생몰연대는
1863~1907이고 소령원참봉(昭寧院參奉) 벼슬이 기
록되어 있다.

▲ 동학농민혁명 참여자 편창구 씨가 살았던 이인
면 오룡리 방갓(밤갓)의 집터. 서있는 이는 증손자
편장원 씨.(2006.6.18 촬영)

넌추골 사람들과 집안 식구들이 우금티전투를 지원하기 위해 밥을 해날랐
던 이야기를 소중히 간직하고 있다.

[김진식(이인면 신흥리 바깥넌추골 거주, 2006.6.18(74세), 2014.9.20]

6. 신흥리 이야기

① 이인 신흥리 넌추골 동네사람들이 모여, 밥을 해서 고리짝에 지고 우
금티로 갔다 : "동학농민혁명 때, 신흥리 바깥넌추골의 큰집에서 쌀은 큰댁
에서 내고 동네 사람들이 모여 밥을 했다. 우리 집안의 천안 할아버지의 형
님 되시는 분이 마을에서 그중 장사였는데 자원하여 고리짝에 밥을 가지고
우금티로 갔다고 한다. 버들고리에는 쌀 네댓 말이 들어간다. 우금티 쪽에
서 연기가 치솟고 우릉 쿵 우릉 쿵 하고 소리가 났는데 밥 지고 간 이가 밥
도 못 갔다 주고 나중에는 찌게고 밥이고 다 내버리고 도망쳐 왔다. 아리고

▲ 이인면 오룡리 증언자 이갑중 님(85세), 오른쪽이 부인 박정희 님(80세)

▲ 오룡리 조정골에서 이익중 씨(76세, 이갑중 씨 동생). 뒤로 보이는 신흥리 넌추골은 마을 사람들이 밥을 해서 우금티 농민군에게 날랐던 마을이다.

개로 해서 도망쳐 왔다고 했다. 20대쯤이었다고 한다. 천안 할아버지의 형님이 되신 분으로 생활이 어려워서 총각으로 결혼하지 못하고 돌아가셨다고 한다. 우금티에서 왜병들이 총을 가지고 논두럭 밑을 내려다 보고 총을 쏘았다. 이쪽은 죽창이나 몽둥이를 가지고 갔다. 부친이 경술(1910)년생으로 지금 살아 계신다면 120살쯤 된 부친으로부터 들은 이야기이다."

[김진식(74세, 이인면 신흥리 넌추골 거주, 김용식 님과 형제사이), 2006.6.18 / 2014.9.20]

[김용식(77세, 이인면 신흥리 바깥넌추골(옛 지명 만동 또는 송정) 거주, 2006.6.18]

② 어린애는 집에다 두고 오쟁이(씨앗주머니)를 가지고 피난하다 : "갑오년 난리 때 애기를 업고 피난을 갔는데 씨아시 골짜기에서 아이를 내려 놓고 살펴보니 어린애는 집에다 두고 씨앗주머니(오쟁이)를 가지고 왔다고 한다. 또 동학난리 때 넌추골 사람들이 피신한 '구룩굴' 이야기도 있다.

[김기종(68세, 이인면 신흥리 넌추골 거주), 2006.6.18]

▲ 군량고개에서 김진식 님과 저자(2014.9.20 촬영)

▲ 이인 초봉리 군량, 군량들 앞에서 멀리 보이는 골짜기 입구가 군량이다. 김한준 님(왼쪽)과 김종교 님(2004.8.4 촬영)

③ 동학군 김봉래

(1) 동학난리에 활동한 이인 신흥리 삼바실 출신 김봉래(金鳳來) : "동학난리에 잡혀서 작두 갖다 놓고 죽이려고 하는데 말을 잘해서 이런 사람 죽이기 아깝다고 해서 살아났다고 한다. 동학난리 뒤에 태봉동 이갑중 씨 친척 집으로 이사를 했고 그 뒤 서당을 열어 훈장을 했고 부친이 그분 밑에서 배웠다. 그래서 그분 집안 이야기를 아버지에게서 들었다."

[이갑중 85세, 이인면 오롱리 웃조정 마을 거주. 2006.5.15]

* 참여자 김씨의 막내아들 김지준은 만주에 가서 관리를 했고 그 뒤 돌아와서 살 때 화투 좋아하고 그림을 잘 그렸다. 그 사람의 막내아들이 이인면 호적계에 있었고 시청 공무원이 되었다.

(2) "태봉동의 김봉래 씨가 동학난리 때 피신을 다녔다고 들었다."

[김광웅(아명 김광철, 90세, 이인면 신흥리 넌추골 거주), 2006.6.18]

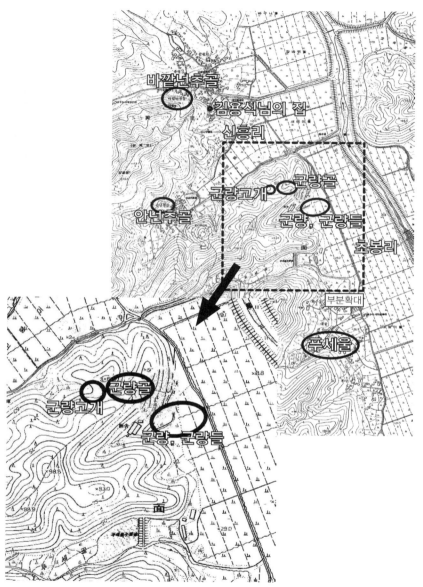

▲ 이인 초봉리와 신흥리의 동학이야기
* 김용식 님의 집(신흥리 넌추골 279번지) : 우금티 동학군을 지원하기 위해 넌추골 사람들이 모여 밥을 했던 곳이다.
* 군량골 : 은폐된 지형에 수백석의 곡식을 쌓을 수 있는 2층으로 된 평탄한 지형

▲ 이인면 신흥리 넌추골의 이 집에 모여 밥을 해서 우금티로 날랐다. 왼쪽이 김진식 님, 오른쪽이 김용식 님.

▲ 씨아시골을 가리키는 이창린 님(72세). 갑오년 난리에 아이대신 씨앗주머니(오쟁이)를 안고 피신해 왔던 골짜기라고 전한다.

(3) "김봉래 씨가 우금고개에서 붙들렸는데, 나 죽이면 부하들이 가만있지 않을 테니까 나를 풀어주면 부하들을 해산시키겠다고 하여 풀어주었는데, 그길로 도망쳤다고 한다."

[이창린(72세, 신흥리 넌추골 거주), 2006.6.18]

7. 반송리 삭대울의 떡갈참나무

농민군 장수가 말을 맨 반송리 삭대울의 떡갈참나무(이인면 반송리 삭대울/삿대울) : 최태원 씨의 할아버지 최태영 씨(85세로 기미년에 사망)의 이야기에 의하면 마을에 동학군들이 말을 매고 진을 치고 있었다. 마을에 큰 초가집과 창고가 있었는데 창고에 소를 잡아 고기를 걸어놓고 밥을 해먹었다. 그리고 떡갈참나무에 말들을 매었다고 한다. 동학농민군들이 말을 맸다고 하는 떡갈참나무는 현재 200년쯤 되었는데 많이 크는 수종이 아니어서 100여년 전 농민전쟁 당시나 지금이나 비슷하다고 한다.

▲ 삿대울 마을에 동학군 주둔 사실을 증언해 주신 최재원 님(81세).(2004.7.3 촬영)

▲ 이인 반송리 떡갈참나무. 반송리 주민 이배욱 씨(75세)가 동학군이 말을 매었던 떡갈나무 앞에서 구전을 이야기하고 있다.(2004.7.31 송성영 촬영)

◀ 동학군이 말을 맺던 이인 반송리의 떡갈참나무 아래에 희망꿈공주학부모 회원들이 모였다.(2014.10.14 송영옥 촬영)

[채록-조재훈, 구상회]

[최태원(81세, 이인 반송 삭대울 거주), 이배욱(75세, 이인면 반송리), 2004.8.1, 채록-송성영, 정선원]

* 반송은 이인장이나 경천장으로 연결되고 공주로 들어가는 발양리로 연결되는 길목이어서 주막거
리도 있었다고 한다. 농민전쟁 당시 주변에 100여 가구 모여 있었던 큰 마을로 여기 삭대울은 10
여 채 있었다고 한다. 6·25 때도 인민군이 쉬어간 길목이라고 했다.

8. 접주 신하성

① 이인면 신영리 용수막(용수맥이)에서 활동한 접주 신하성 : "할아버지가
하자 성자 되시는데, 용수막에서 접주(접장) 노릇을 했다. 용수막은 이 근처
에서 동학의 본부였다고 한다. 당시 사람이 살지 않았고 거기에 모여서 모
의하고 준비했다고 한다. 지금으로 말하자면 중대장이나 소대장 쯤 되었던
모양이다. 동학이 몰리니까 피난을 갔다가, 섣달 그믐께 설을 쇠러 오시다
가 천안에서 붙들려서 전사하셨다. 할머니가 솜씨가 좋으셔서 염랑주머니
를 만들어 주셨는데 염랑주머니에서 '동접끼리 해동하거든 명춘(내년 봄)에
다시 만나자'라는 글이 발견되어 변명도 못하고 잡혔다고 한다. 천안들에서
잡아서 엮어서 수백 명을 총살했는데 할아버지는 따로 총살했다고 한다. 장
마루의 옹기점 사장이 할아버지 돌아가신 이야기를 귀띔해 주어서 알았다
고 한다. 작은종조부(할아버지 동생)께서 그 말을 듣고 달 반을 천안에서 묵으
며 그쪽 책임자(관군)의 도움을 받아 시신을 찾아 오셨다. 8·15 해방 후 좌
익 우익과 똑같은 모양이다. 할아버지 서른두 살 되고, 아버지 3살, 고모 5
살 될 때의 일이다. 이 근처에서 50~60호(공주 이인면 장선 2구 동촌마을과 현재 논산
군 노성면 효종리)가 살았는데 또 한 분의 신씨를 포함하여 모두 2집이 동학에
가담했다고 한다. 할아버지는 3형제였는데 첫째할아버지는 유구로 양자 가
셔서 70넘어 돌아가셨고, 아버지의 동생 되시는 할아버지는 17살쯤에 천안

▲ 참여자 신하성 님이 살던 집. 공주 바로 경계지역인 논산군 노성면 효죽리 11번지(옛 마을 이름은 용못 안마을). 바로 옆집은 같이 동학군에 참여했던 신씨네 집이라고 한다.

▲ 동학군 무덤떼. 이인 구시티고개에서 이이면사무소 방향으로 산자락에 무덤떼가 총총히 있었다고 한다.(2005.4.10 촬영)

에서 시신 찾는데 놀래가지고 고향에 오셔서 그담 돌아가셨다고 한다. 할머니께서 청춘에 혼자되시고 형제를 키우셨다. 청춘에 혼자되신 할머니가 형제(오누이)를 키우면서 아버지께 할아버지의 억울한 죽음 이야기를 시간 날 때마다 하셨다. 나의 형님은 먼저 돌아가셨다. 97년에 할아버지 산소에 비를 세웠는데, 선친께 들은 대로 비를 세웠다. 이인면 신흥리에 8대조 이래 산소가 있다. 애초에 대전 둔산동에 사시다가 8대조 할아버지가 이인면 신흥리에 훈학(서당 선생)을 오셨다가 신흥리에 정착했다고 한다."

[신용석(참여자 신하성의 손자, 82세, 공주시 탄천면 장선2구 거주), 2005.4.9, 이후 여러 차례]

* 신하성 님은 2004년 '동학농민혁명 참여자 등의 명예회복에 관한 특별법'에 따른 심의 결과, 동학농민혁명 공주지역 참여자(명예회복자)로 인정되었다.(2006.11.20)

② 화승총 쏘는 훈련을 열심히 한 동학군 : "동학군들이 화승총을 쏘는 훈련을 열심히 했다고 한다. 동학군들이 화승총을 잘 쏘았다. 3보 후퇴하여 심지에 불을 붙이고 3보 전진하여 총을 쏘았다고 한다."

[신용석(참여자 신하성의 손자), 82세, 공주시 탄천면 장선2구 거주, 2005.4.9]

* 봉정동 오성영 씨도 동학군이 화승총 훈련하는 모습을 위와 같이 이야기 했다.

③ 『동학농민혁명사 일지』(2006.12월 발행, 동학농민혁명참여자명예회복심의위원회)에 나오는 '용수막(龍水幕)'

(1) 우금치전투에서 패배한 전봉준은 13일 용수막을 거쳐 오후에 노성으로 내려갔다. 이들은 노성 봉화산에 주둔하고 있었으며, 병력은 2,500여 명이었다.(『駐韓日本公使館記錄』1, 253쪽, 11.12)

(2) 순무선봉진에서 장위영 부영관 이두황과 통위대관 오창성에게 전령을 보내 "주력부대가 지금 용수막에 도착하여 유숙하므로 새벽에 경천(敬川)

▲1993년 발간한 집안족보에 신하성 님의 동학 활동과 사망 사실을 손자 신용석 님이 실었다.

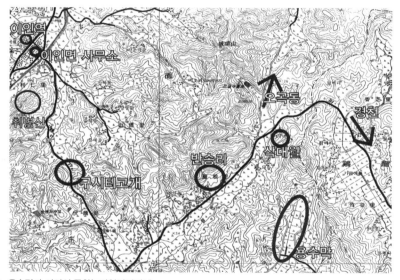

▲ 용수막과 이인의 동학농민혁명전적지
* 용수막 : 동학 지역본부가 들어선 곳. 접주 신하성이 활동. 용수막은 큰길에서 은폐된 야산으로 둘러 쌓여 있어 비밀훈련과 회합하기 좋은 장소이다. 또 다른 용수막(용수맥이)이 경천과 노성사이의 큰길에 있는 논산시 상월면 신충리에도 있다.
* 취병산 : 이인에 모인 농민군들이 취병산 아래에서 훈련을 하다. 이인역을 탈환하기 위해 농민군들이 주둔하던 곳.
* 이인역(현 이인초등학교, 4.6(음) 농민군 5천~6천 집회, 7.3(음) 농민군 집회)
* 구시티고개 : 이인면사무소에서 구시티고개까지 농민군 무덤떼(약 1.8km)
* 반송리 삭대월 : 농민군 주둔지(구전)
* 반송리 : 7.5(음) 접주 김필수의 지휘로 반송접이 일어나 군량 말 총 등을 거두어 드리다.(『시문기』)
(국토지리원 1:25,000 지형도)

등지로 출동하여 일본 병사와 합세토록 하고 나아가 동학농민군을 토벌하라"고 지시하였다(「先鋒陣日記」『叢書』16, 90쪽 ; 「巡撫使呈報牒」『叢書』16, 336-338쪽, 11.14)

(3) 진시경에 선봉의 주력부대가 동시에 출발하였다. 참모관 권종석(權鍾奭)・별군관 유석용(柳錫用)・이지효(李志孝)・황범수(黃凡秀)・이주서(李周瑞) 등이 유시경에 용수막에 도착하여 숙박하고 선봉진은 공주로 돌아와 주둔하였고 일본 군대 대위가 거느리는 부대와 더불어 각각 배치하였다.(「先鋒陣日記」『叢書』16, 99-101쪽;「巡撫使呈報牒」『叢書』16, 335-339쪽, 11.14)

(4) 선봉진에서 동학농민군이 노성현(魯城縣)에 있다는 보고를 받고 공격하기 위해 장위영 부영관 이두황에게 명하여 이인로(利仁路)에서 출발하고, 경리청 2개 소대에게 명하여 공주부에서 머물러 주둔하게 하였다. 선봉진은 통위영 병정 2개 소대를 거느리고 일본 대위와 병정과 함께 오실로(梧室路)를 향하여 출발하였다. 공주부 남쪽 30리 용수막(龍水幕)에서 회동하고 유숙하였다(「巡撫使呈報牒」『叢書』16, 334-335쪽, 11.15).

④ 동학농민혁명 참여자 신하성 묘비문

東學 義擧 殉義士 居昌愼公墓碣文

按(살피건대) 公의 諱는 夏晟이요 字는 忠賢이요 號는 松隱이요 姓은 愼氏니 居昌人이다 二十九代 上祖의 諱는 修이시니 中國 開封府人이요 宋나라 朝廷에서 進士로 使命을 받들고 東來하여 高麗에 歸化하시고 學問과 德行이 超然하시며 兼하여 醫學에도 精通하시어 許多히 仁術을 베푸셨으며 正一品 司徒의 位에 오르시고 恭獻公의 諡號를 下賜 받았다 二十三代祖의 諱는 執平이니 神號衛大將軍 東北面 兵馬使요 十七代祖의 諱는 以衷이시니 利川縣事 贈 議政府右贊成 諡 襄烈公이요 十六代祖의 諱는 幾이시니 全羅監司 贈 戶曹參判 兼 寶文閣 大提學이요 十四代祖의 諱는 自建이니 江原監

司요 十三代派祖의 諱는 蘭仝이시니 黃澗縣監 兼 淸州鎭管兵馬 節制都尉요 十一代祖의 諱는 宗孝이시니 贈吏曹參議요 九代祖의 諱는 遠이시니 吏曹參議요 高祖의 諱는 若晦요 曾祖의 휘는 致伋이요 祖의 諱는 養善이요 考의 諱는 博淵이며 妣는 安東金氏와 和順崔氏와 寧越嚴氏이시다 公은 西紀 一八六二年 哲宗壬戌에 論山郡 魯城面 孝竹里 鄕茅에서 出生하였으며 司僕寺 正 諱 忠濂의 六代嗣孫으로 先世 傳來의 德訓을 이어받아 어려서부터 孝親과 敬長의 道理를 스스로 깨달아 行하고 爲先事는 勿論 社會奉仕에도 率先垂範하였으며 더욱이 義俠之心이 出衆하여 正義 具顯에 힘쓰던 중 西紀 一八九四年 高宗 甲午에 外勢의 侵害가 滋甚한 中에 덧 부쳐 貪官汚吏의 橫暴로 民生이 塗炭中에 이르자 憂國의 民衆이 蜂起하여 全奉準을 義兵將으로 推戴하고 東學 革命軍이라 命名하여 全州를 始發로 漢陽을 向하여 進擊할 새 公이 住居하는 魯城땅에 이르자 이 義軍에 應募하여 天安에 이르니 우리 官軍이 저 人面獸心의 倭軍과 合攻하여 옴으로서 勢 不得意로 全滅되었으며 公 또한 이때에 殉義하셨으니 時年이 겨우 三十三歲이었다 配位는 南原 梁鍾和女니 生沒不傳이요 甚有婦德矣려니 生 一男하고 城崩의 訃音을 듣자 親族數人과 그 激戰地에 當到하니 屍體가 山같이 쌓여 어찌할 길 없음에도 刻苦끝에 公의 體魄을 찾아 公州市 灘川面 安永里 亥坐原에 安葬하였으며 夫人도 百歲後에 祔左合兆하였다 子孫은 載下 別錄한다. 嗚呼라 이와 같이 거룩한 公께서 憂國 殉義한지 百有四星霜이 지냈으되 記績의 寸石조차 없어 이를 憫憫히 여겨 後承이 뜻을 모아 公의 墓庭에 樹碣 表阡 하고저하여 出后한 公의 次胤 鏞錫 甫의 請文으로 爲其 徵後하여 略敍 次如右 云이라.

愼氏東來 九七五年 西紀一九九七年 丁丑二月 日

月城人 崔秉武 撰幷書

子 俊範 孫 鏞福 曾孫 興緯 玄孫 鎬重 一重

曾孫 潤緯

元緯 大重

孫 鏞錫 曾孫 哲緯 二重

系爲 出庭 曾祖 奉祀孫

* **難字解讀 : 按** 살피건대, **諱** 돌아가신 어른의 이름을 적을 때 앞에 쓰는 말, **諡號** 사후에 나라에서
생전의 공덕을 기리어 추증하는 호(왕이 내림), **鄕茅** 고향의 집, **考** 돌아가신 아버지, **嗣孫** 제사를 모
실 자손, **體魄** 시신 혼백, **合兆** 산소에 부부 합장, **百有四星** 百餘年 104년, **記績** 업적을 기록, **嗚呼**
슬프고 슬프다, **城崩** 성이 적에게 넘어감, **墓庭** 산소, **樹碣** 나무를 심고 묘비를 세움, **載下** 아래에
실어,아래에 적는다, **寸石** 작은 비석, **撰幷書** 비문을 짓고 글씨를 쓰다

** 신하성 님의 비문을 짓고 글씨를 쓴 최병무 님은 '왜헌에게 공주에서 체포되어 홍성에서 총살된
공주접주 최영윤'을 증언한 동학농민혁명 참여자 사촌의 후손이다.

▲신하성 묘비문 앞에서

9. 이인의 동학군 떼무덤

이인면사무소에서 구시티고개까지, 주봉초등학교에서 태봉고개까지 : (1) "구시티고개(이인에 있음)에서부터 이인면사무소 직전까지 한발 두발 걸음 사이로 바가지 모양으로 동학농민군 무덤떼가 있었다. 도로 확장하면서 없어졌다. 이인 신흥리 넌추골에 우리 집안 선영이 있는데 탄천면 장선리에서 신흥리까지 산소에 가면서 아버지께 들은 이야기이다. 청춘에 혼자되신 할머니가 아버지께 할아버지의 억울한 죽음이야기를 시간 날 때마다 하셨다고 한다." (2) "주봉초등학교에서 태봉고개(발티고개)까지 드문드문 동학군 무덤떼들이 줄지어 있었다."

[신용석(82세, 탄천면 장선2구 거주), 2005.4.9]

탄천면

① 구수바위(성리, 성주봉 중턱) : 동학난 때 한 장수가 말을 매고 말에게 먹이를 주던 구유가 여기에 있다. 물이 10두 가량 들어가게 바위가 파여 있다. 모양이 구유처럼 생겼다 하여 구유바위라 한다고 한다. 흔히 구수바위로 부르고 있다.

『공주지명지』 538쪽]

② 건평 유생 이유상이 공주창의소 의장이 되어 전봉준과 함께 우금티를 공격하다.

- 건평(乾坪)은 현재 공주의 탄천면 삼각2리 일부와 부여의 초촌면 진호2리 일부이다. 공주 건평과 부여 건평으로도 부른다.

[박노철(86세, 공주 탄천면 남산2리), 이정현(83세, 부여 초촌면 응평리), 2015.1.30]

『공주지명지』 530, 531 참조]

(1) '8월 1일(음), 공주 건평(乾坪) 유생 이유상(李裕尙)이 민준호(閔俊鎬)가 중심이 된 유회(儒會)에서 토왜보국(討倭報國)을 요청했으나 거절당하자 유회군 100여 명을 지휘해서 떠났다'(『南遊隨錄』『叢書』3, 226쪽).

(2) 10월 15일(음), '공주창의소(公州倡義所) 의장(義將) 이유상'이 충청 감사 박제순에게 글을 올렸다. 이 글에서 이유상은 "감히 묻건대 청나라를 막자는

것인가, 일본을 막자는 것인가, 의병을 막자는 것인가. 청나라를 막자는 것은 대의(大義)를 멸시하는 것이고, 의병(義兵)을 막자는 것은 그 계책이 잘못되었다. 일본을 막자는 것은 임진왜란(壬辰倭亂) 이후 누군들 이러한 마음이 없었겠는가"라고 하였다(「宣諭榜文竝東徒上書所志謄書」『叢書』, 335-336쪽).

(3) 이유상 : 전봉준과 함께 동학농민전쟁의 공주전투의 주역. 출신은 공주 또는 논산, 정산으로 이야기되고 있고 도사 벼슬을 역임하였다. 1894년 7월에 유회(儒會)군이 부여 건평에 동학당을 치기 위해 수천 명이 모였다. 이중 이유상과 이영해 등 100여 명은 '왜를 토벌하여 나라에 충성하자'고 권유했으나 실패하자 논산에 있는 전봉준을 만나 항일전에 함께 나선다.

이유상이 한 일 중의 하나는 김원식(어산부사를 지낸 강경지방의 토호. 원래 호남토벌대장의 임무를 띠고 농민군 토벌에 나섰으나 전봉준 막하로 들어왔는데, 늘 술을 먹고 횡포를 부렸다고 한다. 일설에는 전봉준을 죽이려는 첩자였다고 한다)을 처단한 것이었다.

▲ 성리에 거주하는 황재연 이장님(66세, 오른쪽) 박용악 님(68세)이 구수바위 답사에 함께 해 주셨다.(2014.9.21 촬영)

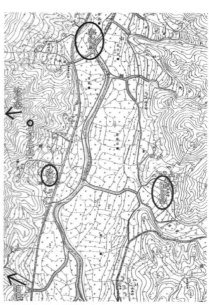

▲탄천면 성리의 구수바위

이유상은 10월 15일에는 '충청감사 박제순에게 보내는 글'을 통해 공주창의소 의장을 칭하면서 '자신이 공주에서 군사 2백과 포사 5천을 모아 봉기한 것을 밝히면서, 전봉준군은 규모가 16만 7천으로 북접과의 연계를 가지면서 전라 지역에서 충청 지역으로 진입하였는데, 자신들은 의병이므로 관군들이 자신들을 막지말도록 요청'하여 박제순에게 농민군 봉기의 정당함을 알리는 글을 보냈다. 공주대회전에서 패배 후 부여로 몸을 숨겼다. 화적떼의 두목이 되었다고도 하고 단군 교주가 되어 나타났다고도 한다.

2.

공주 시내권에 남아 있는 이야기들

1. 송장배미

공주시 웅진동 곰내 어귀, 두리봉 북쪽 습지를 송장배미라고 한다. 관군 기록에 '팔십병으로 두리봉을 치달려 고함하며 내리달려 충살(衝殺)하게 하니…(백락완 『남정록』).'라고 했다. 이에 의하면, 11월 9일(음) 송장배미 부근에

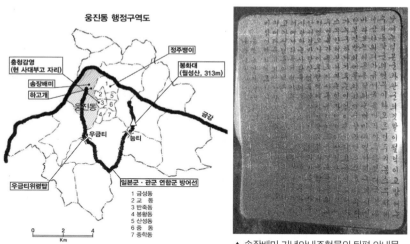

▲ 송장배미 기념안내조형물의 뒤편 안내문

[공주시 행정구역도]
* 송장배미 : 농민군 수 십명이 일본군에게 학살당한 곳
* 하고개 : 장꾼으로 가장하여 공주성에 들어오던 농민군들이 잡혀 죽은 곳
* 금강가 정주뱅이 : 공수원 접주 박제억 등이 화형 당하다.

서 농민군과 관군(80명)이 격전을 벌여 동학농민군들이 죽었다.

① "송장배미로 이어지는 시루봉 두리봉에서 무수한 싸움이 있었고 거기서 죽은 사람들을 쓸어넣어 버린 곳이 송장배미다. 노인분들이 말씀하시길 저 비얄(비탈, 마을회관에서 보면 송장배미로 이어지는 시루봉 산자락 전부와 두리봉의 봉우리 끝이 약간 보인다)에서 무수한 싸움이 있었고 거기서 죽은 사람들을 쓸어 넣어 버린 곳이 '송장배미'라고 했다고 한다. 정주뱅이(미나리깡)에도 많은 동학군을 쓸어 넣어 묻어 버렸다고 한다."

[한동복(71살, 우성면 평목리 팽남쟁이 거주), 2006.8.8 / 오연창(80살, 우성면 평목리 장구목 거주), 2006.8.8]

② "이 논을 경작하던 이상직 씨에 의하면, 어른들 말씀에 농민군 18명이 이 논에서 죽었다고 한다. 우금티에 위령탑(1973년 세워짐)이 세워진 뒤인 1979년까지 주변 땅을 경작하던 소작인이 매년 무언(無言)의 고사(告祀)를 지

▲ 송장배미, 공주의 동학농민전쟁 우금티기념사업회에서 공주시의 지원을 받아 기념조형물을 세웠다.(2000.11.11) 기념조형물의 앞면과 뒷면의 글씨체는 우금티기념사업회 이장호 회장님의 글씨체이다.

▲송장배미에 서서 증언해 주신 정영덕 님(73세). (2005.4.5 촬영)

▲ 웅진동 한산소의 성미. 뒷산이 동학군이 성을 쌓다가 말았다고 하는 성미. 정영덕 님 증언. (2005.4.5 촬영)

냈다고 한다. 그곳에는 본디 강물은 말라도 마르지 않는 용못이 있었다고 한다."

[이상직(60세 중반, 웅진동 한산소 거주), 1994. 채록-구상회]

③ "죽은 혼신이 하도 억울해서 독사가 되어 떼잽이로 돌아다녔다. 동학 난리에 동학군을 아픈 사람도 넣고, 죽은 사람도 넣어 무더기로 넣어 묻어 버렸다고 한다. 칠석날 누르미 한쪽이라도 부쳐 둑재를 지내지 않으면 독사가 하도 많이 생겨 징그러워 견딜 수가 없었다. 우리가 생각할 적에는 죽은 혼신이 하도 억울해서 독사가 되어 떼잽이로 돌아다니는 것으로 보고 있다. 송장배미는 세 배미가 있었다."

[정영덕(73세, 웅진2동 637번지 한산소 거주), 2005.4.5]

④ "왜군이 동학군을 송장배미 논에 주욱 묶어 세워 놓고 총을 싸서 죽였다. 많이 죽었다는 사람도 있는데 일곱 여덟 된다고 하더라. 시신은 다른 데

▲ '종주 모퉁이 가서 송장배미나 지어 먹어', 종주들에 서서 말씀하시는 오성영 님. (2004.8.3 촬영)

▲ 옛길에 있는 안장바위에서. 뒤로 벧엘영생원이 보인다. 황석길 님(69세). (2006.4.22 촬영)

▲ 하고개. 『숨쉬는 우금티 동학농민전쟁 전적지안내』(우금티 동학농민전쟁 100주년 기념사업회 발행, 1994년)의 30쪽 사진. 지금은 하고개 길이 넓혀져 전혀 다른 모습이다.

로 치웠다고 하더라. 금성여고 앞길에 외딴집(지금 나이로 130세 쯤 되는 김인제 씨의 집)이 있었는데, 밤에 허신이 와서 '뜨거워서 죽겠다, 물달라'고 소리지른다고 했다고 한다. 총맞아서 죽어서 뜨겁다고 했다고 한다. 6.25 난리 전까지 허신이 왔다갔다 하고, 도깨비불이 왔다갔다 하고, 두세 두세 사람 목소리도 나고, 투닥투닥하는

▲송장배미에서 증언해 주신 황석준 님(89세), 뒷길이 옛 하고개길이다. (2005.4.20 촬영)

소리도 나고 해서 송장배미 앞으로 다니기가 힘들었다."

[황석준(黃錫俊, 웅진동 한산소에 5대째 거주, 89세), 2005.4.5]

⑤ "송장배미에서 왜병이 동학군을 죽였다."

[황석길(69세, 검상동 열목1반 거주), 2006.4.22]

⑥ 송장배미는 동학난리에 죽은 사람들을 쓸어 넣은 곳이다. 이 마을 오동리에서 할아버지 아버지와 손 잡고 금강 건너 공주시내 시장을 가면서 들은 이야기이다. 농선(농사를 짓기 위해 금강을 건너 다니는 동네 배)을 타고 금강을 건너고 돌고개 넘고 한산소 박산소 지나고 종주펄 지나면서 '송장배미'에 대해서 말씀하셨다.

[정환옥(82세, 우성면 오동리 거주), 2006.3.11]

⑦ 종주 모퉁이 가서 송장배미나 지어 먹어 : 송장배미는 한동안 묵히고 농사를 짓지 않았다고 한다. '종주 모퉁이 가서 송장배미나 지어 먹어'라고

하는, 땅 없는 가난한 농부를 놀리는 말이 농민전쟁 후 한참 동안이나 사람들 사이에 오르내렸다 한다. 종주들은 송장배미에서 고마나루 방향으로 이어지는 들을 말한다. 송장배미는 종주들의 한쪽 모퉁이에 있는 논이다.

[오성영, 2004.8.3, 채록-송성영, 정선원]

2. 하고개

"고마나루에서 공주 들어오는 길목으로 농민전쟁을 전후로 농민군들이 장꾼 차림으로 공주에 잠입하려다가 잡혀 죽은 곳이라고 하는데, '일제시대에 이곳에서 길을 닦다 가 해골이 여러 바지게 나왔다'고 한다."

[김노인(60세 가량, 웅진동 봉황고개에 거주), 1970년경, 채록-구상회]

3. 성미

웅진동 한산소 성미(성미산) : "동학군이 성을 쌓다 말았다고 한다."

[정영덕(73세, 웅진2동 637번지 한산소 거주), 2005.4.5]

* 성미(성미산)는 백제 토성(『공주지명지』 134쪽)

4. 공주접주 최영윤

① 최영윤 님은 공주 접주로서 '왜헌'*에게 12월에 체포되어, 즉시 홍성으로 이송되어 총살되었다고 한다. 12월 16일 족보의 사망 날짜를 총살된 날짜로 알고 있다. 최영윤 님의 족보에 처음 이름은 진윤(鎭潤), 자는 윤신(允信), 철종 기미년(1859년) 3월 3일생, 갑오년 12월 16일 35세로 사망. 묘는 공주시

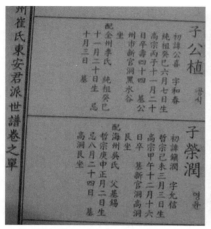

▲ 최영윤님 족보. 고종 갑오년 12월 16일 사망한 것으로 되어 있다.(2005.2.15 촬영)

▲ 일군에게 체포되어 홍성에서 총살된 최영윤 님을 증언하는 손자 최풍길 씨와 8촌 최병무 님.(2005.2.15 촬영)

신관동 고동, 즉 공주시 금흥동 신월초등학교 자리에 있었는데 신월초등학교가 들어서면서 의당면 유계리 선영으로 옮겼다고 한다.

② 농민전쟁 참여자 최영윤 님과 사촌간인 최영운(崔榮雲, 증언자 최병무 씨의 조부로 족보 이름은 종원) 씨와 또 사촌간인 최영근(崔榮根) 씨가 홍주(홍성)로 시신을 찾으러 갔다고 한다. 홍주의 역 근처 눈더미 속, 공주 지역 사망자들 시신 더미에서 최영윤 님을 찾았다고 한다. 사망자 최영윤 님이 육손이어서 쉽게 찾을 수 있었다고 한다.

③ 최영윤 님의 일가가 최근까지 공주시 의당면 유계리에서 살았기 때문에 최영윤 님의 활동 기반도 의당면 유계리 일대일 것으로 추정된다. 증언자 최병무 씨의 육대조가 정축생(1757년생)으로 나이 들어 처가인 공주 유계리에 와서 훈장을 하면서 최씨들이 유계리에 살기 시작했다고 한다.

④ 동학농민혁명참여자 최영윤 님은 식자가 많았고, 축지법을 써서 금강을 쉽게 건너 다니기도 했다고 한다. 그런데 최영윤 님이 사망한 뒤에는 최

영윤 님 부인은 삯바느질로 두 아들을 키웠다고 한다. 공주에서 한적골 관골 쌍신 치미(공주생명과학고 뒤) 신관 신기로 수없이 많이 이사를 다녔다고 한다.

⑤ 최영윤 님의 큰아들 최상규 씨는 건달로 풍물 치는 것을 좋아했는데 늦게 짝을 만났으나 손이 없다고 한다. 둘째 아들 영순(영규, 1894년생)은 관골에 살 때 성안(공산성)에 사는 제주 고씨(1908년생)와 결혼해 살았다. 7남매를 낳았다. 둘째아들 최영순과 손자 최풍길은 학교 문턱에는 가 보지도 못하고 농사일과 남의 일(쌀 먼저 먹고 농사일 해 주는 고지 등)을 해서 먹고 살았다고 한다.

⑥ 최영윤 님의 손자 최풍길 씨는 부친 영순 씨가 탄압을 피해 유난히 이사를 자주했던 것을 기억하고 있다. 일제 강점기에 할아버지가 독립단 대장으로 취급받아 일제 경찰들의 감시를 피해 여기저기 옮겨 살았다고 한다.

⑦ 동학연구가 표영삼 선생님의 말씀은 일제 강점기에 요주의 천도교인(동학도)들에 대해 일제 경찰은 체포와 매질을 일상적으로 했다고 한다. 박맹수 교수는 일제 강점기 내내 일제에 정면으로 저항한 세력이 동학이었기 때문에 항상 감시했다고 한다.

⑧ 손자 풍길은 14살부터 일하면서 살았다. 땅도 없고 재산도 아무것도 없고 해서 부인하고 서울 등 여기저기 다니며 노가다하고, 농협빚을 얻어 아이들을 다 대학교에 보냈다. 아무것도 물려줄 것은 없지만 양심껏 일하면 먹고는 살 수 있으니, 자식들에게 성실하게 살도록 당부하는 아버지의 말씀을 덧붙인다.

[**최병무**(1923년생, 옥룡동 거주) / **최풍길**(1939년생, 신관동 거주, 참여자의 손자), 2005.2.15]

* 왜헌 : 일본군 헌병 또는 일본군의 의미인 듯

****최영윤**(최윤신) 님은 2004년 '동학농민혁명 참여자 등의 명예회복에 관한 특별법'에 따른 심의 결과, 동학농민혁명 공주지역 참여자(명예회복자)로 인정되었다.(2006.11.20)

5. 그 밖의 이야기

① 송장배미로 지나는 옛길 : "새나루나 괘재나루를 건너 검상동 마을을 지나 돌고개를 넘어 지금의 벧엘영생원으로 와서 송장배미를 지나 하고개를 넘어 공주장을 보러 갔다. 돌고개를 지나면 쉴바탕에서 잠시 숨을 돌렸고 쉴바탕에 성황댕이가 있었다. 돌더미가 쌓여 있는 성황댕이에서는 돌멩이를 던지고 침을 뱉기도 하고 먹을 것을 놓기도 했다. 벧엘영생원에 이르기 전에 안장바위가 있다."

[황석길(69세, 검상동 열목1반 거주), 2006.4.22]

② 곰나루 방면의 농민군은 어디까지 진격했을까? : "아버님께서 자세히 말씀하셨다. 농민군들이 웅진동과 한산소, 박산소까지 장꾼 차림으로 변복을 하고 선발대가 갔다가 종주 모퉁이(송장배미)에서 밀려나왔다고 한다. 일부 농민군은 공산성 바로 아래 마을인 산성동과 공산성 안에까지 들어갔다가 잡혀 죽었다고 했다."

[오성영, 2002.9.27]

* 오성영 씨 부친은 임오년(1882년)에 출생하여 70세를 사셨다고 한다.

③ 일본군 뒤를 따라 다니며 안전하게 전쟁을 구경했다 : "동학군이 공주까지 승승장구 하고 와서 공주에서 일본군에게 저지를 당했다고 하였다. 검상동(봉정동) 쪽에서 전투가 심했다고 했다. 웅진동 고개에서 검상동 쪽을 보면 싸우는 것이 훤히 보였다고 한다. 일본군은 총을 쏘고 동학군은 총이 없어 꼼짝없이 당했다고 했다. 일본군 뒤따라 다니며 구경하면 동학군은 총이 없었기 때문에 안전했다고 한다. 웅진동에 사셨던 할머니의 친정 아버지가 그렇게 몇 날을 전쟁을 지켜보았다고 했다."

[김일곤(74세, 계룡 가마울 거주), 2004.11.7]

3.

금강 주위에 남아 있는 이야기들

1. 우성면

① 우성면 한천리의 동학 두목 장사진

(1) "우금고개에서는 전봉준이가 두목을 했는데 비석이 세워져 있고, 영천 (한천의 옛이름)은 장사진이가 두목을 했는데 아무것도 없다."

[이기수(신웅리, 85세), 2006.2.6]

(2) "할아버지가 동학군을 따라 다녔다고 했다. 장사진 할아버지를 이 근 방 사람은 벌벌 떨었다. 아랫마을 신참봉(동네 신의균 씨 아버지, 신의균 씨 는 한천리 저수지 초입에서 한약방을 경영) 이 장사진 할아버지에게 새해마 다 새배를 왔다. 우리 할아버지가 동학 시절, 사람을 막 잡아다가 죽이고, 개고기를 먹여 벙어리를 만들 때 도와 주어서 고맙다고 했 다."(장양순, 장종옥)

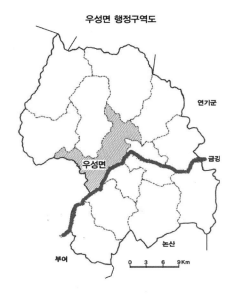

우성면 행정구역도

* 동학군이 벌을 내릴 때 개고기를 먹여 벙 어리를 만들었다고 한다.

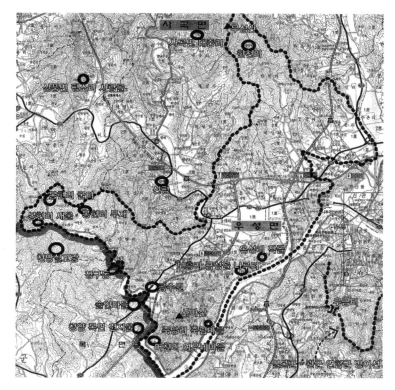

* 한천리 : 동학두목 장사진이 활동하다.
* 봉현리 굴티 : 농민군 지역본부
* 봉현리 새울(접주 이필중) : 농민군 지역본부
* 봉현리 무재 : 농민군 지역본부
* 건지울(청양군 목면) : 주변의 굴티 새울 무재를 아우르는 농민군 지역본부
* 공수원 : 접주 박제억 일본군에게 체포되어 정주뱅이에서 화형을 당하다.
* 옥성리 작골 : 김씨가 형제대신 잡혀가 송장배미에서 화형 당하다.
* 보흥리 금성골 나루터 : 감찰 김씨가 농민군으로 활동하다.
* 보흥리 분토골 : 부여 해맹이에서 동학에 참여한 달성서씨가 분토골로 피난오다.
* 어천리 여우네 마을 : 일본군에게 총살당하여 이름없는 무덤으로 남다.
* 죽당리 죽림마을 : 농민군 참여자 유씨, 꽝꽝언 금강을 넘어 우금티로 진격하다.
* 천방실 고랑(청양 정산면 남천리) : 조병갑이 피난하다가 가마채가 부러지다.
* 신풍면 평소리 사랑골 : 조병갑 세거지, 동학농민군으로 박용진이 참여하다.
* 사곡면 대중리 : 조병갑 가족이 잠시 피난하다.
* 신평(공주 사곡면 신영리) : 호남우도편의장에 임명된 동학지도자 윤상오의 거주지. 최시형 선생이 이곳에 여러 차례 숨어들어 비밀포교를 한다.
* 사마산(308.2m) : 11월 9일(음) 농민군 1만여 명이 우금티를 공격할 때 동시에 삼화산(三花山)의 농민군 1만여 명이 오실뒷산을 공격한다(『주한일본군공사관기록』 번역본 247쪽). 삼화산(三花山)을 공주 우성 사마산(司馬山)으로 추정한다.(구상회)
* 장구동 : 최익현 선생 거주지. 구한말 유생, 의병대장.
* 솔안마을(청양군 정산면) : 일본군이 쳐들어와 11월 13일(음) 동네사람 이영섭 총맞아 죽다.

◀ 영천(한천)의 동학농민혁명 참여자 장사진을 기억하고 있는 이기수 님(오른쪽, 신웅리, 85세) 조영재 님(왼쪽, 83세, 도천리 노인회장).(2007.7.17 촬영)

◀ 한천리 장양순 님 집 텃밭. 우성 한천의 동학농민혁명 참여자 장사진의 손녀 장양순 님(가운데), 장사진의 증손자 장창수 씨와 부인 이명숙 씨.(2006.12.13 촬영)

(3) "돌아가신 아버지께 들은 이야기이다. 장사진 할아버지가 왜놈 칼에 왼쪽 귀가 잘렸다고 한다. 동학 당시 한천리 근처 사곡면 대중리의 한시랭이는 골이 깊어 산적들의 은거지였다. 대중리 한시랭이와 한천 동네는 산길이 통했다. 할아버지가 힘센 한천리 동네 장정들을 조직해서 산적들 은거지를 털러 갔다. 산적들을 제압해서 산적들이 훔쳐다 놓은 옷가지들을 동네 사람들에게 나누어 주었고, 산적들이 데리고 있던 여자를 동네 홀애비와 결혼시키기도 했다고 한다. 동네 홀애비와 결혼한 그 할머니는 내가 열 살 때쯤까지 동네에서 볼 수 있었다. 공주장에 나가면 할아버지가 무서워 사람들이 설설 피했다고 한다. 할아버지를 따르던 장정들이 많았다고 한다."(장창

▲ 동학군이 들어섰던 우성면 봉현리 굴티마을. 마을 뒤 골짜기가 재난골.(2006.2.16 촬영)

수, 장사진의 증손자, 1962년생)

　　[장양순(장사진의 손녀, 78세, 한천에서 태어나 한천에서 결혼함), 장종옥(장사진의 손자, 1936년생), 2006.2.6]

　*　장사진 씨의 족보 기록은 인동장씨(仁同張氏) 18세손, 본명 장사환(張仕煥), 사진(仕進)은 자(字), 계해년
　　(1863년)에 태어나 무자년(1948년)에 사망한 것으로 기록. 장사진 님은 2004년 '동학농민혁명 참여자
　　등의 명예회복에 관한 특별법'에 따른 심의 결과, 동학농민혁명 공주지역 참여자(명예회복자)로 인정
　　되었다.(2009.1.16)

　　② "한천의 동네 어른이 사망했는데, 벽장(또는 천장)에서 동학군 옷이 나왔
다."

[신동봉(1985년경 60세이던), 2006.2.6]

　*　1985년경 우성면 한천에서 당시 약 60세이던 신동봉(호는 義均) 씨의 이야기이다. 이 이야기를 공주
　　에서 우금티기념사업회 회장을 역임하신 조재훈 선생님(공주대 교수 역임)이 전해 주었다.

　　③ 우성면 봉현리에서 동네 사람 이씨가 동학군 대장을 밀고하여 소 두
마리를 받았으나 바로 눈이 멀고 죽었다.

(1) 공주 우성에 인접해 있는 청양군 목면 안심리 건지울(권씨들이 많이 살았다고 한다)에 우금티 싸움의 패배 이후 제2의 본부가 들어섰다고 한다(상당한 정도의 세력을 가진 농민군 세력을 말하는 것으로 생각함). 말을 타고 다니며 농민군의 연락병을 하던 이(김원중 씨 이야기로는 이ㅇ중 씨)가 일본군에 매수되어 전봉준 장군을 밀고하여 잡아 갔다고 한다(전봉준 장군이 공주나 청양에서 잡혀간 것은 사실이 아니므로 유력한 동학군 대장으로 추정).

(2) 밀고한 농민군 연락병은 소 두 마리 값의 보상을 받았으나 바로 눈이 멀어 죽었다고 한다. 잘사는 편이었는데도 밀고하였기 때문에 더 원성이 자자하였고, 어렸을 때 그 집 아이들과 싸울 때면 그 이야기를 들먹였다고 한다.

(3) 청양의 건지울을 중심으로 인근 공주의 봉현리에는 유명한 동학 접주가 두 사람이 있었다고 한다. 건지울을 본부로 봉현의 새울과 무제에 동학농민군들이 잔뜩 포진했었다고 한다. 새울(조곡)에 이필중 씨와 무제에 또 한 명의 접주가 있었고, 부친에게 무제에 살았던 그분의 이야기를 들었으나 명심하지 않아 기억하지 못한다고 했다.

(4) 청주 출신 한봉수 씨가 건지울에서 관군의 포위망을 빠져나간 이야기가 마을에서 전해내려 오고 있다고 했다. 관군에게 포위되었을 때 엽전 꾸러미를 한 아름 안고 휘둘러 쳤다. 엽전이 여기저기 흩어져 관군이 엽전을 줍는 사이 도망갔다고 한다.

(5) 김원중 씨의 부인은 청양 정산 대방리 출신인데, 동학혁명 당시 고향 마을도 치열했다고 한다.

(6) 동학농민전쟁 때 김원중 씨의 증조할아버지가 아들 3형제와 함께 동짓달 중순경(음력) 공주 시내에서 하고개를 넘어 대대울나루를 건너 보홍리를 지나 이곳 봉현으로 와서 피신하였다고 한다. 김원중 씨의 둘째할아버지 때부터 이곳 우성 봉현에서 정착했다고 한다. 부친은 갑오생 동짓달 12일

생으로 전쟁의 와중에 태어났다고 한다.

④ 정우영 어른의 이야기 수편

(1) 조병갑이 피난 하다가 천방실 고랑에서 가마채가 부러졌다 : "조병갑이 청양 정산면 남천리 천방실(고랑)*에서 가마채가 부러져 하인들이 참나무를 베어 가마채를 만들어서 고개를 넘어 갔다."

(2) "무재(우성면 봉현리)에서 사곡** 범재장까지 무재 뒷산 팔봉산자락을 따라 뒷산을 넘어 20리길을 다녔다."

(3) "고조 할아버지 정민조(鄭敏朝) 씨가 비결을 잘 알고 있어서 자식들 고생 안 시킬려고 이리로 왔다고 한다. 임오군란 때 병조참판을 했는데 임오군란 때 난을 피해 경기도 광주로 이주했고, 충북 충주를 거쳐 유구에서도 살다가 무제로 이사왔다고 한다. 52번 이사를 했다고 한다."

(4) 최익현 선생 이야기 : "이씨 밀성군 종손의 땅을 사서 현재 사당이 있는

▲ 무재의 정우영 님 집. 근처 장구동의 최익현 선생이 무재의 이집에 자주 왔다고 한다.
(2006.2.15 촬영)

장구동에 살기 시작했다고 한다. 사랑마루에서 지나가던 사람이 누구인지를 다 알 정도로 보통을 넘었다고 한다. 또한 동네 사람들 사이에서 '최면암 최면암 하더니만 눈코달린 사람이구나', 하는 이야기가 돌았다고 한다."

(5) "소대본부가 앉았던 곳이 굴티 새울 무재이고 중대본부 격 접주가 앉았던 곳이 건지울이라고 한다. 여기 마을 사람들이 전봉준 장군을 봤다고 한다. 키가 조그마한데 상투도 조그맣게 틀었고, 지나가면 두루마기 자락에서 휘파람 소리가 휙휙 났다고 한다. 새울 전주이씨(○○ 씨 할아버지)가 전봉준 장군의 비서를 했다는데, 밀고를 했다고 한다."

[정우영(정완영, 85세, 우성면 봉현리 무재 거주), 2006.2.15]

* 천방실은 우성 봉현에서 정산면 소재지로 가는 큰 장길에서 400미터 더 들어가 있는 샛길에 있는 골짜기로 천방실에서 고개길을 넘으면 공수원이나 정산면으로 빠지는 샛길이 있다. 동학 때 피난 다녔던 조병갑의 흔적이다. 천방실 고랑 입구에 남천리축복기도원이 있다.

**사곡면 신영리와 우성면 봉현리와 정산면 소재지는 옛 장길로 서로 연결되어 사곡 신영리에 비밀리에 자리잡고 포교를 했던 최시형 선생의 비상시 도주로를 상정할 수 있다.

⑤ 꽝꽝 언 금강을 건너 새재로 진격하다 - 우성면 죽당리 죽림마을 동학혁명 참여자 유(劉)씨(증언자 최길환 님이 외할아버지에게 들은 이야기)

"외할아버지 사촌되는 용주씨 할아버지 유씨가 동학혁명에 참여하였다. 동학난리 때 금강이 꽝꽝 얼어서 얼음판으로 밤낮으로 40~50명씩 대창을 들고 금강을 건너 새재 둥구나무로 갔다고 한다. 새재 둥구나무는 공주로 가는 길에 있는 쉼터였다. 새재 논구덩이에서 동학군이 전멸했다고 한다. 유씨 할아버지는 동학이 끝난 뒤 잠시 동안 숨어 지낸 뒤에 살아 남았다고 한다. 외할머니가 말씀하시길 동학군은 거먹(검은) 바지저고리를 입고 다녔다고 한다. 동네분들 이야기로는 어렸을 때 마을 앞 금강이 여러 차례 얼었고, 금강이 꽁꽁 얼 때는 우마차에 10여 가마 벼를 잔뜩 실어 강건너 정미소

▲ 우성 봉현 김원중 님과 저자(1998년)

▲ 천방실 골짜기에서 조병갑의 가마채 이야기를 말씀해 주신 마을 주민 이흥상 씨(83세). 정우영 씨와는 처남 매제사이. 뒷 건물이 '남천리 축복기도원'이다. (2006.2.16 촬영)

로 방아를 찧으러 갔다고 한다. 금강이 풀렸을 때는 금강을 건너지 못하고 공수원으로 방아 찧으러 갔다고 한다."

[최길환(71세, 우성면 죽당리), 2006.3.11]

[유병갑(81세, 우성면 죽당리 죽림마을(대수풀), 2006.3.11]

* 새재 : 견준산과 두리봉(공주 서쪽 일본군·관군 연합군 진지) 사이에 공주를 넘어 가는 옛길.

⑥ 공수원(우성면)에서 활동한 박제억(朴齊億) 접주 이야기

(1) "어릴 적에 들으니까 우리집 건너편에 살았던 박성춘 씨의 할아버지가 동학당의 접주였는데 인원을 많이 모아 투쟁을 했는데 우금티 전투에서 밀려 나와서 나중에 결국은 잡혀서 동앗줄로 엮어서 동짓뜰(송장배미)에서 학살되었다고 했다."

[박영수(73세, 우성면 보홍리 분토골에 4대째 살아옴), 2006.8.12]

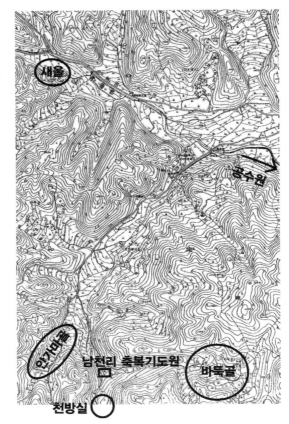

▲ 천방실고랑과 조병갑

◀ 동학난리 때 금강이 꽝꽝 얼어 동학군이 얼음판을 넘어 공주로 갔다고 한다. 동학농민혁명 참여자 유씨의 집터에서 금강을 바라보고 찍다. 유씨의 집터는 해방 후 병술년 장마에 집이 떠내려 갔다고 한다. 모자를 쓴 이가 증언해 주신 최길환 씨(71세). 유병갑 님(81세)도 함께 했다.(2006.3.11 촬영)

(2) "할아버지 박제억 씨는 군접주라고 했다. 우성면 공수원에서 머슴 둘 데리고 농사 오륙십 마지기를 지었다고 한다. 일본놈이 나온다고 들썩거리니까 할아버지 발벗고 나서서 돌아다니셨다고 한다. 대세가 몰려 일본놈들이 들어와 공수원에서 체포되었다고 한다.

칼 차고 빨간띠 모자를 두른 일본군에게 잡혀, 정주뱅이(옛 미나리깡의 광주 고속터 근처)에서 여럿이 장작불에 산채로 불태워 죽였다고 한다. 다 태워 끄실러났으니까 누가 누군지 모르겠는데, 보선 코빼기가 안 타서 거기를 보아 갈라진 발톱을 확인하여 아버지가 시신을 찾았다고 한다.

청양군 목면 안심리 무정골에 있는 고조할아버지 산소 아래에 묻었는데 공주 서천 간 고속도로가 나면서 2002년경 이곳 내홍리로 모셔 왔다.

정부가 부모를 죽여 놓았으니 요시찰로 자식을 감시했다고 한다. 감시를 피해 집안에서는 할머니와 함께 왕촌 마을(평정뜸의 가운데 뜸)로 들어왔다고 한다. 할아버지는 2남 3녀 5남매를 두었다. 아들 형제가 있었는데 둘째아버지가 생존했으면 127살로 아버지 스무살 때 돌아가셨다고 한다. 아버지는 왕촌에서 25살 때 결혼했다. 왕촌에 살던 사촌 형제들이 일본으로 갔다가 큰아버지를 일본으로 모셔갔는데 일본에서 돌아가셨다.

아버지는 우성면 분토골에 남의 땅을 빌려 들어갔다. 이곳 내홍리로 내가 다시 온 지는 53년 되었다. 이곳 내홍리에는 있는 처가 따라서 분가해 왔다. 중조할아버지, 할머니 산소가 있어 산소 관리가 편해 이리로 오기도 했다.

할아버지 이후 집안이 고생이 많았다. 내홍리 사는 자식이 결혼이 안 되어 문선명의 통일교를 통해 일본여자와 결혼할 뻔했는데, 할아버지 죽인 원수와는 결혼 않겠다고 하여 조선족과 결혼을 했다.

아버지는 이름이 새 나갈까봐 무서워서 할아버지 이름 자조차 언급을 안했다. 부친이 나에게 일제시대에는 태극기조차 가르쳐 주지 않았다. 어머니

▲ 동학지도자 박제억의 후손이 살았던 집터를 증언해 주신 박영수 님. 우성 보흥리 분토골. 뒤에 전봇대 옆 터가 사라진 집터.(2007.8.6 촬영)

▲ 계룡면 내흥리에 있는 동학농민혁명 참여자 박제억 님의 묘소. 손자 박승준 님(81세)이 증언.(2006.8.13 촬영)

가 내가 국민학교 다닐 때 할아버지 이야기를 말씀하셔서 지금 기억하고 있다. 지금까지도 집안이 회복을 못하고 있다. 목면 안심리 박씨네 친척들은 돌아가신 할아버지를 비웃는 사람들도 있다. '뭐이 출중하게 잘났다고 세상 흘러 가는 데로 못 살고 항거하다가 그렇게 죽어서 자손들 고생한다고.'"

[박승준(호적 박규성, 81세, 계룡면 내흥리 거주), 2006.8.13]

* 족보에 박제억 님은 무오년생(1858년)으로 갑오년 11월 16일 사망하여 당시 37세였다. 박제억 님은 2004년 '동학농민혁명 참여자 등의 명예회복에 관한 특별법'에 따른 심의 결과, 동학농민혁명 공주지역 참여자(명예회복자)로 인정되었다.(2009.1.16)

⑦ "옥성 작골(공주 우성면)에 살던 우리 외할아버지가 '시천주조화정영세불망만사지'라는 주문을 외웠다. 외갓집 갔을 때 주문 외는 것을 들었다."

[정정생(여, 81세, 우성면 보흥리 분토골 거주), 2006.8.12]

* 증언자 정정생 씨는 어머니를 통해 주문을 들어서 지금도 '시천주 조화정 영세불망 만사지'라는 주문을 기억하고 있었다.

⑧ 부여 해맹이에서 동학난리에 참여한 서씨 : "시할아버지(달성 서씨)가 갑오년 난리에 부여 해맹이에서 사뭇 함께했고, 재산이 많았다고 하는데 살림살이 다 팔아서 파산했다고 했다. 시할아버지는 갑오년 난리에 돌아가셨는지 어떤지 모르겠는데, 집안이 이곳 우성 분토골로 왔다고 했다. 동학 책이 많았었는데 여기에서 새집으로 고치면서 아들이 포크레인으로 묻어버렸다."

[정월석(여, 84세, 우성면 보흥리 분토골 거주), 2006.8.12]

⑨ 형제 대신 잡혀 송장배미에서 불태워 죽임 당한 우성 작골의 김씨 : "우성면 보흥리 금성골 나루터에서 감찰을 했던 김씨라는 분이 동학운동을 했다. 일본군들이 그 양반을 잡아가려고 하다 잡지 못하자, 우리 동네 우성 작골에 사는 형제를 잡아갔다고 한다. 일본군이 웅진동 송장배미에서 장작가리에 태워서 죽였다고 한다. 그분 시신을 수습해서 동네 뒷산에 모셨는데, 그분 직계 후손들이 북으로 갔다. 그래서 그동안 주변 친척들이 산소를 모시다가 2006년 말에 파묘하고 화장을 했다. 송장배미에서 화형당한 분의 이

▲ 할아버지 박제억 님이 일본군에게 화형당한 곳으로 추정하는 정주뱅이에 서 있다. 금강에 가까운 공산성과 제민천 사이의 옛날 미나리깡 근처이다.(2007.6.24 촬영)

◀ 이태조 때 심었다고 마을에서 자랑하는 우성면 분토골 정자나무 아래. 왼쪽 정정생 님(여, 81세), 가운데 정월석 님(여, 84세). 박영수 님(73세).

◀ 마을에서 송장배미에서 화형당한 김씨를 기억하고 있는 김삼규 님. 마을 뒷산에 그 분의 산소를 모셨다가 2006년말에 파묘하고 화장했다.(2007.2.7 촬영)

▲ 우성면 옥성리 2구 작골에서 형제 대신 붙잡혀가 송장배미에서 일본군에게 화형당한 김씨가 살던 집.(2007.2.7 촬영)

야기는 시앙 때에 집안에서 이런 이야기를 들었고, 학교 다니면서 친구들에게서 들은 이야기이다."

[김삼규(60대, 우성면 옥성리 2구 작골에서 15대째 거주), 2007.2.7]

⑩ 일본군에게 총살당하여 여우네 마을에 무덤으로 남다 : "연안 이씨가 이 사람도 만세 부르고 저 사람도 만세 부르고 했다고 일본군에게 고자질을 했다고 한다. 일본군이 남 끌어들인 것이 괘씸했는지 어떤 이를 일본군이 총살시켰다고 한다. 여우네 동네 이야기인지 다른 동네에서 일어난 이야기인지는 모르겠다. 고모부가 '동학난리 만세통'에 일어난 이야기라고 했다."

[윤석만(82세, 우성면 어천리 여우네마을 거주), 2006.3.5]

* 증언자 윤석만 씨는 1994년 동학농민혁명 기념으로 공주에서 행사를 할 때 민속학자 구중회 공주대 교수님 소개로 초청을 받아 우금티에 장승을 깎아 세웠다.

⑪ 시루봉 주변 산자락에서 동학군들 싸우다 - 농민군들이 묻힌 송장배미와 정주뱅이 : "노인분들이 말씀하시길 저 비얄(마을회관에서 보면 송장배미로 이어지는 시루봉 산자락 전부와 두리봉의 봉우리 끝이 약간 보인다)*에서 무수한 싸움이 있었고 거기서 죽은 사람들을 쓸어 넣어 버린 곳이 '송장배미'**라고 했다고 한다. 정주뱅이(미나리깡)에도 많은 동학군을 쓸어 넣어 묻어 버렸다고 한다. 마을에서 데데울나루를 거쳐 송장배미를 지나 공주로 장보러 갔다."

* 우성면 평목리 장구목에 있는 마을회관 앞에서 금강 건너편 시루봉과 두리봉을 바라 보고 설명하였다. 동짓들은 송장배미에서 금강가로 이어지는 벌판.
** 증언자들은 공산성 앞의 옛 미나리깡 근처를 정주뱅이로 생각하고 있었다.

[한동복(71살, 우성면 평목리 팽남쟁이 거주) / 오연창(80살, 우성면 평목리 장구목 거주), 2006.8.8]

⑫ 양반 상놈 차별을 없앤 동학난리, 양반을 잡은 동학난리 : "살아 계신다

▲ 금강 건너편에 있는 산비탈(사진에서 벌채된 곳)에 여러 차례 싸움이 있었고 그 시신들이 송장 배미에 묻혔다고 한다. 증언해 주신 한동복 님(71세).(2006.8.8 촬영)

▲ 여우네마을 무덤의 증언자 윤석만 님(82세).(2006.3.5 촬영)

▲ 동학난리에 일본군에게 총살당한 이가 묻힌 여우네 마을의 무덤. 서 있는 이가 증언해 주신 윤석만 님 (2006.3.5 촬영)

면 128살쯤 된 할아버지의 이야기이다. 양반들은 평민들에게 필요한 게 있으면 가져오라 하면 다 갖다 바쳐야 했다. 고깃간에서 고기를 사더라도 반말로 하대를 했다. 동학난리가 양반을 잡아, 양반 상놈 차별이 없어졌다고 했다. 할아버지가 9살 때 장기면 당암리에서 살다가 이 곳 평목리로 이사왔다. 이 근처의 세도양반은 단지리 오정승과 검상동 이판서가 있었다."

[한동복(71살, 우성면 평목리 팽남쟁이 거주), 2006.8.8]

2. 반포면

① 부잣집을 털며 이인으로 간 동학군

(1) "대평리 쪽 연기군 금남면 돌다리(석교리, 이씨들이 많이 살았다고 한다)와 남곡리에서 동학군들이 왔다고 했다. 동학군들이 부잣집을 털면서 우리 마을 반포를 지나 상신을 거쳐 계룡산을 넘는 보사재를 지나 계룡면 중장리로 가서 이인으로 갔다고 한다."

(2) "동학군들은 남의 부잣집 털어다 먹은 마적떼이다. 동학군들이 사방에서 굉장했던 모양이다. 당시 반포면 송곡리 마을의 이씨네(자손 이용상)가 3천석을 했다고 하는데, 이용상 부자네를 위협하느라 사랑채 기둥을 칼로 쳐서 위협했다고 했다. 바깥사랑채 네 벌 때린 기둥(네모기둥)에 칼로 찍은 흔적이 남아 있는 것을 보고 자랐다.

(3) 반포 공암의 김종학 부자를 털었다는 이야기는 못 들었고, 상신 이부자네(손자 이해익)는 털렸고, 보사재를 넘어서 갑사 중장 진씨네 부자가 피해를 입었다. 이해익이네는 소를 도지 주어서 없는 농민들에게 소를 키우도록 해서 소를 불렸는데 소코뚜레가 한 구루마 된다고 했다.

반포면 행정구역도

연기군

금강

반포면

대전

논산

▲ "반포 송곡리 3천석 부자 이씨네를 위협하느라고 농민군이 네벌기둥을 칼로 쳤다고 한다"고 증언하는 이정규 님.(2004.8.23 촬영)

(4) 내가 중장으로 장가를 들었는데 집사람(살아 있으면 85세)이 진상구라는 사람과는 내사촌인데 '우리집 고모부(진상구 씨 아버지)가 동학군들한테 맞아서 어혈이 들어서(골병이 들어서) 죽었다. 예전에는 명주가 최고여서 딸 여우려고 명주를 준비했는데 다 동학군들이 뺏어갔다.'고 했다."

[이정규(83세, 반포면 송곡1구 거주), 2004.8.23]

② "반포 근처 부자 세 집을 동학농민군이 털었다. 그런데 한 부잣집에서 노비가 행방불명되었는데 도둑질해서 나간 것으로 소문이 나 있었다고 한다. 그런데 곳간에서 노비의 유골이 나와 그 부자를 징치했다고 한다."

[반포 송곡리 주민들, 1993~4년 경, 채록-이걸재]

▲ 계룡 중장리 진부자집 터, 진부자가 농민군에 맞아 골병이 들어 죽었다고 한다.(2005.1.12 촬영)

▲ 계룡산 아래 상신마을 이부자집 터, 소부자로 유명했는데 농민군에게 털렸다.(2005.1.12 촬영)

4.

금강 북쪽의 면지역에 남아 있는 이야기들

신풍면

① 탐관 오리 조병갑 일가가 살던 신풍면 사랑골

(1) 조씨(양주 조씨)네 집안이 충남 보령 물포리에서 살다가 풍수가가 그린 그림을 보고 명당을 찾아 사랑골로 왔다고 한다. 사랑골은 좌우와 뒤에 산을 등지고 동향으로 자리잡고 있는 풍수지리적으로 좋은 터이다. 사랑골에는 원래 동학농민전쟁 이전부터 금녕 김씨네(현재 16대째), 밀양 박씨네(현재 8대째), 진주 강씨네 20여 호가 이미 살고 있었는데 조씨네가 이사오면서 세성이 절단났다고 한다(큰 피해를 입었다). 동학농민전쟁 전 수십 년 동안 사랑골에서 권력 있는 양반으로 세도를 부리던 이는 조병갑의 아버지 조규순으로 기억하고 있다. 마을 한가운데에 ㅁ자형의 큰 기와집을 짓고 주위에 딸린 가옥이 70여 호가 되었다. 어렸을 때 ㅁ자형 큰 기와집은 공포의 대상이어서 무서워서 들어가 볼 생각조차 못했고, 마을 주민들과 양반 조씨네와는 왕래가 거의 없었다고 한다(김창덕).

(2) 그런데 대장간에서 불이 나고 초가집에 불이 옮겨 붙어 기와집 주변의 70여 호를 모두 태웠을 때 공주 군내 사람들을 부역으로 동원해 영마람(초가집 지붕용 짚단) 하나와 재목 하나씩 가져오도록 하여 복구할 정도로 권세가 있었다고 한다. 1920년대쯤 이 집을 후손들이 팔았는데 신풍면 사무소를 짓고 동원리에도 개인 집을 지을 정도로 규모가 컸다고 한다. 박노선 씨는 양반 조씨네 집이 1,200~1,300평 정도 규모로 추산한다.

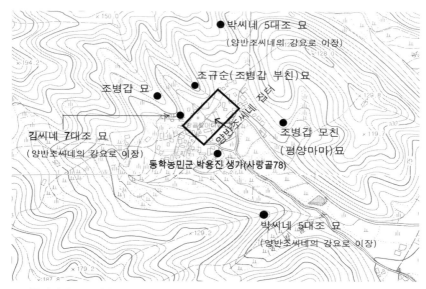

▲ 신풍면 사랑골 : 조병갑의 세거지, 동학농민혁명 참여자 박용진 생가(증언 - 김창덕 님, 박노선 님, 박노식 님) (국립지리원 1:5000 지형도)

(3) 양주 조씨가 사랑골에서 세도를 부릴 때, 조씨네 살림집에서 볼 때 다른 성씨의 묘가 눈에 거슬린다고 하여 옮기도록 했다고 한다. 사랑골 남쪽 산과 북쪽 산에 있던 밀양 박씨네 5대조 할아버지(박노선) 2형제 묘소를, '신풍 사곡 유구에서 옮길 땅은 어디든 줄 테니 옮기라'고 협박하여 한 분은 신풍면 화홍리로 옮겼고, 한 분은 사곡 운암리로 옮겼다고 한다. 사랑골 마을 뒤에 있는 금녕 김씨네 묘(김창덕 님 7대조 할아버지 묘)도 옮기도록 하고 조씨네 집안과 관계 있는 덕수 장씨 묘를 썼다고 한다. 강씨네는 양반 조씨네 행악을 피해 걸어서 10분 거리에 있는 북쪽 평촌으로 한밤에 이사했다고 한다.

(4) 조병갑은 평양 기생 출신의 어머니를 두었기 때문에 서자 출신이라 조씨네 집 제사에 처음에는 참여하지 못했다고 한다. 조병갑이 제사 때, 식칼을 가지고 살을 베어내며 '살은 남의 살이고 뼈는 조씨네 뼈이니까 살을 깎

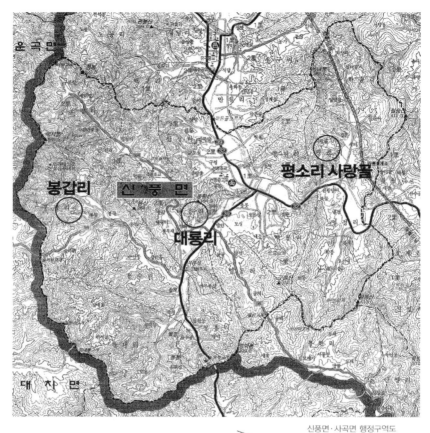

* 평소리 사랑골 :
㉠조병갑 일가 세거지
㉡낮에는 일본군이 설치고, 밤에는 동학군 세상'
㉢사랑골의 농민군 참여자 박용진, 총에 맞아
사망하다.
* 봉갑리 :
㉠샷밭골 고개에 동학군이 주둔하다.
㉡봉갑리에서 행악질하던 안동 김씨 일가, 양반
의 씨를 말려야 한다고 하여 4살짜리 아들이 동
학군에게 잡혀가다.
* 대룡리 : 대룡리 양반 남양 홍씨가 기와집을 동
학군이 불태우다.

신풍면·사곡면 행정구역도

▲ 사랑골 입구, 공주시 신풍면 사랑골은 조병갑 일가가 살던 곳이다. 마을 뒷산 날등에 조병갑 묘 등 조씨네 산소가 있다.(2004.12.12 촬영)

▲ 사랑골 박노선 님(68세), 마을에서 전해오는 조병갑 이야기와 동학농민혁명에 참여하여 사망한 증조부 박용진 이야기를 증언하였다.(2004.12.1 촬영)

▲ 양반 조씨네에게 7대조 할아버지 산소 터를 빼앗긴 바로 그 묘 앞에 선 김창덕 님.(2004.12.10 촬영)

을 테니까 제사에 참여시켜 달라'고 하여 소동을 벌인 뒤에야 제사에 참여했다고 한다. 조병갑 어머니 묘도 사랑골에 있는데 지금도 '평양마마 묘'로 불리고 있다.

(5) 조씨네 집안 묘가 사랑골 4곳에 7기가 있다. 동쪽을 향해 사랑골 마을로 흘러내리는 제일 좋은 터인 능선 3곳에 각각 조씨네 묘가 있으며 조병갑의 묘는 가운데 산날등에, 조병갑의 아버지 조규순의 묘는 북쪽 산날등에 있다. 조병갑의 묘자리는 풍수지리적으로 부족한 것을 보완하기 위해 인력으로 산을 만들어서 묘를 썼다고 한다. 조씨네 집안에서 조병갑의 묘를 쓸 때까지 많은 인력을 동원할 정도로 권세와 부를 가지고 있었으나 조병갑의 묘는 처음부터 비석도 상석도 없었다고 한다. 조고비 첩(후처, 마마라고 부름)의 묘가 사곡면 해월리 2구 땅죽미(밤섬)에 있다고 한다.

(6) 조씨네 후손과 최근까지 교분을 가지고 있는 박노선 씨는 비석 없는 묘를 조씨네 집안에서 조병갑의 묘로 알고 있다고 했고, 김창덕 씨는 판사 묘로 기억하고 있었다.

(7) 조병갑은 고부민란의 책임을 추궁당하여 섬에 귀양을 갔다. 그런데 조병갑은 임금의 어머니인 대비의 먼 조카뻘이었고, 좌의정 조병세, 전 충청관찰사 조병식, 전라관찰사 조병호 등 높은 벼슬아치들과 같은 집안이었고 영의정 조두순(趙斗淳)의 조카(庶姪)였다고 한다. 이러한 이유로 추측하지만 1898년에 대한제국의 판사(평리원 재판장)로 조병갑은 어느새 관직에 복귀하여 해월 최시형에게 사형을 선고하기도 하는데 이러한 이유로 판사묘로 불리는 것도 조병갑의 묘임을 입증하는 것이다.

(8) 1910년대 쯤 조씨네는 파산하고 마을을 떠나기 시작했다고 한다. 조씨네 직계 후손이 제약회사로 성공하면서 6.25 직후에야 부친과 조상의 묘를 찾아 사랑골 마을에 들리기 시작했다고 한다.

▲ 조병갑 묘, 처음부터 비석도 상석도 세우지 않았다고 한다. 공주시 신풍면 평소리 사랑골.(2004.12.10 촬영)

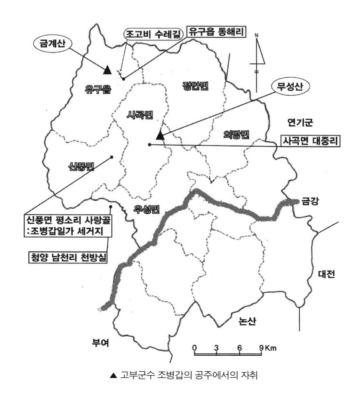

▲ 고부군수 조병갑의 공주에서의 자취

(9) 조씨네가 파산하면서 수많은 땅을 신씨네한테 팔고 나갔다고 한다. 지금도 조씨네 산과 논이 사랑골과 주변 마을에 있다고 한다. 사랑골의 대부분이 박씨네 산이었는데 양반 권세로 댓가 없이 뺏어갔다고 기억하고 있다.

[김창덕(83세, 신풍면 평소리 사랑골), 박노선(68세, 사랑골), 박병래(88세, 사랑골),

강봉선(81세, 신풍면 평소리 평촌), 이걸재 제보, 2004.12.8~12.12, 채록-정선원]

(10) "평소리 사랑골의 조고비 까치집에 불이 붙어 예닐곱채가 다 타버렸다."

[임헌평(74세, 신풍면 선학리 보신이 거주), 2007.8.16]

---

* 조병갑의 족보 기록 : 1844년 5월 15일에 태어나 1863년에 벼슬길에 나서다. 1912년 5월 23일에 70세로 사망. 묘는 공주시 신하면 평소리에 있다. (『월간조선 2006년 11월호』 김남성 기자의 글 참조)

** 동학농민혁명의 도화선이 된 인물, 탐관오리 조병갑의 고향이 공주 신풍면 평소리 사랑골이라고 하는 것은 이걸재 선생님의 제보로 알게 되었다. 이걸재 선생님은 공주시청 공무원으로 공주 석장리 박물관장으로 근무하고 있으며, '의당 집터다지기'(충청남도 무형문화재 제45호), '우성 봉현리 상여소리'(충남도 무형문화재 23호)를 발굴하는데 큰 역할을 했으며, 『공주시의 사투리, 민속, 생활용어 채록보고서』, 『공주의 소리』를 정리하여 낸 바 있다. 공주의 소리 등 민속자료를 채록하기 위해 마을을 다니면서 조병갑 세거지를 알게 되었다고 한다. 이걸재 선생님의 여러 노고에 감사 드린다.

② 조병갑의 이야기는 공주의 여러 곳과 청양에 전해 온다.

(1) 조병갑 세거지 : 신풍면 평소리 사랑골

(2) 조고비 가족이 피난할 때 닦은 산 길, 조고비 수레길 : 유구읍 문금리에서 유구읍 동해리로 이어진다.

(3) 조병갑 가족이 3년간 피난했던 유구읍 동해리 사락골(선학골)의 조고비 집터와 조고비굴

(4) 유구 동해동의 산제(山祭)에 '전 김해부사 조병갑'이 참여하다.

(5) 유구 동해동에서 동학군 패잔병들이 조병갑 첩의 아버지 이호장 시체

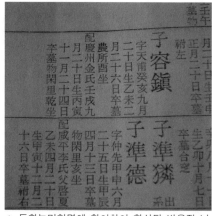

▲ 동학농민혁명에 참여하여 학살된 박용진 님 (1863~1895)의 집안 족보에는 31살에 사망한 것으로 되어 있다.(2004.12.12 촬영)

▲ 사랑골 동학농민군 박용진 님의 생가터(사랑 골길 78). 증손자 박노식 씨가 증언하였다. (2014.9.27 촬영)

의 목을 떼어가다.

(6) 조고비 가족들이 동학난을 피해 잠시 살던 사곡면 대중리의 조고비 집 터(2곳)

(7) 조병갑이 피난 하다가 청양의 남천리 천방실 고랑에서 가마채가 부러 졌다.

③ 갑오년 난리 때 사랑골은 낮에는 일본군이 설치고 다니고 저녁에는 동 학군 세상이었다 : 강봉선 님의 어머니가 살아있다면 125세가 되는데 사랑 골에서 태어나고 자란 사랑골 처녀였다고 한다. 이 이야기는 강봉선 님의 어머니가 한 이야기이다.

[강봉선(81세, 신풍면 평소리 평촌), 2004.12.8]

④ 동학농민전쟁에 참여하여 소년 죽음을 당한 사랑골의 박용진 : 박노선

▲ 신풍 봉갑리 안동 김씨네 집터에서 유병기씨가
증언하고 있다.(2004.10.5 촬영)

▲ 마을에서 행악질 하던 안동 김씨네 이야기를
생생하게 증언해 주신 신풍 봉갑리 유명식님(73
세).(2004.10.5 촬영)

씨의 증조할아버지 박용진 님이 동학혁명에 참여하여 29살에 소년 죽음으
로 총에 맞아 죽었다고 한다. 족보에는 1863년(계해년)에 태어나 1895년(을미
년) 2월 26일에 사망한 것으로 기록되어 있다. 큰아버지가 손자들에게 '고조
할아버지가 인격 훌륭하고 똑똑하신 분이었다. 고조할아버지 닮으라.'는 말
씀을 항상 하셨다고 한다.

[박노선(68세, 사랑골), 2004.12.12]

 * 박용진 님은 2004년 입법된 '동학농민혁명 참여자 등의 명예회복에 관한 특별법'에 따른 심의 결
   과, 동학농민혁명 공주지역 참여자(명예회복자)로 인정되었다.(2009.1.16 결정)

⑤ 갑오년 난리 후 양짓말이 평촌으로 바뀌다 - 사랑골에서 걸어서 십분
거리에 있는 평촌의 원지명은 양짓말이었는데 갑오년 난리에 피해를 입지
않고 편안했다 해서 평촌으로 이름을 바꿨다고 한다.

[강봉선(81세, 신풍면 평소리 평촌), 2004.12.8]

⑥ 봉갑리 샛밭골에 주둔하고 있던 동학군이 마을에서 행악질하던 안동 김씨네 4살짜리 아들을 붙잡아 갔다

(1) "동학농민혁명 즈음에 봉갑리 마을에서 악행(행악질)을 저지르던 안동 김씨네가 있었다. 당시 집터가 지금까지 남아 있는데, 초가 3칸 집에서도 그렇게 주민들에게 나쁜 짓을 많이 했다고 한다. 양반 상놈이 있던 시절에, 상놈(평민)이 돈을 벌고 당사자가 죽었을 때, 양반들끼리 짜고 안동 김씨네에게 돈을 생전에 꾸었다고 하는 위조서류를 해가지고 자식에게 돈을 갚도록 강요했다고 한다. 돈을 갚지 않는다고 부엉바위 옆에 있는 수백 년 된 소태나무 가지에 상놈들을 거꾸로 매달아 놓고 팼다고 한다. 지금은 국유림으로 되어 있지만 당시 이 근처의 산이 다 그들의 소유였다고 한다(유명식)."

(2) "동학혁명 당시 동학군들이 그를 잡으러 왔는데 당시 행악질하던 그는 도망갔는데(그는 그 뒤 행방불명이 되었다고 한다), 양반의 씨를 말려야 한다고 해서 그의 어린 자식(당시 4살)이 대신 동학군 대장에게 붙잡혀 갔다. 당시 동학군들이 샛밭골 고개(이곳 봉갑리에서 조평리로 넘어가는 고개)에 주둔하고 있었는데 주변 마을에서 동학군들에게 밥을 해 주었다고 한다. 안동 김씨네 4살짜리의 어머니가 같이 가서 동학군 대장(유명식 씨는 의병대장이라고도 부름)에게 어린 것이 무슨 죄가 있겠냐고 빌어서 목숨을 살렸다. 그의 어머니는 동학군에게 또 잡혀갈까 봐 친정(회덕의 송씨네)이 있는 대전으로 나가 자식을 교육 시켰고 그 뒤 다시 이곳 봉갑리로 들어왔다고 한다."

[유명식(73세, 신풍면 봉갑리 거주) / 유병기(64세, 신풍면 봉갑리 거주), 2004.10.5, 2005.1.17]

⑦ 동학혁명 즈음 불렀던 노래

(1) "아버지가 살아 계시면 105살인데 아버지가 심심하면 동학 때 불렀던 노래라고 하면서 흥얼거렸는데 '독도는 우리 땅' 그런 곡조였다."

[유명식(73세, 신풍면 봉갑리 거주), 2004.10.5]

(2) 이걸재 씨가 신풍에서 동네 할머니에게 동학 때 불렀던 노래라고 들었던 노래는 '학도야 학도야 청년 학도야' 이런 풍으로 시작하다가 뒤에는 주술적인 내용이었다고 한다.

[이걸재, 1993~4년경]

⑧ 대룡리 남양 홍씨 기와집이 불타다 : "동학시절 대룡리는 남양 홍씨가(군수 홍남평은 동학 당시에는 사망) 세력이 있었다. 동학군이 남양 홍씨가 기와집 한 채의 문짝을 떼다가 불을 질러 그 집을 태워 버렸다. 주변에 기와집이 4~5채 있었다고 한다."

[양인환(1922년생, 신풍면 대룡1구 거주), 2007.8.15]

사곡면

① 조고비(조병갑) 가족들이 동학난을 피해 살던 사곡면 한시랭이 조고비 집터 : 사곡면 대중리 마을의 서향의 양지 바른 터에 고부군수 조병갑(마을 사람들은 '조고비'라고 부른다)의 가족들이 동학농민혁명을 피해 잠시 머물던 집터가 있다. 조고비 집터는 마을 사람들은 제법 큰터로 기억하고 있으며 지금은 밭으로 변했으나 얼마 전까지도 굴뚝을 낸 흔적을 볼 수 있었다고 한다. 오재궁 씨네 밭에서 산기슭 쪽이다.

대중리는 사곡면 면소재지에서 마곡사 가는 길에서 1킬로미터 이상 깊숙이 들어가는 마을이고, 대중리 마을에서는 산고개를 넘으면 한천으로 그리고 마곡사로 이어진다고 한다. 대중리는 큰 길에서는 떨어져 있고, 위험하면 산길로 신속히 피신하기 좋은 곳이어서 조병갑 가족이 피난처로 선택한 모양이다. 증언자 안상호 씨는 경기도 파주가 고향이나 동학계통의 민족종교 '제세교'(또는 '성도교', 교주 이민제)를 믿기 위해 공주에 왔고 해방 전 대중리에 정착했다고 한다.

[안상호(80세, 사곡면 대중리 거주), 2006.1.2]

* 고부군수를 역임했던 조병갑에 대한 기억을 가지고 있는 옛 공주 사람들은 조병갑을 조고비 또는 조고부로 부른다.

② 조고비 가족들이 동학난을 피하기 위해 집을 짓다가 그만 둔 사곡면

▲ 조고비 가족들이 '동학난'을 피해 살던 사곡면의 '조고비 집터'. 증언자 안상호 님(80세)이 서 있다. (2006.1.2 촬영)

▲ '서뜸 담안밭의 조고비 집터'를 증언하는 원용국 님. 원홍상 님의 아들이다.(2014.10.9 촬영)

한시랭이 서뜸 담안밭 조고비 집터 : 사곡면 한시랭이 조고비 집터를 지도에 표시하기 위해 2014년에 한시랭이 마을을 다시 찾았을 때, 동네 원홍상 씨 등 두 분이 또다른 조고비 집터를 소개해 주셨다. 같은 동네 한시랭이 마을의 '서뜸 담안밭 조고비 집터'는 조병갑 가족이 집 터 닦다가 '골살 꼈다', '도둑이 꾄다', '도둑혈이다'라고 해서 같은 동네 지금의 오재궁 씨네 밭에 집을 짓고 피신했다고 한다.

'서뜸 담안밭의 조고비 집터'는 담안밭이라고 부를 정도로 지금도 돌로 높게 넓게 쌓은 축대를 볼 수 있는 논과 밭 몇 마지기였다.

말씀해 주신 원홍상 님(76세)은 조부가 경기도 가평에서 위의 안상호 씨네 경우와 같이 민족종교 '제세교'(또는 '성도교' 교주 이민제)를 믿기 위해 공주에 왔고 대중리에 정착했다고 한다.

[원홍상(76세, 사곡면 대중리 거주), 2014.10.9]

유구읍

① 아산에서 동학혁명에 참여했다가 유구 상세동 깊은 산속으로 피신한 최영식 가족 : "할아버지는 4형제 중 맏형으로 아산에서 동학농민혁명 때 활동하다가 동생들과 친척들에게 피해를 주지 않기 위해 피난 왔다. 할아버지(崔永植, 80을 사셨고 6.25 전에 사망)가 25세에 사곡면(당시 사곡면, 지금은 유구읍) 상세동에 부인과 함께 들어왔다. 산 밑에 움을 묻고 정착했다. 신분을 감추기 위해 경주 최씨(원래는 전주 최씨) 행세를 했다. 상세동에서 유구읍까지는 걸어서 3시간 걸리는 먼 거리이다. 상세동에는 동학을 믿는 분이 3가족이 있었는데, 할아버지 포함하여 모두 난을 피해 이주해 온 분들이다. 근처 유구읍 추계리(금계산 용목동 추계리 7반)에도 2가족이 난을 피해 이주해 왔고, 2형제 중 동생이 동학에 열심이었다. 근처 유구읍 신달리 달월에도 동학을 믿는 방씨네가 있었는데 난을 피해 이주해 왔는지는 모르겠다. 추계리 용목동에 살던 이의 아들이 김기선 씨로 아산에서 살고 있다. 최근에 아산의 김기선 씨에게 『동경대전』 등 동학 경전을 얻어서 복사를 했다. 당시 세동에는 오씨네와 이씨네가 많이 살고 있었다. 6.25 전후에는 상세동에 15~16호가 살고 있었고, 세동에 모두 60~70호가 살고 있었다."

[최헌규(1945년생, 유구 석남리 거주), 2005.1.17]

* 유구읍 세동리의 자연마을은 상세동, 안마을, 양지뜸이 있다.

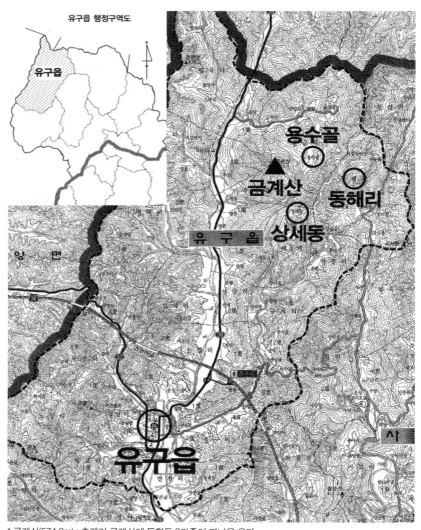

유구읍 행정구역도

유구읍

용수골

금계산

동해리

상세동

유 구 읍

* 금계산(574.8m) : 추계리 금계산에 동학도 2가족이 피난을 오다.
* 상세동 : 아산에서 동학에 참여하였다가 상세동으로 피난을 최영식씨 등 모두 3가족이 피난 오다.
* 유구읍 : 동학접주 이선재가 활동하다.
* 동해리 : 3년간 조병갑 일가가 피신하다(조고비 집터, 조고비굴). 동학군 패잔병들이 활동하다.
* 문금리 용수골 : 농민군 무덤(문금리에서 동해리로 넘어가는 고갯길), 조고비 수레길(조병갑 일가가 피난
을 위해 용수골에서 동해리로 넘어가는 고개에 닦은 300미터 길이의 넓은 길)

▲ 아산에서 동학혁명에 참여했다가 유구 상세동 깊은 산속으로 피신한 최영식 씨의 후손 최헌규 님 (60세). (2005.1.17 촬영)

▲ 동해리 노인회장 이희옥 님(75세). (2007.1.23 촬영)

②조병갑 가족이 3년간 피난했던 유구읍 동해리 사락골(선학골) 집터와 조고비굴 : "전라도의 원을 했던 조병갑이 싸리둥우리를 타고 왔다. 조고비 어머니가 사락골에서 환갑 잔치를 했다. 3년 정도 동해리에 있었다. 동학군을 피해 낮에는 사락골 뒷산의 조고비굴에 있다가 밤에는 사락골 집에 거처했다. 숱한 사람들이 살고 있어 쌀 닦은 쌀뜨물이 구계리 냇가 구시울까지 내려갔다. 조고비는 하루 열두끼 정도 먹었고, 한끼에 닭 한 마리를 삶아서 먹었다. 가마꾼들이 투덜댈 정도로 몸집이 엄청 뚱뚱했던 모양이다. 동네에 조고비를 전라도 고부에서 업고 여기까지 왔던 이의 사위가 동해리에서 살았다. 동해동 근처 사람들은 조고비네 집에 나무해서 대어 주고 품팔아 먹었다. 조고비를 찾아 전라도 양반들이 동해리에 자주 왔다. 많은 곡물을 실어 왔다. 양반들이 오면 그 종들이 특별히 말여물을 만들어주지 않고 곡식밭에 말을 풀어 놓아 폐를 끼쳤다고 한다. 땔감이 부족하자 조고비의 종들이 고개 넘어 용수리에 가서 과실나무조차 땔감으로 베어가지고 왔다고 한다."

[이희옥(75세, 동해리 두동[두멍골] 거주, 현 동해리 노인회장), 2007.1.23]

▲조고비굴(유구읍 동해리 사락골). 조병갑이 낮에는 이굴에 올라와 피신했다고 한다. 노인회장 이희옥 님 증언(75세).(2007.1.23 촬영)

▲ 조병갑이 피난했던 집터(유구읍 동해리 사락골). 3백평 쯤 되는 초가집이 있었고 자재는 천안으로 실어가서 다시 집을 정도로 좋았다고 한다. 노인회장 이희옥 님 증언.(2007.1.23 촬영)

▲ 유구읍 연종리 통미 마을 앞. 사락골(선학골)의 쌀뜨물이 여기 연종리 통미 냇가에 까지 내려 왔다고 한다. 왼쪽 임군일 님(74세), 오른쪽 최남용님(80세).(2007.1.21 촬영)

[임군일(74세, 유구읍 연종리 거주) / 최남용(80세 연종

리 통미 거주), 2007.1.21]

③ 최남용 씨의 동해리 이야기

최남용 씨 집안은 '평택싸움'* 즈음
해서 난리를 피해 수원에서 고조할아
버지를 증조할아버지가 업어서 이곳
동해리 작은삼밭골(소마전)으로 이사
왔다고 한다. 당시 동해리에는 세 집
이 있었고, 6.25때는 피난민으로 300
호 정도로 늘어났다고 한다. 이희옥
노인회장은 6.25때 피난민으로 140
호 정도 늘어 났다고 기억하고 있다.

▲ 동학군과 내통했던 마을 사람이 맞아 죽었던 백사장이 있던 곳.동해리와 연종리 사이에 있는 큰 삼박골 입구. 증언해 주신 최남용 님 (왼쪽), 임군일 님(오른쪽).(2007.1.21 촬영)

동해동에 호랑이가 나타나서 최남용 씨 증조부가 산신당을 세워 산신제를
지내기로 하고 7집이 모였는데, 그 해가 가기 전에 12집, 24집으로 늘어났다
고 한다.

[최남용(80세 연종리 통미 거주), 2007.1.21]

* 평택싸움 : "아산이 깨지나, 평택이 무너지나"라는 속담이 있다. 1894년 7월 28일~7월 29일, 동학
농민혁명과 함께 일어난 청·일 전쟁의 성환전투(또는 아산전투)를 가리키는 것. 성환전투는 청일 전
쟁 초기 풍도 해전(1894년 7월 25일)과 함께 일본군이 벌인 첫 전투로 평택에 내려온 일본군이 충남
아산에 주둔한 청군을 공격하면서 시작했고, 청군이 패배하였고 패배한 청군은 공주, 청주, 충주,
춘천을 거쳐 평양으로 들어갔다.

④ 동학군 패잔병들이 조병갑 첩의 아버지 이호장 시신의 목을 떼어가다

(1) "동학난리 난 뒤에 동해리에 뒤쳐진 사람들이 10명 이상 뭉쳐 다니면
서 밥해 달라고도 하고 돈도 뺏어 갔다고 한다. 종조부가 지관노릇을 했는데

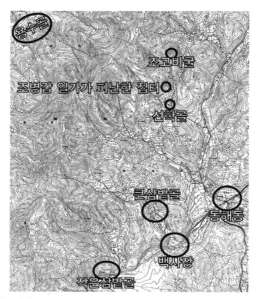

▲ 유구 동해리와 조병갑.
* 조병갑 일가가 피난한 집터—초가집 300평.
* 백사장—동학군과 내통한 혐의로 동해리 동네사람 한 명이 일본헌병에게 두들겨 맞아 죽은 곳.

▲ 전 김해부사 조병갑, 갑진생. 갑진생이면 1844년생이다. 1885년 유구 동해동의 산제 참가자 명부이다.

평택에서 지관을 해 주고 옆전을 한 궤짝 가지고 왔는데 작은삼밭골까지 설쳐 옆전 궤짝 빼앗길까봐 혼났다고 했다. 큰집 할머니가 오빠오빠 해 가면서 밥을 잘해 주고 해서 옆전 궤짝은 빼앗기지 않았다고 한다(최남용 증언)."

(2) "조병갑과 같이 마을에 들어 왔던 사람 중에 이호장이 있었는데 조병갑 첩의 아버지였다(이희옥 증언)."

(3) "이호장이 죽어 동해리에 화려하게 묘를 썼다. 어려운 시절인데 비단으로 송장을 하고, 장정 하루 품값이 한 되인데 떼 한 장을 산소로 져 가면(지고가면) 한말을 주었다. 그런데 동학군 패잔병들이 시신의 목을 가져다가 재물과 바꾸려고 했다. 동네 사람 중에 새벽녘에 옷에 이슬이 젖어 있는 사람이 있어 그 사람에게 내통한 혐의를 두었다. 큰삼밭골 입구 백사장에서 작수매(상투를 나무에 묶어놓고 두드려 패는 형벌)해서 일본 헌병이 두드려 패서 죽였다. 맞아 죽기 전에 얼마나 맞았는지 말은 못하고 입으로 백사장 뒤편의 큰바위 쪽을 가리켜서 백사장 돌 틈에서 목을 찾았다. 이 일로 광목 한 통을 상으로 받은 동네 사람이 있었다. 동학군들은 잡지 못하고 다 도망갔다. 큰삼밭골에 우리집이 있어 할머니께 들은 이야기이다(최남용 증언)."

[임군일(74세, 유구읍 연종리 거주) / 최남용(80세 연종리 통미 거주), 2007.1.21]

[이희옥(75세, 동해리 두동(두멍골) 거주, 현 동해리 노인회장), 2007.1.23]

⑤ 유구 동해동의 산제(山祭)에 '전 김해부사 조병갑'이 참여하다 : 1885년 유구의 동해동의 산제 '계좌목(稧座目)'에 '전 김해부사 조병갑'이 보인다. 공주대학교 구중회 교수님이 이 정보를 제공해 주었다. 이 내용은 구중회 교수가 펴낸『공주지방의 민속신앙』(1995년, 공주문화원 펴냄)에 실려 있다.

⑥ 조고비 수레길, 조고비 굴 : "동네에서 어른들 사이에 전설처럼 내려오

▲ 농민군 무덤터, 유구 동해리 용수골에서 동해리로 넘어가는 길목에 있었던 농민군 무덤터에 서 있는 이장호 님. 공주 우금티기념사업회 회장과 전국농민회총연맹 부회장을 역임하였다.(2004.10.5 촬영)

▲ 유구 문금리 '조고비 수레길'을 걷고 있는 이장호 님(왼쪽)과 이관호 님.(2014.9.28 촬영)

고 있는 이야기가 있다. 조고비(고부군수 조병갑)가 우리 동네(유구읍 문금리 용수골) 마을을 거쳐 수레를 타고 동해리 사락골로 갔다. 『정감록』 등 비결책에 나오는, 전쟁을 피할 수 있는 '십승지지'로 소문난 동해리로 간 것이 아닌가 생각된다. 사락골에 조고비 가족들이 머물렀던 굴이 있다. 사락골까지 가는 길이 매우 험한데 어떻게 수레길을 닦았는지 모르겠다(공주에서 동해리와 문금리는 깊은 산골로 소문나 있다. 동학농민혁명 당시 동해리는 깊은 산골이지만 열두 동네를 가진 큰 고을이었다). 조고비가 피난할 때 닦은 조고비 수레길이 지금도 남아 있다. 빈 몸으로 간 것이 아니라 수레에 식량과 재물까지 싣고 간 것으로 생각된다. 잠길은 골짜기를 따라 있었는데 산중턱에 구불구불하게 새로 낸 길로 삼밭골 고개 근처까지 이어져 있다(산193-4를 지난다). 말로 끄는 수레를 종들이 밀면 수월하게 갈 수 있게 경운기 길보다 넓게 닦았다. 최근까지도 300미터 정도 그 길이 남아 있다. 고개 넘어 동해리에 조병갑의 병자 항렬 조씨들이 여러 호 살고 있었는데 조병갑과 연결되어 있었다고 생각된다. 고부 군수하면서 이곳 조씨 문중 사람들 중 글 잘하고 힘 좀 쓰는 사람들을 데려다가 고부에서 마름으로 썼다든지, 만석보 막을 때 이곳 문중 사람들을 관리인으로 사용한 인맥이 있어 그들의 자문을 받아 이곳까지 오지 않았나 생각된다."

[이장호(64세, 유구 문금리 용수골 거주), 2004.8.23 / 10.5]

[이관호(77세, 유구 문금리 용수골 거주), 2014.9.29]

⑦ 농민군 무덤 : 유구 문금리에서 동해리로 넘어가는 고갯길 길가에 농민군들 무덤이 있었다. 여기에서 전투가 있었던 것으로 생각된다. 도피하는 농민군이었는지, 조고비를 추격했던 농민군들이었는지 모르겠다. 묻었던 농민군들이 두 명인지 세 명인지 확실하지 않지만 길가 밭 귀퉁이에 묻어두었는데, 마을 사람들도 모르게 파갔다.

[이장호, 2004.8.23 / 10.5]

⑧ 피난 온 농민군이 마을에 남아서 주민이 되다 : "용목동(용수골 마을에서 바라보이는 금계산 570m 고지에서 50m쯤 아래 산말랭이에 위치)에 흙과 돌로 담을 쌓고 지붕에는 갈대를 덮은 토담집에 농민군 두 형제가 피난 왔다가 살았다. 상투를 틀고 갓과 도포를 쓰고 화전을 일구어 먹고 살았던 것을 기억하고 있다. 이 인근 동네만 해도 당시 40호 200여 명이 넘는 인구가 살고 있었는데, 관에 고발당하지 않고 그분들이 이곳에 살았던 것으로 볼 때 주민들이 보호해준 것으로 볼 수 있다. 지금은 마을에 살고 있는 그분들 자손들은 없고 자손들 중 한 분은 온양에 살고 있다. 이 아래 마을 검단리에서도 동학군에 가담해서 잡혀가 죽은 사람이 있는 것으로 알고 있다. 그 당시 동학군하면 관군하고 맞섰으니까 무서울 수밖에 없어서 그 당시 동학쟁이 온다하면 울던 애기도 그쳤다 한다."

⑨ 동학난리에 궁골(의당면 중흥2구)로 피난 간 검단 이씨들 : "유구 검단리에
살던 이씨들이 동학난리를 피해 궁골로 피난을 와서 살았다."

[이봉주(73세, 의당면 중흥2구 궁골거주), 2006.2.18]

⑩ 세동(細洞, 가는골) 이야기

(1) 유구에 최한규(접주)의 지휘하에 충경포(忠慶包) 4~5천 명이 모여 있었
다. 유구의 농민군에는 이미 세성산에서 패하여 이두황 부대에 쫓긴 농민군
들도 합류하고 있었다. 이들은 전봉준 부대와 사전에 약속하여 남하하는 관
군을 강북에서 공격하려는 계획을 세웠다. 그러나 11월 11일 관군으로부터
역으로 공격을 당하여 패하였다(『순무선봉진등록』11.15)

(2) 유구에 농민군이 잠복하고 있을 만한 곳이 유구 세동이다(구상회).

(3)『정감록』에 따르면 유마양수간의 피난처로 이곳에 '명가울, 고찌울, 구
사울, 달울, 가래울'이란 다섯 울 속에 금동(金洞)이란 곳이 있고, 그 금동이
천하의 피난처라고 하였는데, 이 금동이 세동을 지적한 것이라 한다. 6.25
때도 세동에 30여 호가 피난 와서 살았고, 인민군 3개 사단이 거쳐 갔으나
피해가 없었다고 한다(『공주지명지』 355쪽).

⑪ 유구·정산의 동학을 가라 앉힌 이영수

(1) "동학농민혁명 즈음 정산군에서 증조부 이영수 님이 지역 유지였다.
제자들도 많았고, 정산 쪽의 의병 박윤식 씨가 증조부 제자이다. 몇 달씩 손
님이 와서 묵고 가셨다고 한다. 우리 집자리(청양군 정산면 신덕리)는 현재 당숙
이 살고 있는데 그대로 있다. 당시 유구의 동학접주 이선재 씨가 증조부를

흡수하려고 했다. 증조부 이영수 님은 주변 마을 집들이 전부 동학을 믿기 시작하자 위협을 느끼고 유구의 접주 이선재 씨를 찾아가 동학을 하지 못하도록 설득했다. 유구의 이선재 씨 집에는 동학 기들이 걸려 있었고 위세가 당당했다. 지금 동학군이 올라오고 있으나 운수가 아니니 동학 기를 내리고 협조하지 말도록 했다고 한다. 이선재 씨는 증조부 이영수 님의 설득을 받아들여 동학 하기를 중단했다고 한다. 증조할아버지가 유구·정산의 동학을 가라앉혔다."

(2) "고종 말년에 남정철 이조판서가 전국의 인사들을 모을 때 증조부를 세 번 불렀는데 응하지 않았다. 증조할아버지는 제자들과 함께 홍주의 민종식 의병의 모사관으로 참여했는데, 제자들은 공주에 끌려가서 볼기를 맞았다는 기록이 있어서 제자 박윤식, 권만천이 독립유공자로 국가에서 연금을 받고 있으나 증조부는 흔적이 없다. 이선재 씨가 증조부를 의병 명단에

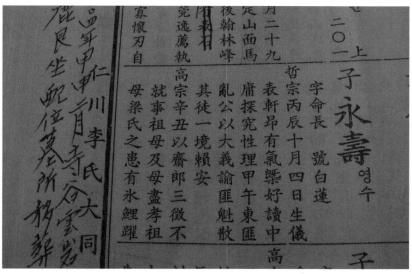

▲ 족보에 '갑오 동비난(동학혁명을 낮춰 부르는 말)에 정산의 이영수 님이 대의로서 비적의 괴수를 설득하여 해산시켜 그 일대를 편안하게 하였다'고 기록하고 있다. 인천이씨 대동보 권4.

서 빼서 그렇게 됐다고 한다. 이선재 씨는 동학농민혁명 뒤 일본에 협조했고 일진회 활동을 했다고 한다. 이선재 씨가 말년에 우리 집에 오시기도 했는데 싸리버섯묶음을 가지고 오시기도 했다. 증조부는 정산에서 살았다. 땅은 20~30마지기 가지고 있었고 양반이었다. 일제 강점기 공출을 하러 올 때도 증조부가 반일인사로 취급되어 '왜놈'들이 얼씬도 못했다."

(3) "최덕신 씨가 위령탑(공주시 금학동의 동학혁명군위령탑)을 세울 때, 우리가 탄천에 살 땐데, 작은아버지와 나에게 초청장이 왔는데 안 갔다. 증조부가 동학에 반대했기 때문에 가지 않았다."

[이석규(77세, 공주시 장기면 대교2리 거주), 2005.5.7]

* 증언자는 이선재 씨의 이름에서 '재'자가 '제'자 인지 정확하지 않다고 했고, 한자는 기억하지 못한다고 했다.

정안면

① 정안면 궁원과 공주에서 활동했던 동학접주 임기준의 활동(1894년)

(1) 3월 14일(이하 음력) - '접주 임기준이 이끄는 동학농민군 7백여 명이 공주 궁원(弓院)에 모여, 유회(儒會)가 열리고 있던 대교리로 가서 유회를 격파했다.'

[『약사』, 총서 2, 206쪽]

(2) 8월 1일 ~ 2일 - 동학군 1만여 명이 공주의 비장 출신 임기준의 지도로 정안면 궁원(弓院)에 모여, 다음날 깃발 창칼을 들고 공주부내로 들어갔고 동학군이 길에 가득하여 마을이 시끄러웠다고 한다.

[『금번집략』 별계 8.5]

▲ 궁원교. 운궁리와 장원리를 잇는 다리로 1983년에 세웠는데, 23번 옛날 국도에 있다. (2014.12.14 촬영)

(3) 8월 3일에는 농민군들은 차츰 흩어져 부에서 10여 리 혹은 30여 리 떨어진 곳에서 각각 둔취하였다.

『금번집략』 별계 8.5]

(4) 8월 4일에는 다시 동학무리 수천 명이 공주부에 모였다고 한다.

『금번집략』 별계 8.5]

② '궁원'은 정안면의 '운궁리'와 '장원리' 일대이다.

(1) 궁원의 이름이 서쪽으로 옮겨 가다.

- 구활원(지금의 장원리에 속함) 지형이 활처럼 생겼고 이곳이 삼남대로가 되어 조선 시대 때 행인의 편의를 도와주는 궁원이 있어서 궁원 또는 활원이라 했다. 호남으로 통하는 큰 길이 되어 광정과 함께 '활원광정'이라 하여 유명한 곳이 되었다. 큰 길이 서쪽 운궁리로 옮겨짐에 따라 활원의 명칭도 옮겨 갔다.

- 장원리 : 1914년 행정구역 개편때 장천리, 고궁원리(구활원), 능산리, 서궁원(구역말), 궁원리의 각 일부를 병합하여 장천리와 원의 이름을 따서 장원리라 하였다.

- 운궁리 : 조선 시대 말엽에 공주군 정안면의 지역으로 원래 궁원이 있었으므로 궁원이라 불렀다. 1914년 행정구역 개편 때 보물리, 궁원리, 운곡리의 각 일부를 병합하여 운궁리라 하였다.

[참조 :『공주지명지』(500, 501, 505, 506),『공주지명변천약사』(92, 93, 공주시 2007.7. 발행)]

(2) "운궁리를 궁원 또는 활원이라 불렀다. 운궁리에서 살았고 유림활동을 하시고 천안에서 한문학원도 하셨던 오동환 씨에게 들었고, 마을에서 운궁리가 활원(즉 활 궁(弓)의 궁원과 같은 말)이라고 하는 비석도 세웠다. 지금 운궁리에 궁원교 다리도 있다. 운궁리는 윗말 아랫말 은학동으로 이루어져 있다."

[홍성기(65세, 정안면 운궁리 거주), 2014.12.14]

(3) '정안면 장원리가 궁원이다.'

"정안면 장원리가 강성기미, 구억말, 구활원 마을로 되어 있는데, 옛날부터 한동네였고 궁원이라 불렀다. 강성기미, 구억말이 장원 1구이고, 구활원이 장원 2구이다."

[황창무(86세, 정안면 구억말 거주), 2014.9.14]

③ 정안면 구억말의 갑오난리 : "살아 계신다면 130세 되신 구억말 출신으로 이 동네에서 태어나고 이 동네에서 돌아가신 외할머니의 이야기이다. '갑오난리 때, 동네 사람들에게 괭이, 삽, 쇠스랑 들고 나오라고 독려를 하고, 부녀자들은 숨곤 했다'고 한다."

[이병오(78세, 정안면 장원1리 구억말 거주), 2005.2.10]

④ 정안면 보물리에 동학군들이 진을 치다 : "정안면 보물리도 동학군들이 진을 쳤고, 여기 요당리에서는 이 동네(의당면 독정이)에서 동학군들이 진을 쳤다. 식량이 풍부해서 진을 쳤을 것이다."

[김종턱(의당면 월곡리 독정이 거주), 2005.10.16(79세) / 2014.10.26]

⑤ 덕을 베풀었던 정안면의 지주 이씨네는 동학군들이 피해를 주지 않았다 : "거지에게도 상을 차려 대접했던 정안면의 이씨네는 동학군이 지나면서 '여기가 이씨네집 동네니까 조용히 지나가라'고 했다고 한다."

[이은서(84세, 의당면 태산리 행정마을 거주), 2006.2.8]

⑥ 동학당이 와서 내문리 지주 김씨네 방앗간을 태워버리다 : "동학당이

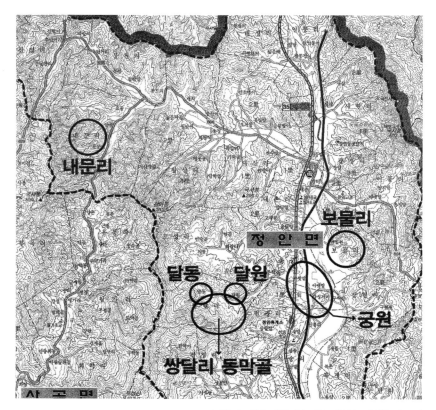

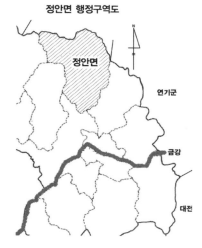

정안면 행정구역도

*내문리 : 덕을 베풀었던 지주 이참봉은 동학군이 그냥
지나갔고, 인심을 얻지 못한 지주 김씨는 동학군에게
고초를 당하다.
*궁원 : 운궁리와 장원리 일대
  · 3.4. 접주 임기준의 지휘로 7백여 명이 봉기하
여, 대교리의 유회군을 격파하다.
  · 8.1. 접주 임기준의 지휘로 1만여 명이 봉기하
여, 다음 날 공주부내로 들어가다. 8.4까지 활동한다.
*쌍달리 : · 동막골 - 동학군이 막을 치고 활동하다.
  · 달동 - 달동을 배경으로 접주 장준환의 무리들
이 부여 광천 등 각 지역에서 활동하다.
  · 달원(달울) - 달울 출신 권씨 남편이 동학난리에
죽어 궁골(의당 중흥리)로 시집가다. 달원 출신 지삼석
이 장준환의 접에서 성찰거행으로 활동하다.
* 보물리 : 동학군들이 진을 치다.

▲ 갑오년 난리 때 외할머니이야기를 증언한 정
안면 구억말 이병오 님.(2005.2.10 촬영)

▲ 정안면 어물리 마을 앞 이내응 님 83세.
(2005.10.2 촬영)

▲ 정안면 구활원(장원2리).(2005.2.10 촬영)

정안면 내문리에 왔는데, 덕망가였던 이참봉네는 놀랄까 조용히 가자고 했
고, 마을에서 인심을 얻지 못했던 김씨네는 방앗간을 태워 버리고 갔다. 해
방 직전까지 내문리와 월산리까지 이참봉네와 김씨네 땅이 대부분이었다
고 한다. 이참봉네 후손은 50년 전 천안으로 이사갔다고 한다."

[이내응(83세, 정안면 어문리), 2005.10.2]

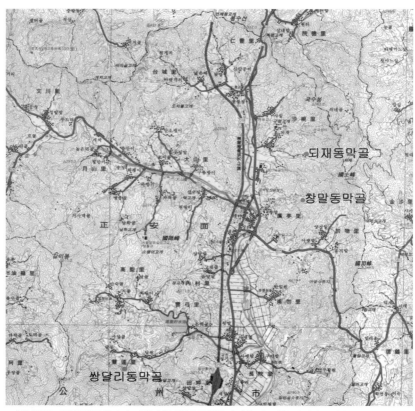

▲ 정안면의 여러 동막골 골짜기. 쌍달리 동막골은 동학군이 막을 치고 활동하였던 곳이다.
(국립지리원 1:50,000 지도)

⑦ 동학군에게 고초를 당한 내문리 지주 김씨네 : "93세까지 산 할머니에게 들은 이야기이다. 밤이 되면 동학군이 수십 명씩 들이닥쳤는데 큰할아버지는 도망가고 할아버지(이야기를 전해 준 할머니의 남편)가 잡혀 마을 입구 둠벙 부근에서 모닥불을 아래서 묶인 채로 고초를 당했다. 동학군이 꾸벅꾸벅 졸고 있을 때 밀어 제치고 도망을 갔다. 이 때문에 집이 불탔다고 한다."

[김씨네 후손, 60세 후반, 2005.10.3]

▲ 쌍달리 동막골

* 일제시대까지는 정안에서 내문리까지 김씨네 땅을 밟지 않으면 갈 수가 없었다고 한다.

⑧ 일제강점하 정안면의 지주와 소작농들 : 운궁리의 강봉주 씨는 930석, 사현 1구의 유근석 씨는 1천석(손이 없다), 보물리의 원정희 씨는 1천석인데 자수성가한 천석군들이다. 토지개혁 때 땅이 없어졌다. 일제 때는 자기 땅을 가지고 농사짓는 사람이 거의 없었다. 땅없는 사람은 형편이 없었다. 정월 팔월 명절에 뫼에 해 놓을 쌀이 없어 쌀을 꾸러 다녔다. 해방 후 농지개혁 하면서 지주에게 토지증권으로 주었고 분할 상환을 하였기 때문에 지주가 망했다. 일제 때 보통학교(현재 정안초등학교)는 한 학년이 20명 정도 되었다. 대학 나온 이가 면 전체에서 5명도 안 됐다. 동네마다 양반들이 다 있었다. 보물리에는 원씨들이 세력을 가지고 있었고 양반들이 없었다.

[최병묵(87세, 운궁리 거주), 2005.10.2]

⑨ 정안면의 여러 동막골 골짜기

(1) 쌍달리 동막골(쌍달리 중뜸 남쪽)과
동막골 집터 : "동학군들이 동학을 하
기 위해서 막을 치고 활동을 하였는
데 그 골짜기를 동막골이라고 한다.*
그 당시 동학군들이 막을 지었던 집
터(쌍달리 246번지)가 남아 있다. 관군들
이 이곳으로 동학군을 잡으러 오자
한 사람이 동막골 산모퉁이에 들어가
자살을 했다. 뒷산에 무덤이 있었는
데, 지금은 없어졌다."

▲ 정안 쌍달리 동막골, 동학군이 막을 치고 활동
했던 집터. 증언해 주신 김행각 님의 뒤로 동막골
골짜기가 있다.(2004.9.27 촬영)

[김행각(77세, 쌍달리 거주) / 맹정일(66세, 쌍달리 거주) / 김행구(83세, 쌍달리 거주), 2004.9.27]

* 『공주지명지』 498쪽

(2) 정안면에 있는 4개의 동막골

정안면에 쌍달리 동막골과 평정리 동막골(쌍달리 동막골과 북쪽으로 고개 하나 사
이), 광정리 창말 동막골, 사현1구 되재 동막골이 있는데, 마을 주민들의 구
전에서는 쌍달리 동막골을 제외하고는 동학농민혁명과 관련성을 확인할
수 없었다. 그러나 정안면 궁원에서 접주 임기준의 지도로 1만여 명까지 모
여 공주시내로 2번이나 진출했던 기세와 정안면 쌍달리 달동의 접주 장준
환 등의 활동, 보물리에 진을 친 동학군의 활동을 볼 때, 정안에 동학군들이
맹렬히 활동했던 것을 알 수 있고, 지금 남아 있는 동막골 지명도 1894년 동
학농민혁명과 관련성이 있다고 유추할 수 있겠다.

⑩ 쌍달리 달동에서 접주 장준환, 성찰거행 지삼석이 활동하다.

(1) 달동 출신의 접주 장준환의 무리들이 부여, 광천 등 각 지역에서 활동하다. 25일 효포싸움 패배 뒤에 다시 포를 만들려고 달동에 돌아와 활동하다가 11월 3일 체포되어 효수 당하다.

(2) 공주 정안면 달원에 사는 지삼석 나이 28세, 1892년 9월에 요당면(要堂面) 북촌(北村)에 사는 지명석(池明石)의 집에서 동학에 가입하다. 장준환의 접에서 성찰 거행으로 활동하다 체포되다.

『갑오실기』 갑오11월, 「선유방문병동도상서소지등서(宣諭榜文竝東徒上書所志謄書)」

⑪ 동학난리에 정안 달울에서 남편이 죽어 궁골(의당면 중흥 2구)로 개가한 달울 할머니 : "권씨 남편이 동학난리에 죽어서 권씨 아들 하나를 데리고 궁골의 이씨네 집안으로 시집 와 두 아들을 두었다. 마을에서 '달울(달월) 할머니' '달울댁'라고 불렀는데, 궁골로 시집 오기 전 정안면 달울에서 살았다고 했다."

[이봉주(73세, 의당면 중흥2구 궁골 거주), 2006.2.18]

의당면

① 스즈키 아키라 소위 부대가 공주 북쪽 10리 거리에 있는 (의당면) 수촌의 농민군 도소를 공격하여 농민군 3명을 살해하고 21명을 체포함(1894.10.13[음], 『주한공사관기록』 1, 174쪽)

② 의당 수촌의 동학대장 김진일 : "동학혁명 때 종조부(부친의 삼촌) 김진일 (金振日) 씨가 의당 수촌 큰골에 살았다. 수촌에 동학에 가담한 사람이 아주 많았다고 한다. 종조부가 수촌에서 동학 책임자였다. 종조부는 도신리로 피신했다가 다시 수촌으로 돌아와서 수촌에서 일찍 돌아가셨다. 종조부는 2명의 자손이 있었는데 모두 일찍 죽었다. 동학혁명이 끝나고 부친(金義善)*이 외가(정씨)가 있는 이곳으로 피신해서 이사를 왔다."

[김현배(89세, 정안면 보문리), 2005.10.2]

* 김의선(金義善) 씨는 갑술년(1874) 생으로 84세에 사망하였다고 한다.

③ 의당면 수촌의 동학농민혁명 참여자 최진표

(1) 족보 기록에 1884년(갑신년)에 태어난 최진표 님은 10세에 동학농민혁명에 참여하였다. 당시 살던 집은 의당면 수촌리 84번지이다. 동학농민혁명이 끝난 뒤에 최진표 님은 수촌을 떠나 근처 우성면 귀산리로 이주하였다가 현재 손자 최병석 씨가 살고 있는 공주시 쌍신동에 터를 잡았다. 최진표 님

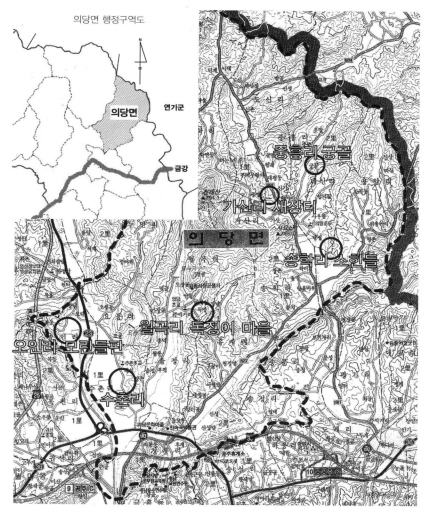

의당면 행정구역도

* 수촌리
· 10.13.(음), 일본군이 농민군 수촌의 본부를 습격하여 3명을 살해하고, 21명을 체포하다.
· 수촌의 동학대장 김진일, 수촌의 참여자 최진표
· 수촌초등학교 교정 자리에 있었던 청나라 장교의 무덤
* 월곡리 독정이 마을 : 농민군들이 주둔하면서 새로 집을 짓다.
* 오인리 모란들판 : 일본군들이 장총을 들고 새까맣게 모란들판에 나타나 오인리 마을로 동학군을 잡으러 오다.
* 송학리 소한들 : 동학군 패잔병들이 일본군들과 싸움을 하다. 농민군 1명 사망.
* 가산리 새장터 : 농민군들이 쇠스랑을 가지고 새장터를 방어하다.
* 중흥리 궁골 : 유구 검단리의 이씨들이 난을 피해 이사를 오다.

▲ 종조부(부친의 삼촌)가 의당면 수촌리의 동학책　　▲ 수촌의 참여자 최진표 님을 증언하는 손자 최병
임자였던 것을 증언한 정안면 보문리 김현배 님(89　　석 님.(2005.12.24 촬영)
세).(2005.10.2 촬영)

의 동학농민혁명 참여 사실은 일제 강점기에 최진표 님이 집안에 온 손님들과 이야기를 나누는 과정에서 손자 최병석 님이 들은 것이라고 한다.

최진표 님은 15세 이후부터 1957년경 사망할 때까지 '상제교'를 믿었다. 일제 강점 시대에는 현재의 집에 교를 믿는 손님들이 끊일 날이 없었던 것을 손자 최병석 씨는 기억하고 있다.

최진표 님은 1957년에 사망했는데, 사망하기 전에 사망할 날짜를 이야기하며 준비를 하도록 했고 '해 떨어지기 전에 죽을 것이다'라고 이야기했는데 딱 맞아 떨어진 사실을 최병석 씨는 기억하고 있다.

[최병석(72세, 공주시 쌍신동 4번지, 최진표 님 손자), 2005.12.24]

(2) 또한 최진표 님의 동학혁명 참여 사실은 공주시 우성면 귀산리에서 최진표 님 집과 개울 하나 건너에서 마주보고 살다가 41년 전에 의당면 율정리로 이사를 갔던 장원심 씨의 증언이 있었다. 장원심 씨의 증언에 의하면 최진표 님을 동네에서는 최칠호라고 불렀다고 한다.

[장원심(83세, 공주시 의당면 율정리 거주), 2005.11.12]

▲ 수촌의 참여자 최진표 족보. 경주최씨 진장공파보 족보에는 '영표'로 실려 있다.(2005.12.24 촬영)

▲ 의당면 율정리 장원심 님(83세). 우성면 쌍신리 최진표 씨가 동학에 가담한 것을 증언. (2005.11.12 촬영)

▲ 증언해 주신 석치옥 님(75세).(2006.1.1 촬영)

④ 패배한 동학군들이 수촌들에 숨다 : "동학군이 패배하면서, 흩어진 동학군들이 수촌들에 이리 숨고 저리 숨고 했다고 한다."

[석치옥(75세, 의당면 수촌1구 태실마을 거주, 노인회관에서 만남), 2006.1.1]

⑤ 갑오년을 세 번 겪은 수촌들의 고목나무 : 수촌의 이흥덕 님은 수촌들의 오래된 고목나무를 갑오년 난리(동학농민혁명)와 연관지어 기억하고 있다.

[이흥덕(85세, 의당면 수촌1구 태실마을 거주), 2005.11.12]

▲ 갑오년을 세 번 겪은 수촌들의 고목나무.(2005.11.13 촬영)

▲ 수촌들과 갑오년을 세 번 겪은 수촌들의 고목나무. 고목나무 뒤로 수촌초등학교와 탑산 모퉁이 말무덤 자리가 보인다.(2005.11.13 촬영)

▲ 서 있는 자리가 동학농민혁명 때 청나라 장교의 무덤이 있던 자리. 수촌초등학교 교정. 이흥덕 할아버지 증언.(2005.11.13 촬영)

⑥ 갑오년 난리 때 죽은 청나라 장교의 무덤 : "지금의 수촌초등학교 교정이 학교로 조성되기 전에는 야산이었는데 이 야산에 있는 청인(청나라) 장교의 무덤을 어른들에게 들었다. 어떻게 죽었는지는 확실한 기억은 없다."

[이흥덕(85세, 의당면 수촌1구 태실마을 거주), 2005.11.12]

⑦ 갑오년 난리 때 죽은 말을 묻은 말무덤(의당면 수촌리 탑산 모퉁이) : 갑오년 난리 때 죽은 말을 묻은 곳이라고 한다. 말무덤 바로 위로 이흥덕 씨의 9대조 묘를 이장해 왔다고 한다.

[이흥덕(85세, 의당면 수촌1구 태실마을 거주), 2005.11.12]

⑧ 의당면 월곡리 독징이(독정이)의 동학 이야기 : "정안면 보물리도 동학군들이 진을 쳤고, 여기 요당리에서는 이 동네에서 동학군들이 진을 쳤다. 식량이 풍부해서 진을 쳤을 것이다. 이 동네는 물이 많아 동학난리 즈음 40호 이상 살고 있었고, 머슴은 열대여섯 정도 되는 부유한 마을이었다. 그리고 독징이 사람들이 송학 안몸티까지 가서 농사를 지었다. 안몸티에 향나무 정

▲ 의당면 수촌1구 태실마을 이흥덕 님(85 세).(2005.11.13 촬영)

▲ 이흥덕 님 옆 산자락에 동학혁명 때 묻었다고 하는 말무덤이 있었다고 한다. 멀리 수촌2구 큰골마을이 보인다.(2005.11.13 촬영)

자가 있는데, 그것이 독징이 사람들 '점심청(점심 먹는 곳)'이었다. 농가에서 소를 많이 키웠다고 한다. 동학군들이 활동하자 동네사람들은 무서워서 기를 못폈고, 동학군들이 이 동네에서 새끼달린 소를 많이 잡아 떨어 먹어서 이 마을에 세 고샅이 있는데, 동학난리 뒤에 어미 없는 송아지들이 돌아다녀서 사람이 비켜 다녔다고 한다. 동학 난리꾼들이 집을 지었던 곳도 남아 있다. 동학군들이 새로 지은 집 바로 위에 초가집이 있었는데 그 집만으로 거처하기 부족하자 지금 남아 있는 집을 지었다고 한다.(골짜기 이름은 '뒤깔', 동학군이 새로 지은 집 주소는 '의당초교길 81-19') 근처 마을 율정이나 유계리보다 독징이의 세가 훨씬 컸었는데 동학군들이 독정리 마을을 떨어 먹은 뒤로 마을의 세가 기울었다.(동학군의) 정안의 봉화불이 선왕댕이(의당 독징이) 산꼭대기로 연결되고 송학리까지 이어졌다. 이제는 고개이름을 잊어 버렸다."

[김종덕(79세, 의당면 월곡리 독징이 거주), 2005.10.16]

* 증언자 김종덕 씨의 "양반들도 독징이 마을에 와서는 행세를 못하고 쫓겨 났다."고 하는 말속에서 자수성가한 평민의 자존심을 볼 수 있었다.

▲ 의당 월곡 독정이 마을 김종덕 할아버지(79세). 뒤에 보이는 집터는 동학군이 머물 곳이 부족하자 새로 지은 집터. 원래 바로 위에 초가집에 머물렀는데 지금은 밭으로 변했다. (2005.11.6 촬영)

▲ 동학농민혁명 당시 일본군이 모란들판에 새까맣게 나타났다고 한다. 가운데 선 분이 증언자 조동철 님.(2005.12.25 촬영)

⑨ 싸리문 뒤에 숨어 있어도 괜찮았다 : 의당면 요룡리 욕골에서 3대째 살아온 김종철 씨는 '싸리문 뒤에 숨어 있어도 괜찮았다.'고 아버지에게 들은 이야기를 전했다. 싸리문 뒤에 숨어 있어도 동학군들이 모르고 지나가더라는 이야기라며, 동학난리가 그만큼 허술했다고 전해 주었다.

[김종철(79세, 의당면 요룡리 욕골 거주), 2005.12.24]

⑩ 일본군들이 장총을 들고 마을 앞 모란들판에 새까맣게 나타나 오인리 마을(양달)에 동학군을 잡으러 왔다 : "동네 서주사 집에서 행랑살이하던 김종한 씨의 모친에게서 들은 이야기이다. 김종한 씨 모친이 7살 때 '일본군들이 장총을 들고 마을 앞 모란들판에 새까맣게 나타나 오인리 마을(양달)로 동학군을 잡으로 왔다'고 했다."

[조동철(70세, 의당면 오인리 양달마을 거주), 2005.12.25]

* 당시 오인리는 어인포로 불렸고 새로 생긴 마을로 밤나무가 많았고 10여 채의 인가가 있었다고 한다. 모란들판도 현재와 같이 개간된 논으로 이루어진 들판이 아니고 늪지대와 야산이었다고 한다. 늦둥이로 태어난 김종한 씨와 증언자 조동철 씨는 동갑 친구로 어울렸으며, 그 뒤 김종한 씨는 모친과 함께 부평으로 이사를 갔다. 조동철 씨 집안은 한말에 전의에서 이사를 와 오인리에 3대째 살고 있다.

⑪ 모란장 이야기 : 신선봉 씨는 부친이 모란에 살다가 의당면 중흥리로 이사를 했고 신선봉 씨가 다시 모란으로 이사를 왔다고 한다. 신선봉 씨는 모란장과 수촌장을 직접 보지 못했다고 한다. 신선봉 씨가 살고 있는 곳이 주막거리로 불리어서 신선봉 씨가 살고 있는 곳은 밥집, 건너편 집은 여관이라고 했고, 근처 마을까지를 전부 모란이라 했다. 신선봉 씨는 직접 보지 못했지만 모란 양달 오류골에 각각 농악을 따로 했었다고 한다.

[신선봉(92세, 의당면 오인리 모란 거주), 2006.1.1]

▲ 이 집에서 동학군 패잔병 3명이 점심을 먹고 떠났다고 한다. 증언하는 구본태 님(80세). (2006.1.22 촬영)

⑫ 의랑골*의 동학 이야기

(1) 동학군 패잔병들이 일본군과 소한들에서 싸움을 하다 : "안몸티 우리 집에 동학군 패잔병들(할머니 기억으로는 3명)이 나타나 점심을 먹고 창말고개를 넘어 가다가 소한들에서 일본군과 총질을 했는데, 동학군 여러 명이 죽고 '된발'로 도망을 갔다. 동학군이 점심값으로 조그마한 휴대용 시계를 하나 주었다고 한다. 할아버지가 일본군의 보복이 두려워 도끼로 부서서 묻어 버렸다고 한다."

* 의랑골 : 송학리에서 덕학까지 11개리로 이루어진 산으로 둘러싸인 분지형의 긴 골짜기

* 위의 이야기는 안몸티 구씨네 집으로 시집온 신미(1871)생 할머니의 증언. 송학리와 한다리(대교)는 십리거리의 장길이 있으며 1시간 정도 걸린다고 한다.

[구본태(80세, 의당면 송학리 안몸티에 5대째 거주), 2006.1.22]

(2) "소한들에서 일본군과 동학군이 싸움이 벌어져 동학군 일곱 명 중 1명은 총 맞아 죽고 나머지는 된발로 내뺐다."

[이은서(84세, 의당면 태산리 행정마을 거주), 2006.2.8]

(3) "된발에 동학군 시신이 하나가 널브러져 있었다고 한다. 시체는 어찌했는지 모르겠다."

[이은식(88세, 송학2리 언고개 거주), 2014.9.21]

⑬ 가산리 새장터를 방어한 농민군 : "동학군이 아무것도 없어 농사 연장인 쇠스랑가지고 싸웠다고 했다. 가산리 새장터를 못넘도록 막았다고 한다.

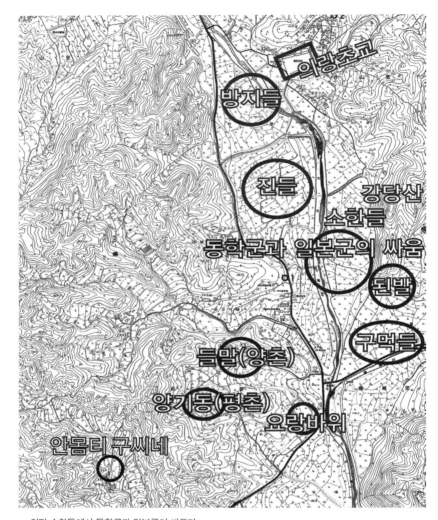

▲ 의당 소한들에서 동학군과 일본군이 싸우다.
—동학군 7명 중 1명이 사망하고, 나머지는 된밭로 도망치다.

* 안몸티 구씨네 집 : 동학군 패잔병 세 명이 점심을 먹다. 현재 지명은 세종시 장군면 송학리 몸티길 61
* 된밭(심한 비탈진 언덕, 된비탈, 된비얄)

▲ 동학군과 일본군의 전투 이야기를 간직하고 있는 소한들. 증언자 이은서 님(84세). (2006.2.8 촬영)

▲ 이은식(송학리) 님이 '된밭에 동학군 시신 한구가 있었다'는 증언을 하였다. 머리 뒤편의 산자락이 된밭.(2014.9.21 촬영)

▲ 뒤로 소한들과 된밭, 요랑바위 마을이 보인다. 증언자는 이은정 님.(2006.2.14 촬영)

▲ 동학난리에 남편을 잃고 궁골로 개가해 온 달울댁이 살던 집터. 증언자 이봉주 님 왼쪽 어깨 위 산소 옆 터.(2006.2.18 촬영)

새장터를 넘으면 전의로 빠지는 길이 있다."

[이은정(77세, 의당면 태산리 행정거주), 2006.2.14]

⑭ 동학난리에 궁골로 피난 온 검단 이씨들 : "유구 검단리에 살던 이씨들이 동학난리를 피해 궁골로 피난을 와서 살았다."

[이봉주(73세, 의당면 중흥2구 궁골 거주), 2006.2.18]

⑮ 동학하신 정산의 지생원 : "동학하신 정산의 지생원이 일년에 두어 번씩 안몸티 우리집에 걸어서 다니러 왔다. 집안과는 먼 친척이라고 했다. 지생원이 사망한 뒤로는 그 집안과 교분이 끊어졌다. 생원은 지역에서 인정받는 유지에게 붙인 존칭이다. 부친도 구생원이라 호칭되었다. 해방 전까지 마을에 글방이 있었다. 이교필 씨가 훈장을 하셨다. 아버지는 양지동 최선생에게서 한학을 배웠다."

[구본태(80세, 의당면 송악면 안몸티에 5대째 거주), 2006.1.22]

장기면

* 2012년 7월 1일로 공주시 장기면은 세종특별자치시 장군면과 공주시 월송동으로 해체·편입됨.

① 장기면 관련 기록 자료

(1) 1894년 3월 14일, 접주 임기준(任基準)이 이끄는 동학농민군 7백여 명이 공주 궁원(弓院)에 모여, 유회(儒會)가 열리고 있던 대교리(大橋里)로 가서 유회를 파훼(破毁)함(「약사」, 『총서』 2, 206쪽; 「영상일기」, 『총서』 2, 280쪽).

(2) 1894년 10월 23일 밤, 효포를 지키고 있던 경리청 부영관 홍운섭(洪運燮)이 이끄는 경군(경리청병)은 농민군 4만여 명이 쳐들어온다는 소식을 듣고 병력을 철수하여 공주 대교(大橋)에 진을 치고 있던 옥천포 농민군의 배후를 기습 공격함. 농민군은 이에 맞서 치열한 접전을 벌였으나 20여 명의 전사자와 6명의 생포자를 남긴 채 40-50리 이상 퇴각함(「순무선봉진등록」 10. 25, 『동학란기록』 [상], 426쪽; 『총서』 13, 115-116쪽)

(3) 출진(出陣)한 영관(領官) 홍운섭이 첩보하기를, "지난 10월 23일에 후원 참령관(後援參領官) 구상조(具相祖)와 함께 군사를 거느리고 공주의 효포를 수비하고 있었는데, 비류 전봉준이 옥천의 비도들과 대교(大橋)에서 모였다고 하였습니다. 그래서 그 말을 듣고 가 보니, 숲 기슭에 모여서 기(旗)를 세우고 둘러선 자가 족히 수만여 명이 되었습니다. 몰래 뒤쪽부터 포를 쏘아 이십여 명을 죽였고 여섯 놈은 사로잡아 효수하여 많은 사람들을 경계하였습니다"라고 하였다. (『갑오실기』 갑오11월)

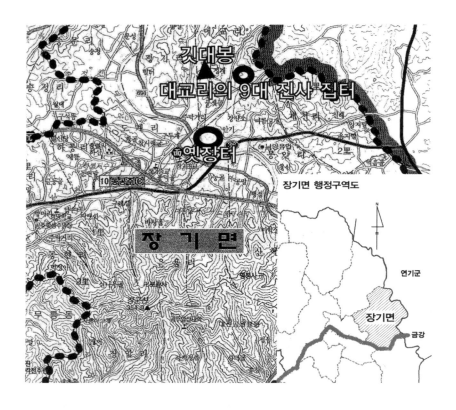

장기면 행정구역도

② 대교리의 9대 진사 집안을 동학군이 털다 : "당시 대교리에 대지주로
세력이 당당한 한산이씨 9대 진사 집안이 살고 있었다. 우암 송시열과 사돈
간이어서 치마폭 양반으로 세력을 부렸다. 진사집을 동학군이 털었다. 당시
진사의 아들이 집안의 장손으로 나이가 어렸는데, 옆집에 사는 삼촌이 조카
를 감추어 놓고 동학군을 상대했다고 한다. 동학군들이 삼촌을 묶어 놓고
칼로 협박했다고 한다. 재물은 뺏겼는데 사람은 죽지 않았다고 한다. 해방
후 토지개혁으로 이진사네는 땅을 잃었다. 그래도 산은 그대로 보존했는데
그 후 아들이 팔고 여기서 떠났다."

[이석규(77세, 공주시 장기면 대교2리), 2005.5.7 / 박승근(77세, 공주시 장기면 대교2리), 2006.2.18]

▲ 대교리 이진사 집터.(2005.2.8 촬영)

▲ 대교리의 9대진사 집안을 증언하는 박승근 님.(2014.6.29 촬영)

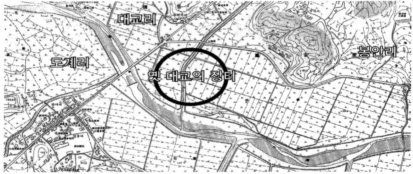

▲ 옛 장터, 일제강점기에는 옛 공주시의 대교리의 농협 주변으로 장이 있었다고 이야기된다.

　* 이진사네는 아흔아홉칸은 아니었지만 넓은 기와집 여러 채에 일제 강점하에서 천석군이었다고
　한다. 1919년에 고종황제가 서거했을 때, 이진사는 요요방을 들고 장례에 참여해서 참봉벼슬을
　받았다고 전해진다. 고종황제 장례 참여로 참봉벼슬을 받기 이전부터 이진사네는 9대진사 집안이
　었다고 한다. 해방 후에 박승근 씨는 이진사네 집에서 잠시동안 한학을 배웠다고 한다.

　③ 동학난리 때 깃대를 꽂고 봉화를 올렸던 대교리의 깃대봉 : "깃대봉에
서 동학난리 때 (동학군들이) 깃대를 꽂고 불을 내고 떠들었다."

[박동순(77세, 장기면 대교1구 밤실 18대째 거주), / 정복수(72세, 대교2구 징계[정계] 거주), 2006.2.18]

　* 대교에서 3.1운동 때 만세를 불렀다는 이야기는 듣지 못했다고 박동순 씨는 기억하고 있다. 그러

나 박승근 님의 부친 박건양(3.1운동 당시 17살) 씨는 3.1운동 때 대교의 국사봉에서 횃불을 올렸다고 한다. 박건양 씨의 재종조 형제들이 3·1운동으로 일제에 끌려가 볼기를 맞은 것이 문서로 발견됐다고 한다.

④ 대교 장터에 모인 동학군을 일본군이 개입하다 : "동학난리 때 상투 틀고 허연 옷을 입은 이들이 장터에 모여 있었다. 일본군이 개입했다. 진사네 집에서 한학을 배울 때 들었다."

[박승근(77세, 공주시 장기면 대교2리), 2006.2.18]

⑤ 한다리(大橋) 이야기 : "내가 태어나기 전에 이미 물난리가 나서 한다리(대교) 장터가 옮겨진 것을 보고 자랐다. 옛 장터 자리에서 구들장이 나왔다. 옛 장터는 소 천마리가 매매된 장이었다. 큰 산 꼭대기에서 봉홧불이 올랐다. 일본애들이 산에도 말을 타고 잘 달렸다. 조선 사람이 붙들리면 상투를 매달아서 잡아 달렸다."

[전정득(95세, 대교리 3구), 2005.5.7]

* 장기면에 남아 있는 동학농민혁명 관련 구전은 깃대봉에서 동학군이 '깃대를 꽂고 불을 내고 떠들었다'는 이야기와 '장기 옛 장터'에서 '동학 난리 때 상투 틀고 허연 옷을 입은 이들이 장터에 모여 있었다. 일본군이 개입했다'는 구전이 남아 있다. 그런데 3.1운동 시기 공주의 여러 곳에서 높은 산에서 봉화를 올리고 장터에서 만세를 불렀다는 기록이 있어, 장기면의 '깃대봉'과 '장기 옛장터'의 사건이 3.1운동과 관련이 있는지도 살펴보아야 한다고 생각한다.

5.

공주 근처
논산, 청양, 부여에 남아 있는 이야기들

논산 상월면과 노성면

① 윤증고가의 할머니의 말씀(노성면 교촌리) : "동학군들이 현금을 요구했는데 시조부님이 대접을 잘해서 큰 피해 없이 지나갔다. 동학군들이 놓고 간철로 된 담배함이 있다. 시조부님이 '동학군들도 다 같은 백성인데 너무도 너무도 잘못해서 몇 동네가 합쳐져서 동학군이 된 것이다. 동학군이 원칙적으로 그리 나쁜 사람들이 아니다'라고 말씀하셨다."

[논산시 노성면 교촌리, 윤증고가에서, 2005.5.21, 채록-송성영, 정선원]

* 윤증고가에는 동학군들이 안채 대문간의 서까래와 대들보를 태우다가 만 흔적이 있다.

② 할아버지가 동학군에게 피해를 입어 수동다리가 되다(상월면 월오리 대사마루 마을) : "조부가 마을에서 백석지기를 했다. 동학난리 당시 동학군 행세를하는 사람도 많았다고 한다. 동학군이 무서워 조부 대신 동네 이씨를 집에자게 했다고 한다. 결국은 조부가 피해를 입어 다리가 퉁퉁 부운 상태(수동다리라고 함)로 고통을 받고 평생을 살았다고 한다. 당시에 살던 집은 기와집으로 고령 김씨 감찰집을 사가지고 왔는데, 지금은 단층집으로 바뀌었다."

[김학래(83세, 논산군 상월면 월오리 1구 대사마루 마을), 2005.6.4]

③ 상월의 동네부자 허참봉 동학군에게 끌려가다 : "농민전쟁 당시 노성에서 살았던, 지금 살아있다면 130세 가량 되었을 외조부에게서 들은 이야기

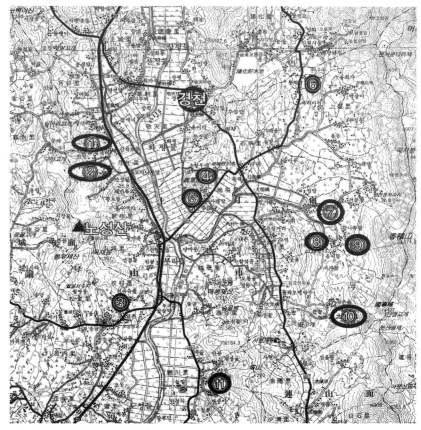

▲ 논산 상월면과 노성면의 동학이야기

*공주에서 동학농민혁명 뒤에 남은 이야기들을 조사하면서 공주 인접 지역인 논산과 청양, 부여 지방에 남아 있는 동학농민혁명에 관한 이야기들을 모은 것이다. 참고로 보아 주기 바란다.
① 상월면 월오1구 족자골 마을에 동학군 나타나다.
② 상월면 월오리 대사마루 마을에서 백석지기 김씨가 동학군에게 수동다리 피해를 입다.
③ 윤증고가(노성면 교촌리)에 동학군 나타나다.
④ 상월면 지경리 산정말 : 동네사람 장씨가 동학군이 되고 나중에 도둑떼가 되다.
⑤ 윗지경터(상월면 지경리)에서 한약방을 하던 허주사가 동학군에 끌려가다.
⑥ 솥바위(상월면 상도리 마음수련원 자리)에 동학군 나타나다.
⑦ 논산군 상월면 대명리1구의 동학접주 박씨가 죽을 운명을 예언하다.
⑧ 상월면 대명리 후동마을의 당골양반 오호국씨가 동학에 참여했는데 화승총을 남겼다.
⑨ 청양(또는 공주)에서 동학에 참여한 박영래씨가 피난와서, 상월면 대명2구 후동마을에 정착하다.
⑩ 상월면 대우리 박씨 동학군으로 참가하다.
⑪ 상월면 한천리의 집 기둥에 일본군대가 탄환자국을 남기다.

▲ 김학래 님(83세)과 부인 홍씨. 수동다리 증조부 이야기를 전해 주셨다. 건너편 뒷산이 등정골과 매봉산이다.(2005.6.4 촬영)

▲ 지경터의 허주사 이야기를 전해 주신 이형복 님(73세). 뒤로 무동산이 보인다.(2005.6.11 촬영)

이다. 갑오년 난리에 윗지경터(상월면 지경리)에서 한약방을 하던 허주사, 허참봉 형제가 살고 있었다. 노성에서 동네부자 소리를 듣던 외조부와 허참봉은 동학군이 온다는 소식을 듣고 피했는데, 미처 피하지 못하던 허주사가 동학군에 끌려가다가 도망쳐 왔는데, 그 과정에서 손가락이 꼬부라졌다고 한다. 동학군이 동학사에서 계룡산을 넘어 갑사로 해서 노성으로 왔다고 한다."

[이형복(73세, 논산군 상월면 학당리), 2005.6.11]

④ 동학농민혁명 참가자 상월면 박씨네 : 동학농민혁명 참가자 박씨네 집은 증언자 박정서 씨 집 뒤쪽에 있었는데, 밭으로 변해서 터만 남아 있었다.

[박정서(80세, 논산군 상월면 대우리), 2005.8.7]

⑤ 청양(또는 공주)에서 동학농민혁명에 참여한 뒤에 상월면에 와서 정착한 박영래 씨(또는 박창래, 아랫말 양반) : "청양(또는 공주)이 고향으로 동학농민혁명

▲ 뒷집 박씨가 동학혁명에 참여했다고 하는 박
정서 님(80세). 당시 집이 지금은 밭으로 변했다.
(2005.8.7 촬영)

▲ 뒷산 향적봉 줄기를 타고 동학농민군이 다녔다고
한다. 상월면 대명리 후동 마을의 박승강(77세), 박승원
(67세) 형제의 증언. 청양(또는 공주)가 고향으로 동학
혁명 뒤 논산군 상월면 후동(띠울)으로 살러 들어온 박
창래(영래) 씨가 살던 집. 증언해 주신 박승원 님(67세).
(2005.8.7 촬영)

때 참여한 뒤에 여기에 와서 정착했는데 현재 자손들은 끊어졌다. 지금은
집터가 남아 있고 다른 사람들이 살고 있다.”

[박승강(77세), 박승원(67세) 형제(상월면 대명2구 후동[띠울]마을), 2005.8.7]

⑥ 박주성 씨가 전하는 동학 이야기

(1) 동학군 당골양반이 사용하던 화승총(상월면 대명리) : “동학군을 열심으로
따라 다녔던 당골양반(수산이 큰아버지)이 동학농민혁명이 끝나고 살 길이 막
연해 우리집(박주성 씨 집)에서 머슴을 살았다. 당골양반이 나이가 많아 일을
할 수 없어서 강원도 가서 약초나 캐서 산다고 들어갔는데 그 뒤 소식이 끊
어졌다. 당골양반이 사용하던 화승총을 지금 가지고 있다. 지금 내가 살고
있는 집이 당골양반이 머슴 살며 살던 집과 집 하나 사이 떨어져 있는 집인
데, 그 초가집을 수리할 때 천장에서 화승총이 나왔다. 동네에서 포수는 당
골양반 하나여서 당골양반이 일제시대가 되면서 숨겨 놓은 것으로 생각하

▲ 포수로 동학혁명 당시 농민군으로 참전했던 당골양반이 천장에 숨겨두었던 화승총. 박주성 님(81세)의 증언.

▲ 피신한 외가집 식구들이 일본군대가 지나간 뒤에 돌아와 보니 기둥나무에 '은탄'이라고 하는 탄환이 여기저기 박혀 있었다고 한다. 사진의 집이 상월면 한천리 박주성 씨네 외가집이다.(2005.8.13 촬영)

고 있다. 넉자 정도 되는 크기로 처음 발견되었을 때 녹이 슬어 구멍이 막혀 있었는데 겉에는 사포질을 해서 녹을 제거했다."

　(2) 동학군 당골양반 일행이 노성 윤씨네 부자집을 털다 : "노성에 윤씨네 어떤 부잣집에 동학군 당골양반 일행이 들어갔다. 집안 사람들은 도망가고 없었다. 집을 뒤져서 꿀단지를 먹어 버렸다. 또 한 발 되는 장죽(담뱃대)이 보여서 갑자기 눈이 뒤집혀서 반으로 분질러서 괴춤에 쑤셔 넣고 이리저리 왔다갔다 했는데 결국 잃어버렸다고 한다. 나라 구한다고 나간 사람들이 왜 그렇게 도둑놈 심보가 되어 버렸는지 모르겠다고 했다."

　(3) 상월면 한천리의 동학난리 이야기 : "당시 노성현이었던 상월면 한천리(박주성 씨네 외갓집 동네)에서 난리를 치렀다고 한다. 동네사람들이 모두 집안에 피신해 있었는데 일본군대가 지나간 뒤에 나와 보니 집 기둥나무에 '은탄'이라고 하는 탄환이 여기저기 깊게 또는 얕게 밝혀 있었다고 한다. 외갓집에서 들은 이야기로, 동학군이 총알을 피하기 위해 '짚도랭이'를 입고 다

▲ 뒤의 밭이 대명리 벌뜸에서 동학농민혁명에 참여했던 호인양반의 오막살이 집터. 유병일 님(84세, 왼편), 박명종 님(77세, 오른쪽)의 증언.(2005.8.28 촬영)

▲ 논산군 상월면의 노부부 정하성님(81세), 홍성희 님(78세). 상도리 솥바위에도 동학군이 왔다고 한다.(2005.9.3 촬영)

넜다고 한다. 또 동학군들 여럿이 쫓기면서 얼마나 급했는지 몸을 감출 수도 없는 조그만 구덩이에 머리만 처박고 엉덩이는 번쩍 처들고 있으니까 관군대장이 '그러기에 나쁜 짓은 왜하느냐, 살려 줄테니 농사나 열심히 지어먹고 살라'고 해서 살아났다고 한다."

(4) 죽을 운명을 예언한 상월면 대명리 동학군 접주 박씨 이야기 : "아랫 마을 박씨가 우리 할아버지와 동서되는 분으로 그이의 아버지가 동학군 접주였다고 한다. 군사들하고 접주가 이동하는데 접주가 높은 곳을 못 올라가고 힘들어하자 대원들이 대장님 얼른 오시라고 하자, '지금 발이 안떨어진다. 몇 시가 되면 내가 죽을 운명이니 너희들이나 얼른 피신하라'고 했다고 한다. 부대원들이 쉽게 자리를 옮기지 못하고 있는데 그 시간이 되니 총소리가 나더니 총에 죽었다고 한다. 앞 일을 예측했던 동학군 접주였다고 한다. 그 동학군 접주는 노성군 상월면 대명리 1구에서 살았다고 하는데 동네에서 들은 이야기이다."

[박주성 씨(81세, 상월면 대명리 후동마을 거주), 2005.8.7]

⑦ 동학농민혁명에 참여한 대명리 벌뜸에 살던 호인양반 : "대명리 벌뜸에 사는 유씨(기계 유씨)가 호인양반으로 불렸는데, 지금 살아있다면 130세쯤 되었을 것이다. 박명종 씨 할아버지와 호인양반이 나이가 같아 자주 마실을 왔다. 호인양반은 20여 세에 동학에 참여했다고 한다. 우리가 어려서 볼 적에 동학난리 뒤에 생활이 무척 어려웠다. 걸식하다시피 생활했던 것 같다. 벌뜸에 있던 집터는 지금 밭으로 변했는데 방 한 칸, 부엌 한 칸의 조그만 오두막집이었다. 체구는 조그마해도 하고 싶은 일 다하고 살았다. 동학을 해서인지 당차고 대단하다고 느꼈다. 해방 직후에 돌아가셨다. 호인양반은 화장을 해서 묘가 없다. 호인양반에게 달봉 씨라고 아들 하나 있었는데 언제 일본을 갔는지는 모르지만 일본에서 일본인 부인과 함께 돌아왔다. 달봉 씨도 '어려서부터 고상 징글맞게' 하고 살아왔다. 일본에서 처음 왔을 때 동네사람들이 울력으로 움막을 지어주어서 움막에서 살았다. 일본 부인은 곧 일본으로 돌아갔는데 곧 대명리 산제당(시월 초이틀날 제사)에 움막을 지어놓고 동냥을 얻어 먹으며 생활했다. 꽹맥이도 잘치고 장구도 잘치고 유명난 사람인데 실성한 사람마냥 바랑망태기 짊어지고 돌아다녔다. 동식이라고 하는 아들이 있었는데 지금은 서울에 가서 살고 있다."

[유병일(84세, 상월면 대명1구 검은점 마을 거주) / 박명종(77세, 검은점 마을에서 15대째 거주), 2005.8.28]

* 증언자 두 사람인 유병일 씨와 박명종 씨는 처남 매제 사이로, 호인양반이 중신해서 유병일 씨가 장가를 갔기 때문에 호인양반을 잘 기억하고 있다고 했다.

⑧ 동학군 솥바위에 나타나다(상월면 상도리) : "동학군이 솥바위(현 마음수련원 자리)에 왔다는 소문이 들렸다. (홍성희 씨의) 할머니(83세까지 생존)가 당시 젊으

▲ 집 뒤 대나무밭에 증조부 김정욱님이 세운 서당이 있었다고 증언하는 김석기 님(80세 가량).(2005.6.4 촬영)

▲ 노성면 교촌리 윤갑중 님(85세). 뒤로 노성들이 보인다.(2005.6.5 촬영)

서서 매우 고왔다고 했다. 동학군 왔다는 소리를 듣고서 9살 된 어머니가 아궁이에 가서 고래구녕의 검정칠을 벗겨 외할머니 얼굴에 칠해 주었다고 한다. 어머니는 상월면 상도리 바리바위에서 태어나 상월면 용동으로 출가했다. 외할머니와 어머니와 같이 살 때 이야기를 들었다."

[홍성희(여, 78세, 논산군 상월면 상도1구 거주), 2005.9.3]

⑨ 동학군을 설득해 사람을 풀어 주다 : "증조부(金正旭)가 동학난리 당시 현재 살고 있는 집 뒤에서 서당을 했다. 서당을 하면서 동네 젊은 사람들을 헌신적으로 가르쳤는데, 그래서 동네 사람들이 축과 지방을 써 제사를 제대로 지낼 수 있게 되었다고 한다. 동학난리에 죽창을 든 수십 명이 위협적인 모습으로 나타나 동네사람 한 사람을 결박해서 끌고 가는 것을 증조부가 말로 설득해서 풀어 주게 했다고 한다. 그 수십 명의 동학군 중에 증조부의 제자가 있었기 때문이라고 추측된다."

[김석기(80세 가량, 논산군 상월면 월오1구 족자곡 거주), 2005.6.4]

⑩ 봉홧불이 전화노릇을 하다 : "강경 황산의 봉홧불이 노성의 봉우재로 그리고 국사봉으로 이어져 지금의 전화 노릇을 했다고 한다."

[윤갑중(85세, 노성면 교촌리 거주), 2005.6.5]

⑪ "논산 풋개(초포)에서도 농민군이 많이 죽었다고 한다."

[송옥룡(1927년생, 오곡동 장자울 거주), 2005.3.12~13]

⑫ 그 밖의 이야기들

(1) "동학군들이 강경에서 '젓갈김치' 김치맛을 보고는 움직이려고 하지 않아 결국 패배했다고 한다."

(2) "초포에서 노성까지 대부둑을 따라 아흔아홉 모랭이가 있다. 아흔아홉 모랭이(모퉁이, 굽이길)는 논산서 공주가는 큰 길이다.

[논산시 광석면 항월리 초포에서 만난 동네 분, 2005.5.15]

청양의 목면, 청남면, 정산면

① 관군에 의해 사살된 목면 건지울의 동학접주 김기창 : "증조부 김기창 님이 건지울의 동학 지도자를 했다. 조부(증언자 김재복 씨의 조부)는 김기창 씨가 우금티 작전에도 참가했다고 한다. 관군(추정)에 의해 사살되었다. 밤에 장사를 지냈다. 산소는 목면 신흥리에 모셨다가 현재는 청남면 지곡리로 이장을 했다. 건지울에서는 집안이 내로라하고 살아서 김기창 할아버지가 비록 사살되었지만 우리 집안은 그대로 이 건지울에 살았던 것 같다. 상하가 뚜렷하고 부와 빈이 너무 차이가 나 동학농민혁명에 참여한 것으로 알고 있다. 김기창 할아버지를 중심으로 한 동학군이 정산면을 접수한 것으로 추정하며 정산군수가 매일 와서 빌었다고 한다. 목면면지에 실려 있는 김기창 할아버지의 이야기는 정산군지에 실려 있는 것을 옮겨 적은 것으로, 김기창

▲ 정산면 건지동의 동학접주 김기창 님이 살았던 생가. 후손 김재복 님(77세)이 서 있다.(2006.2.16 촬영)

할아버지가 굴총과 약탈의 범죄를 저지른 것으로 나와 그동안 주변에 자랑
스럽게 이야기하지 못했다."

[김재복(77세, 청양군 목면 안심리 건지울 거주), 2006.2.16]

* 3·1운동 때도 건지울 마을에서는 권응규 씨 등이 열심히 참여했다고 한다. 3·1운동 당시 건지
울 마을은 50호 정도인데 주민들을 감시하기 위해 왜놈 지서를 두었다고 한다.

② 목면면지에 실린 동학 지도자 김기창 : '정산 향교 제기(祭器)와 예악형
정(禮樂刑政)의 기구(器具)를 본면 안심리 건지동에 살던 포주(包主) 김기창(金基
昌)에게 빼앗겼다. 김기창은 사혐(私嫌, 개인적인 미워함)과 숙원(宿怨, 오래된 원한)
으로 굴총(掘塚, 무덤을 파헤침)하고 상명(傷命)하며 민재(民財)와 총마지속(銃馬之
屬), 즉 무기를 다 빼앗고 교주 손병희, 전봉준과 서로 약조하되 먼저 공주성
을 점령하고 장차 서울로 들어가기로 하였다. 「양호우선봉일기록」을 보면
관군은 정산에 이르러 동학도 소굴인 건지동을 쳐서 엄포(掩捕) 45명에 달했
고, 행인을 조사하여 행패자를 적발하였으며, 두목들 28명을 녹야평(綠野坪),
지금의 정산면 서정리에서 포살하였다는 것이다.'

[『목면면지』 목면면지편찬위원회, 1994.12.30 발행]

③ 청남면 청소리에서 벌어진 농민군에 대한 가혹한 진압 : "동학군을 잡
아다가 쇠도리깨로 개 때려잡듯 했고, 황토벽에 구멍을 뚫고 거기에 올개미
를 넣어서 바깥으로 빼고 잡아 당겨 죽였다고 한다. 밖에서는 비명소리도
용쓰는 소리도 들리지 않았다고 한다. 지금 살아계시면 146세 되시는 할머
니의 이야기로, 부여군 규암면에서 태어나 청남면 청소리로 시집가서 살 때
본 할머니의 이야기이다. 80여 년 전인 어머니 때 큰 형님을 뱃속에 데리고
청남면에서 이곳 백곡리로 이사왔다고 한다. 동학 즈음에서 정산에서 민씨

◀ 윤활수 님(71세)이 청양군 청남면 청소리의 동학군 처형의 모습을 전해 주었다.(2006.2.17 촬영)

▲ 솔안에서 도망친 솔안 주민들이 숨었던 왕둠범 바위앞. 증언하는 이영호 님.(2006.3.5 촬영)

▲ 이영섭 님 묘소. 솔안 건너편 안산에 모셔져 있다.(2006.3.5 촬영)

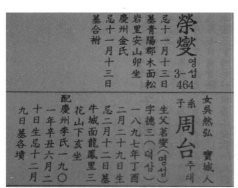

◀ 솔안마을로 쳐들어온 일본군에 총맞아 죽은 이영섭 씨 족보. 기일이 11월 13일로 되어 있다.

들이 세도를 부렸다. '치마양반'이라고 했다. 시집 잘 보내서 세도 부리는 것을 이야기한 것이다."

[윤활수(71세, 정산면 백곡리 1구 거주), 2006.2.17]

④ 마을에 쳐들어온 일본군에게 총 맞아 죽은 청양군 목면 솔안마을 동학농민혁명 희생자 이영섭

(1) "동학난리에 솔안마을로 일본군이 쳐들어왔다. 이때 셋째 작은할아버지 이영섭 씨는 솔안에서 일본군에게 총 맞아서 죽었다. 마을 사람들은 조그만 고개 하나를 넘어 왕둠벙으로 도망쳤다. 왕둥범이 있는 바위에 사람들이 허옇게 숨어있었다고 한다."

(2) "할아버지는 3형제가 있었는데 이명섭(족보 기록에 1857년생), 이경섭(족보 기록에 1860년생), 이영섭으로 건지울에서 살다가 솔안마을로 이사와서 살고 있었다고 한다. 이영섭 님의 기일은 족보에 11월 13일로 사망한 해는 없이 날짜만 기록되어 있다. 1894년 11월 13일에 일어난 일본군에 의한 솔안 마을 학살로 추정할 수 있겠다. 이영섭 님의 묘는 솔안마을 앞산인 안산에 묘를 썼다. 동학혁명 때 사망한 이영섭 님의 묘는 그동안 제대로 돌보지 못했다. 15년 전에 집안 친척들이 사촌 영규(연호) 씨를 양자를 세우고, 어렴풋이 알고 있는 산소가 있었다는 자리를 사초(무덤을 돌봄)를 하기 위해 갈퀴질하자 곧바로 유골이 나왔다고 한다. 그 당시 무덤을 제대로 쓰지 못하고 급히 묻었다는 것을 알 수 있었다고 했다."

[이영호(73세, 우성면 어천리 여우네마을 거주, 희생자 이영섭 님의 손자), 2006.3.5]

⑤ 권지울의 권판서, 두리봉에서 나발을 불어서 나발티 고개까지 땅을 차지하다 : "건지울 권판서에게 정부에서 두리봉에서 나팔을 불어서 들리는

▲ 정산면 신덕리 이영수 씨 집. 유구·정산의 동학을 가라 앉혔다고 한다.(2005.10.9 촬영)

▲ 청양 신덕리 이영수 님 집 바로 옆집이다. 차고가 동학군들이 모의하던 집터 자리라고 한다. (2005.10.9 촬영)

곳은 다 땅을 떼어 주었다고 한다. 나발티 고개까지 나팔 소리가 들렸다고 해서 나발티 고개라고 한다. 정부에서 퇴직금을 주듯이 주었다고 한다."

[윤석만(82세, 우성면 어천리 여우네마을 거주), 2006.3.5]

⑥ 정산 신덕리의 동학이야기 : "증조부가 정산에서 양반으로 유구·정산의 동학을 가라앉혔는데 집안에서 전해오는 이야기이다. '시천주조화정 영세불망만사지 지기금지원위대강'의 동학주문을 할머니가 외우고 그걸 들은 내가 외울 정도인데 할머니(88세에 돌아가심)가 믿어서가 아니라 많이 들어서 외웠다고 했다. 집 주위로 동학주문 외는 소리가 우리집을 포위해서, 할머니가 매우 시달렸다고 한다. 갑오년 난리 즈음 정산에서 동학군들이 밤에 팥죽을 한 장군 써가지고 어디로 가져오라고 하면 가져다 주기도 했다. 밤에 동학군들이 가면을 쓰고 털러 왔는데 증조모가 참기름을 뿌렸다. 옷에 참기름 방울이 튄 사람들을 알고 보니 이웃 사람들이었다고 한다."

[이석규(77세, 공주시 장기면 대교2리 거주), 2005.5.7]

부여의 초촌면, 홍산면, 성동면

① 부여 초촌의 동학난리 : "부여 초촌에서 이곳으로 시집왔는데, 내가 23살에 이곳으로 시집 오기 전에 외할머니에게 들었다. 동학난리에 도구텅 뒤에 숨고, 장고방 뒤에, 외양간 뒤에 숨고 했는데 동학군들이 사람은 찾지 못하고 소를 끌고 갔다."

[홍씨(김학래 씨 부인, 77세, 논산군 상월면 월오리 1구 대사마루마을), 2005.6.4]

② 경북 상주에서 동학군을 피해 부여 남면으로 피난을 오다 : "경북 상주에서 부여 남면 마장리(구룡포가 건너다 보이는 곳) 장터로 동학군이 무서워서 집안 식구들이 피난 온 외할머니 경주 김씨 이야기이다. 경북 상주에서 난리를 겪었는데 '키를 쓰고 있으면 감추어졌고 동학군을 피했다'고 한다."

[마을 할머니(논산군 상월면 월오리 1구 대사마루 마을), 2004.6.4]

③ 홍산에서 읍내 문루 앞에서 동학농민군을 처형하다 : "홍산 읍내에 어렸을 적 지서 앞에 큰 문루(정자)가 있었다. 할머니가 16살에 강경에서 홍산으로 갓 시집을 오셨는데, 동네 아주머니가 '새댁, 동학쟁이들 처형하는 날이니까 구경 가자'고 권유해서 쓰개를 뒤집어쓰고 같이 문루로 갔다고 한다. 사람들이 둘러쳐서 아주머니가 간신히 사람들을 비집고 들어가게 해주어서 볼 수가 있었다. 네댓 명 앉혀 놓은 죄수들에게 마지막 가는 길에 베푸

는 것이라고 용수를 벗기고 끈도 풀어주며 통닭 떡 등으로 푸짐하게 상을 차려 놓고 음식을 먹게 했다. 죄수가 음식을 먹고 있는데 망나니가 두들겨 만든 긴 칼을 휘두르며 앞으로 갔다 뒤로 갔다 하고 막걸리를 칼에 품어내기도 하면서 죄수들의 넋을 빼놓았다. 죄수들은 굶주렸는지 망나니의 칼춤 속에 죽음을 눈앞에 두고 허겁지겁 음식을 먹었다. 죄수들이 다먹고 뒤로 앉으니까 상을 물렸고, 망나니가 바가지로 막걸리를 퍼서 죄수들에게 끼얹고 칼로 죄수들을 내리 치려고 해서 보지 않고 집으로 왔다. 나중에 목이 나뒹굴었다고 했다. 할머니가 자식들에게 무슨 일 생기면 가담하지 말라고 하면서 이런 말씀을 하셨다."

[김영자(구상회 님 부인, 부여군 홍산면 남촌리 출신, 공주로 시집와 구상회 님과 결혼, 67세), 2006.1.19]

④ 서산에서 2형제가 동학에 나가서 사망하고, 부여 홍산으로 이주하여 자리를 잡다 : "서산이 고향인 할아버지가 4형제가 있었는데, 가운데 형제 두 분이 동학에 나가서 안 들어 오셨다. 그래서 큰 형과 막내인 할아버지가 홍산에 오셔서 자리를 잡았다. 재산을 많이 가지고 오셨다고 한다. 큰 형 되시는 분이 두 분 할아버지 묘를 홍산 거그메에 시신이 없이 가묘를 세웠다. 손녀 사위인 구상회 씨가 '동학농민군'이라고 비석을 세웠다."

[김영자(구상회 님 부인, 67세, 공주 웅진동 시엇골 거주), 2006.1.19]

⑤ 무정부주의자로 충남 초대 도의원을 한 부여 이호철 씨와 부친 이야기

(1) "밤에 화장실을 가다가 '찰가닥 찰가닥' 하는 소리가 광에서 나서 보았더니 아버지와 이호철 씨가 등사기로 전단을 찍고 있었다(나중에 등사기라는 것을 알았다고 한다). '무엇 하셔요?' 하고 물었더니, '좋은 일 하려고 그런다. 전봇대에 붙일 것이다. 다른 사람들한테 절대로 이야기하면 안된다.'라고 하

고는 널어 놓은 전단지 중에서 마른 것을 골라 줍는 일을 하도록 했다고 한
다."

(2) "이호철 씨는 머리를 빡빡 깎고 중옷을 입고 다니고 자기 옷도 거지에
게 벗어 주는 일이 종종 있어서인지 동네사람들이 돌았다고도 했다. 이호철
씨의 손톱이 하나도 없어서 김영자 님이 그 이유를 물어 보았더니 대까치로
손톱밑을 찌르는 고문을 당해서 그렇다고 했다. 이호철 씨는 일제 강점기에
일본 유학을 하면서 아나키즘을 접했고 그 영향을 아버지가 받았다. 아버지
는 정규 학문을 배운 적이 없지만 그 분들과 친구로 지냈다."

(3) "일제 강점 시대에 이호철 씨는 홍산에 요릿집을 낸 적이 있었다. 운영
은 '김형'이 했다. 사람을 만나는 일, 즉 지하활동을 하기 위해서라고 기억하
고 있다. 백양사에서 일이 년쯤 지내다가 돌아온 이호철 씨가 '김형'에게 돈
을 주고 요릿집을 인수하라고 했는데, '김형'의 친구가 이호철 씨에게 술을
잔뜩 먹이고 먼저 계약을 해 버렸다. 그 뒤 '김형'은 그 친구가 도박을 좋아
하는 것을 알고 골패를 일년여 연습하여 그 친구와 도박판을 벌여 하룻밤에
1700마지기를 손에 넣었다. 그 친구가 고소하여 구속되었는데 신문에 '유사
이래 가장 큰 도박판'이라고 났다고 한다. 김형은 300마지기를 써서 일심에
서 나왔는데 그 친구는 2심으로 넘어 갔다. 2심에서 그 친구에게도 돈을 써
서 풀어 주었다고 한다. 도박으로 딴 땅은 한 해 도지만 받고 그 다음 해에
는 소작인들에게 무상으로 나누어 주었다고 한다. 일제 강점하에서도 토지
개혁을 했다고 한다. 아버지도 19살에 일본인 경찰 지서주임을 패고, 그리
고 중국인 상인을 팬 이야기가 집안에 전해지고 있다."

[김영자(구상회 님 부인, 67세), 2006.1.19]

⑥ 부여 성동면 원북리 장두골의 동학군 떼무덤 : "젊었을 때, 경을 읽으러 전국을 다녔는데 부여 성동면 원북리 장두골에 갔을 때, 지금 나이로 120살 쯤 되었을 부인에게서 들었다. 그곳에서 동학난리에 사람이 많이 죽어 사람 뼈가 닭뼈처럼 나왔다고 했다."

[송옥룡(1927년생, 공주 오곡동 장자울 거주), 2005.3.12~13]

덧붙이는 말
-공주의 동학농민혁명 구전자료를 정리하면서

공주에서 동학농민혁명의 정신을 계승하는 사업에는 〈사단법인 동학농민전쟁우금티기념사업회〉의 활동과 그리고 동 사업회 회장을 역임하신 진영일, 조재훈, 이장호, 조동길, 지수걸 선생님, 그리고 고문을 맡아 오신 김형식, 류근복, 심우성, 윤여헌 선생님 등이 큰 역할을 해 주셨다.

특히 구상회 선생님은 공주 동학기념사업회 2대 회장을 지내신 분으로 공주에서 동학농민혁명을 오히려 불온하게 여길 때, 동학농민혁명의 역사적 의의를 확신하고, 공주지역 동학농민혁명 역사 현장을 답사하여 구전자료를 수집하고 답사 체계를 세운 분이다. 본인도 구상회 선생님의 정신을 잇고자 조그만 힘이나마 공주지역 구전 자료 조사를 진행하였다. 구상회 선생님의 선구적인 노력에 대하여 이 글로나마 감사 드린다.

공주에서 동학 구전 자료 조사는 1993년 공주 동학기념사업회가 만들어지면서부터 회원들 사이에서 이야기되었다. 1994년 '동학100주년 기념행사'를 공주에서 진행할 때, 그동안 구상회 선생님이 조사·수집한 것을 모아『숨쉬는 우금티 동학농민전쟁 전적지 안내』를 발간한 바 있다. 또한 2005년에는 공주시의 지원을 받아『공주와 동학농민혁명』을 발간하여 구전자료를 같이 실었다. 이제 이러한 성과를 바탕으로 '희망꿈공주학부모회'와 공주 동학기념사업회의 기획으로 공주와 동학농민혁명을 내놓게 되었다. 특히 이번 구전자료집의 정리는 '희망꿈공주학부모회'의 노력에 큰 힘을 입었다는 것을 밝힌다. 1994년 '동학 100주년 행사'가 전국 여러 곳에서 진행될 때, 공주에서도 '동학백주년기념사업회'를 만들고 행사를 준비했다. 이때 공주시청에서 시청 간부들과 '100주년 기념사업회' 임원들이 공주 100주년 행사를 준비하기 위해 간담회를 하는데, 시청 간부가 '동학은 역적인데 왜 기념사업을 하느냐?'라고 되물었다고 한다. 진보란 참으로 오랜 세월이 필요하다는 것을 느낀 사건이었다. 이러한 사건이 계기가 되었지만 이후 본인이 공주 기념사업회의 사무국장, 운영위원장 등을 맡으면서 공주에서 동학기념사업은 동학농민혁명의 의의인 반외세, 반봉건의 민족 자주와 민주주의 정신 그리고 인간 존중, 생명 존중의 사상을 널리 알리는 것을 목표로 하였다. 그리고 아직도 미흡하지만 공주에서의 동학의 복권은 2000년 시민체육대회 행사에 '우금티'가 있는 금학동에서 여성 동장이 유치원생들과 함께 위령탑 모형을 앞세우고 동학군 행진을 했을 때라고 생각한다.

1894년 1년 내내, 전국 군현의 1/2, 인구의 1/3이 참가 했던 동학농민혁명에 공주 사람들은 어느 정도 주체적으로 참여했을까? 또한 최근까지도 공주의 '우금티 싸움'을 공주의 많은 사람들은 전라도 농민군이 공주에서 싸우다 죽은 것이라고 생각하고 있기도 하다. 이러한 것에 대한 문제의식을 가지고 공주 동학 사업에 임하였다.

박맹수 교수의 노력으로 1881년부터 공주 사람 윤상오가 동학에 입도하여 포교한 것이 밝혀지고, 최시형 선생이 공주에 5차례 이상 방문하고 거주하며 충청도와 전라도 포교의 거점으로 삼아 활동했던 것이 밝혀졌다.

또한 박맹수 교수의 연구로 밝혀진 것은 1894년 3월부터 공주의 궁원, 대교, 공수원, 반송, 동천점 등에서 수백명 또는 1만여 명이 집회를 하고, 8월 2일과 4일에는 수천명의 동학군이 공주시내(공주감영)로 들어오기도 했다. 수만명이 공주를 포위하고 그리고 전봉준 장군이 만여 명으로 우금티를 공격할 때, 동학군 공주창의소의장 이유상 휘하의 6천여 명이 공주 부여 논산 사람이었다. 구전자료 조사를 통해서도, 공주사람들의 동학농민혁명의 참여는 우금티 싸움 전후로 지역적으로는 금강 남쪽의 이인 계룡과 금강 북쪽의 의당 정안 유구 신풍 등 여러 지역에서 볼 수 있으며, 30여 명의 참여자가 확인된다. 이 중 10명은 '동학농민혁명참여자 등의 명예회복에 관한 특별법' (2004년 입법)에 따라 정식으로 동학참여자로 인정되었다.

역사는 승리자의 기록이다. 그러나 실패한 역사이지만 진실에 접근하는 또 하나의 방법은 구전 자료 조사였다. 공주 동학 구전 자료를 통해 비록 동학농민군의 꿈은 좌절되었지만, 우금티, 효포, 이인의 싸움터 주변에서 여러 주민들이 대중적으로 쌀을 내고 밥을 지어 돕고 그리고 농민군으로도 참여했던 모습을 확인할 수 있었다. 당시 동학농민혁명에 참여했던 민중들의 새 세상에 대한 뜨거운 열정을 느낄 수 있었다. 또한 실패한 아쉬움도 여기저기서 확인할 수 있었다. 우금티 바로 앞에서 좌절한 것이 아쉬워 '무르팍으로 내밀어도 나갈 수 있었는데, 주먹만 내질러도 나갈 수 있었는데.' '동학군 대장을 밀고하여 소 두 마리를 받았으나 바로 눈이 멀고 죽었다.' '환향바위', '갑오년을 세 번 겪은 수촌들의 고목나무' 등의 이야기가 그것을 증언한다.

구상회, 오성영, 김학범, 오세웅, 전희남, 박노선, 김행각 님 등 여러 어른들은 공주의 소중한 구전 자료를 전해주셨고, 이제 더 이상 세상에 계시지 않는다. 우리 역사에 끼쳤던 동학의 큰 흔적을 기억하고 되새기고 계시다가 뒷사람에게 전수해 주신 것이다. 다시 한 번 큰 뜻에 감사 드린다.

그리고 구전 조사 중에서 특이한 것은 동학군을 학살한 주체로서 절대 대다수 구전은 일본군을 이야기하고 있다는 점이다. 중고등학교의 교과서에서도 동학농민혁명을 진압한 주체가 일본군인가 조선 정부군인가 하는 것이 불명확하다. 그런데 공주에서 동학군의 학살의 주체를 공주 민중들은 '일본군'으로 보고 있는 것이다.

6월 21일(음) 일본군이 경복궁을 점령하고 친일 괴뢰정권을 수립하고 그리고 조선군의 작전 지휘권을 장악하고 우금티 전투를 지휘하는 역사적 사실을 공주 민중들은 꿰뚫어 보고 있었던 것이다. 우금티 학살의 주체, 송장배미 학살의 주체를 지역 주민들은 일본군이라고 증언하고 있다.

2004년 공주 기념사업회에서 '공주동학자료집'을 만들기 위한 공주지역 연구논문 집필을 의뢰하기 위해 이리에 있는 원광대 박맹수 교수님을 방문하였다. 그런데 박 교수님께서 논문 집필은 승낙하시면서, 교수님께서 그동안 동학을 연구하면서 모아 둔 공주지역 연구 자료를 한 묶음 묶어서 주셨다. 내가 연구자가 아니고 공주에서 연구논문 집필을 의뢰하러 온 사람이라고 해도 막무가내이셨다. 공주 동학 자료 보따리를 안 돌려주면 어떡하시려고 그런지 알 수 없었다. 물론 자료는 복사하고 다시 돌려 드렸다. 그리고 그 보따리를 참고해서 공주 지역 구전 조사는 훨씬 활기를 띠었다. 문헌에 나타난 공주 동학의 사건을 참고해서 지역에 들어가 지역 조사를 할 수 있었다. 오랜 연구 자료를 허심하게 나누어 주신 박맹수 교수님의 이야기를 꼭 지면으로 남기어 감사드리고 싶다. 아울러 번거로운 자료 부탁을 들어준 김승구 선생님께도 감사 말씀드린다. 또한 공주 동학 구전 자료 조사와 사진 기록에 많은 부분 함께 한 송성영 선생님께 감사드린다. 아울러 편집을 맡아 수고를 아끼지 않은 김용우 군에게 감사드린다. 기록과 사진에 다른 분들의 이름이 없으면 본인의 것이고, 잘못된 것은 추후 기회되는 대로 바로 잡도록 하겠다. 이 책을 내는 데 여러 자료를 많이 참고하였다. 박맹수 교수님의 많은 글들과 『공주지명지』(공주대학교지역개발연구소 충청남도 공주시 발행, 1997), 『동학농민혁명사 일지』(동학농민혁명참여자명예회복심의위원회 발행, 2006)를 특히 많이 참고했음을 밝힌다.

2015년 3월 정선원

동학농민혁명 공주 지역 참여자(명예회복자) 명단

2004년 '동학농민혁명 참여자 등의 명예회복에 관한 특별법'에 따른 심의 결과, 공주 참여자(명예회복자)는 아래와 같이 결정되었다(1차-4명, 2차-6명 총 10명)

등록번호	구분	참여자					심의	
		성명	지역	참여 내용	나이(사망당시)		일자/결과	
153	충남-27	신하성(愼夏晟)	공주	동학 접장으로서 10월 공주전투에 참여 후 체포되어 처형	32세		06.11.20	결정
154	충남-28	오영전(吳永田)	공주	10월 공주 효포싸움에 참전한 후 가마울 마을에서 전투 중 총에 맞아 사망	39세		06.11.20	결정
155	충남-29	최윤신(崔潤信)	공주	접주로서 공주전투에 참여한 후 1894년 12월 체포 후 홍성으로 이송되어 총살	35세		06.11.20	결정
156	충남-30	송영오(宋永五)	공주	공주 우금티 전투에 참여하여 부상을 입은 후 사망	40세 또는 46세		06.11.20	결정
544	신규 대전-02	이종근(李鍾根)	공주	1894년 공주 지역 동학농민군으로 활동하였으며 부상을 입고 귀가 후 10월에 사망함	31세		08.09.12	결정
606	신규 충남-24	양태인(梁泰仁)	공주	동학농민혁명 당시 우금티의 동학농민군에게 밥을 날랐으며, 일본군에게 붙잡혀 총살당함	39세		09.01.16	결정
607	신규 충남-25	박제억(朴齊億)	공주	1894년 공주 우금티 전투에 동학농민군으로 활동하였으며, 공수원에서 일본군에게 체포되어 공주 시내 정주뱅이에서 11월 화형당함	37세		09.01.16	결정
608	신규 충남-26	이승원(李承遠)	공주	1894년 동학농민전쟁 당시 공주싸움에서 중요한 직책을 맡아 활동하다가 우티 전투가 끝난 뒤 피신하여 집에 돌아오지 못하고 떠돌아다니다가, 1894년 4월 10일 고향 마을에 있는 오씨네 집에서 체포되어 처형	44세		09.01.16	결정
609	신규 충남-27	장사진(張士進)	공주	1894년 공주 지역 동학농민군으로 활동함	31세 참여 85세 사망		09.01.16	결정
610	신규 충남-28	박용진(朴龍鎭)	공주	1894년 공주지역 동학농민군으로 활동하였으며 우금티전투 후 피신하였다가, 1895년 2월 체포되어 공주 시내에서 총살당함	29세 또는 32세		09.01.16	결정

공주 동학농민혁명 답사 안내도(금강 남쪽)

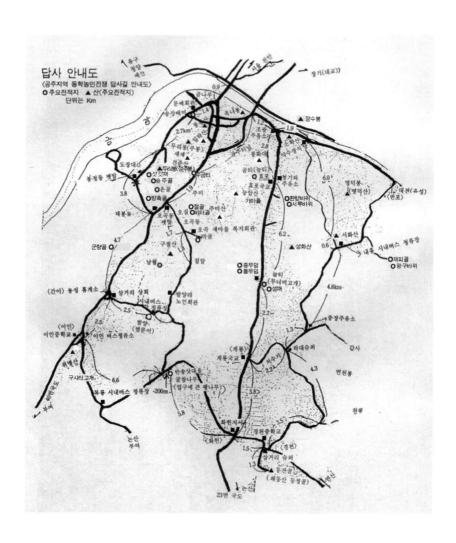

대동여지도 공주목도

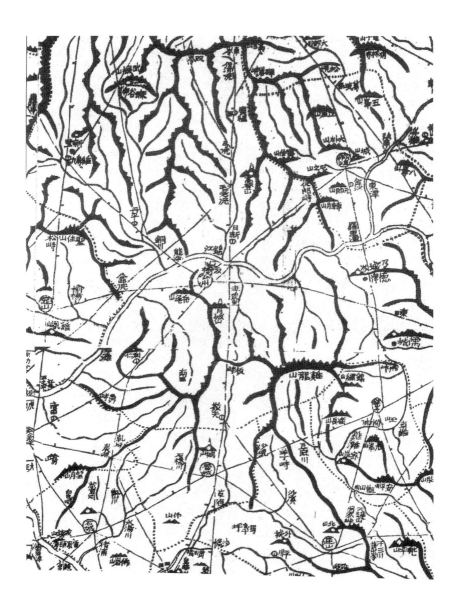

1914년 실측 지도

(조선총독부 발간, 1919년 제1회 수정 측도, 1:50,000지도)

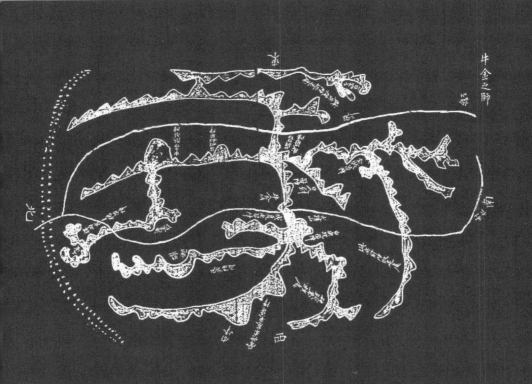

공주 동학농민혁명 연표

동학의 지하포교기

1881년 8월   공주 신평(公州 薪坪; 현재의 공주시 사곡면 신영리 신평마을)에
거주하는 윤상오(尹相五), 충청도 단양(丹陽) 송두둑에 은거하고
있던 해월 최시형을 찾아가 수도 절차를 배움(해월선생문집, 한
국학자료총서 9, 397-398쪽; 본교역사, 천도교회월보 20, 1912년
3월호, 26쪽)

1882년   각처에서 해월 최시형을 찾아오는 도인들이 수를 헤아릴 수 없
음(해월선생문집, 398쪽)

1883년   공주(公州)·연기(燕岐)·청주(清州)·충주(忠州) 등 충청도 지역
에서 동학의 소문을 듣고 입도하는 도인이 증가함(시천교종역
사 제 2편 제 8장, 한국학자료총서 9, 601쪽)

1883년 여름   공주 동학도인(東學道人) 윤상오가 '계미중하 경주개간본(癸未仲
夏 慶州開刊本)'『동경대전』간행 과정에 유사(有司)로 참여함(『동
경대전』계미중하 경주개간본, 跋文 참조)

1884년 10월   해월 최시형, 관의 지목(指目)을 피하기 위하여 청주의 손병희
(孫秉熙)·덕산의 박인호(朴寅浩)·송보여(宋甫汝) 등과 함께 공
주 마곡사(麻谷寺)의 부속암자 가섭암(迦葉庵)에 들어가 49일 기
도를 행함. 이때 13자 주문에 나오는 '천주(天主)'를 '상제(上帝)'
로 바꿈(천도교회사초고, 동학사상자료집 일, 429-430쪽; 천도
교서)

1884년 10월   해월 최시형, 가섭암에서 동학교단의 주요 직제인 육임제(六任
制) 제정 발표. 그러나 본격적인 시행은 3년 뒤인 1887년부터 이
루어짐(본교역사, 천도교회월보 21, 1912년 4월호, 16쪽; 시천
교종역사 제 2편 제 8장, 602쪽)

1885년 6월   충청감사 심상훈(沈相薰)과 단양군수 최희진(崔喜鎭), 동학에 대
해 대대적인 탄압을 가함(해월선생문집, 401쪽)

1885년 7월   해월 최시형, 도인 장한주(蔣漢柱)와 함께 충청감사와 단양군수
의 체포령을 피해 단양 송두둑에서 공주 마곡사 가섭암으로 은
신함. 이 때 동학의 차도주(次道主) 강시원(姜時元)을 비롯하여

	다수의 도인들이 체포됨(해월선생문집, 401쪽; 본교 역사, 천도교회월보 22, 1912년 5월호, 23쪽; 천도교회사초고, 431쪽)
1885년 8월	해월 최시형, 공주 마곡사 가섭암에서 경상도 영천군 화계동(花溪洞) 산막(山幕)으로 옮겨 은신함(천도교회사초고, 431쪽)
1887년 3월	해월 최시형, 충청도 보은 장내(帳內)에 동학본부인 '육임소(六任所)'를 설치함(해월선생문집, 405쪽; 청암 권병덕의 일생, 한국사상 15, 322-323쪽)
1888년 1월	해월 최시형, 전라도 전주 삼례 일대 순회하며 동학 포덕활동을 전개함(본교역사, 천도교회월보 22, 1912년 5월호, 24쪽; 천도교회사초고, 432쪽)
1888년	가뭄 때문에 전라도 일대에 대흉년(大凶年; 戊子大凶)이 듦(석남역사, 한국학보 71, 1993년 6월, 247쪽)
1888년 봄	해월 최시형, 무자 대흉년을 당하여 굶주리는 도인과 일반 민중을 위해 '유무상자(有無相資)' 정신을 실천할 것을 촉구하는 통문을 각 지역 접주와 도인들 앞으로 발송함('무자통문', 해월문집, 한국학자료총서 9, 305-308쪽)
1889년 7월	해월 최시형, 동학에 대한 극심한 탄압 때문에 충청도 보은에 설치했던 육임소를 폐지하고 괴산 신양동(新陽洞)으로 은신함(해월선생문집, 405쪽; 본교역사, 천도교회월보 22, 1912년 5월호, 24-25쪽)
1889년 10월	동학에 대한 대대적인 탄압으로 서인주(徐仁周) 등 다수의 도인들이 체포됨(해월선생문집, 405쪽; 시천교종역사 제 2편 제 9장, 610쪽; 천도교회사초고 433쪽)
1889년 10월	해월 최시형, 관의 탄압을 피하기 위하여 괴산 신양동을 떠나 강원도 간성(杆城) 왕곡리(旺谷里) 김하도(金河圖)의 집으로 피신하여 은신함(본교역사, 천도교회월보 22, 1912년 5월호, 25쪽)
1890년 8월	해월 최시형, 강원도에서 다시 충청도 공주 궁원(弓院; 현재의 공주시 정안면 장원리 구(舊) 활원마을을 말하며, 이곳은 공주시에서 천안 방향으로 약 15킬로미터 떨어져 있다)으로 은신처를 옮김(해월선생문집, 407쪽; 천도교회사초고, 434쪽)
1890년 9월	해월 최시형, 공주 궁원에서 다시 진천 금성동(金城洞)으로 옮겨 은신함(천도교회사초고, 434쪽)
1890년 12월	해월 최시형, 도인 장한주와 함께 공주 신평(薪坪)에서 과세(過

歲)함(천도교회사초고, 434쪽)

1891년 2월	윤상오(尹相五)의 주선으로 진천 금성동에서 공주 신평리(薪坪里)로 옮겨 옴(해월선생문집, 408쪽; 김낙철역사, 원불교 영산대학 논문집 창간호에 실린 영인본 자료 1쪽; 천도교회사초고, 434쪽)
1891년 3월	전라도의 동학도인 김영조(부안)·김낙철(부안)·김낙삼(태인)·남계천(익산)·손화중(무장) 등이 공주 신평에 은신하고 있는 해월 최시형을 찾아와 지도를 받음(본교역사, 천도교회월보 23, 1912년 6월호, 18쪽; 천도교회사초고, 434쪽)
1891년 5월	공주 윤상오, 호남우도편의장(便義長) 직에 임명 (본교역사, 천도교회월보 23, 1912년 8월호, 18쪽;)
1891년 5~7월	해월 최시형, 공주 신평을 떠나 전라도 일대를 순회하며 포덕활동 전개(해월선생문집, 408-410쪽; 본교역사, 천도교회월보 23, 1912년 6월호, 18쪽; 천도교회월보 24, 1912년 7월호, 22쪽)
1891년 7월 초	해월 최시형, 전라도지방 순회포덕 활동을 마치고 공주 신평으로 돌아옴(해월선생문집, 410쪽)

교조신원운동기

1892년 1월	충청감사 조병식(趙秉式), 동학을 배척 탄압하는 금령을 내림(해월선생문집, 410-411쪽; 본교역사)
1892년 7월	서인주(徐仁周)와 서병학(徐丙鶴), 경상도 상주 왕실에 은신하고 있던 해월 최시형을 찾아와 교조신원(敎祖伸寃)을 건의하였으나 해월은 시기가 적절하지 않다는 이유로 거절함(해월선생문집, 411쪽; 본교역사, 천도교회사초고, 시천교역사, 동학사, 천도교창건사)
1892년 10월	서인주와 서병학, 해월 최시형에게 재차 '교조신원'을 건의함. 해월은 "(교조)신원의 방도를 적극적으로 모색하라"는 요지의 '입의통문(立義通文)'을 작성하여 각지의 접주와 도인들 앞으로 발송하였으며, 이에 따라 '교조신원'을 위한 의송소(議送所) 공주(公州)에 설치됨(규장각 동학서; 해월문집, 한국학자료총서 9, 327-330쪽; 본교역사, 천도교회월보 24,1912년 7월호, 22-23쪽; 천도교회월보 25, 1912년 8월호, 22쪽; 천도교회사초고, 439-

440쪽)

1892년 10월 20일경 공주의송소(公州議送所)는 동학교조의 신원, 충청도 관하 지방 관들의 동학 도인 및 일반 민중에 대한 불법수탈행위의 금지, 서학 및 일본상인의 침투를 막기 위한 척왜양 등을 요구하는 '각도동학유생의송단자(各道東學儒生議送單子)'를 작성하여 충청 감사에게 제출함(규장각 소장 동학서 속의 '각도동학유생의송 단자; 본교역사, 천도교회월보 25, 1912년 8월호; 시천교종역사)

1892년 10월 22일경 충청감사 조병식이 공주의송소가 제출한 '의송단자'에 대한 답 변이 담긴 '제음(題音)'을 내림(규장각 동학서)

1892년 10월 24일 충청감사 조병식, 관하 지방관들에게 동학 도인 및 일반 민중에 대한 불법 수탈행위를 금지하는 '감결(甘結)' 하달.(규장각 동학 서)

1892년 10월 26일 동학도인 1천여 명이 공주감영 부근에서 집회를 열고 정소(呈 訴)를 올림(시문기, 총서 2, 175-176쪽)

1892월 10월 27일 공주의송소가 올린 '의송단자'를 통해 충청감사로부터 "지방관 들의 동학도인 및 일반 민중들에 대한 불법수탈행위를 금한다" 는 요지의 감결을 얻어내자, 해월 최시형은 '전라도 삼례도회소 (全羅道 參禮都會所)' 명의의 경통(敬通)을 발송하고 각지의 접주 및 도인들에게 전라도 삼례로 집결할 것을 지시함. 특히 이 경 통에서 최시형은 "금영(錦營; 충청감영)에 억울함을 호소하였으 니 완영(完營; 전라감영)에 의송단자를 내는 것 또한 천명(天命) 이라"고 하여 전라도 삼례집회가 공주집회의 연장선 위에서 이 루어지고 있음을 드러냄(규장각 동학서, 본교역사)

1892년 12월 1일 충청도 영동(永洞)·옥천(沃川)·환강(換江, 黃澗의 오기)·서영 (西營)·신도(新都) 등과 전라도 등지에서 동학도인 1만 7천 명 이 공주 부근에서 집회를 열고 충청감사에게 다음과 같은 세 가 지 조항을 요구함(공신 제 66호: 동학당사건에 대해 충청도 공 주 등의 지방 탐정서-1893년 3월 20일 경성영사 스기무라 후카 시가 일본 외무성에 보고, 『조선국 동학당 동정에 관한 제국공 사관 보고 일건(일본 외무성 외교사료관 소장)』)

첫째, 충청도 중민(衆民)들에게 동학에 귀의하도록 하는 영달 (令達)을 발할 것(동학을 공인해 줄 것을 요구하는 조항; 인용자 주) , 둘째, 지난 번 동학당 체포령(1892년 1월에 충청감사 조병식이 내린 동학금령을 말함; 인용자 주)이 있었을 때 당시 지방 관들이 동학 도인들로부터 받은 뇌물을 되돌려 줄 것, 셋째, 멀리 떨어진 촌과 읍의 상황을 시찰하기 위해 관찰사가 직접 시찰할 것.

1893년 2월 29일　공주의 동학당 동정 정탐을 위해 경성영사관 영사 스기무라 후카시(杉村 濬)는 경성거주 일본거류민 마츠나가(松永半次郎)와 사카이(堺平造)를 공주로 파견함(조선국 동학당 동정에 관한 제국공사관 보고일건)

1893년 3월 4일　마츠나가와 사카이, 공주 도착하여 정탐활동 개시(위와 같은 자료)

1893년 3월 5일　마츠나가와 사카이 두 사람으로부터 "공주는 평온하다"는 보고가 스기무라 영사에게 도착함(위와 같은 자료)

1893년 3월 6일　마츠나가와 사카이, 공주 체재(위와 같은 자료)

1893년 3월 7일　마츠나가와 사카이, 공주 출발(위와 같은 자료)

1893년 3월 9일　마츠나가와 사카이, 경성 도착(위와 같은 자료)

1893년 3월 20일　경성영사관 영사 스기무라, 마츠나가와 사카이의 정탐 내용을 일본 외무성 외무차관 하야시 타다스(林 董) 앞으로 보고함(위와 같은 자료)

1893년 3월 11~20일　충청도 보은 장내에서 열린 '보은취회'에 공주 동학도인들 참가(「취어」, 『총서』, 44-75쪽)

1893년 3월 26일　양호선무사 어윤중(魚允中), 공주영장(公州營將) 이승원(李承遠), 보은군수 이중익(李重益) 등을 대동하고 보은 장내에서 보은집회 지도부 만나 해산을 설득(「취어」, 『총서』, 45-49쪽)

1893년 6월 5일　양호 선무사 어윤중은 전(前) 충청감사 조병식(趙秉式), 전 공주영장 윤영기(尹泳璣), 전 공주진장(公州鎭將) 이존비(李存秘) 등이 동학 금압(禁壓)을 빌미로 동학도인 및 일반 민중에 대해 불법 수탈을 자행하여 공주의 오덕근(吳德根)이 물고당하고 김현익(金顯益)·임태순(林台淳)·고성룡(高成龍) 등이 억울하게 옥에 갇혔다는 내용의 장계를 올림(『명치기외무성조서집성: 일청강화관계조서집』6, 일본 크레스출판, 1994, 1424-1426쪽)

고부농민봉기기

1894년 1월 10일   전봉준 등이 이끄는 고부농민 1천여 명이 고부군수 조병갑(趙秉甲)의 폭정에 항거하여 봉기함

1894년 3월 12일   충청도 금산에서 동학농민군이 봉기함(오하기문, 총서 1, 55-56쪽)

1894년 3월 14일   접주 임기준(任基準)이 이끄는 동학농민군 7백여 명이 공주 궁원(弓院)에 모여, 유회(儒會)가 열리고 있던 대교리(大橋里)로 가서 유회를 파훼(破毁)함(약사, 총서 2, 206쪽; 영상일기, 총서 2, 280쪽)

1894년 3월 16일   공주 궁원에 모였던 동학농민군 해산함(약사, 총서 2, 206쪽)

제1차 동학농민혁명기(제1차 기포기)

1894년 3월 21일   전라도 무장(茂長)에서 전봉준 손화중 등이 이끄는 동학농민군 4천여 명이 봉기함(전라도 고부 민요일기, 주한일본공사관기록 1, 한글본, 53쪽)

1894년 4월 2일   충청도 진산(珍山) 방축점(防築店)에 모여 있던 농민군이 김치홍(金致洪)과 임한석(任漢錫)이 이끄는 금산 보부상과 읍민 1천여 명의 기습을 받고 114명이 전사함(수록, 총서 5, 183-184쪽)

1894년 4월 6일   충청도의 농민군이 진잠, 연산, 옥천, 공주, 이인역 등지에 각 5-6천 명씩 취당 둔취함(통상보고 제 10호, 조선국 동학당 동정에 관한 제국공사관 보고일건)

1894년 4월 7일   농민군이 정읍 황토재에서 지방군(전라감영군)을 격파하고 승리함(오하기문 1필, 총서 1, 61쪽)·7일, 공주 이인(利仁)에서 동학에 반대하는 보부상 4천여 명이 참가한 집회가 열림(주한일본공사관기록 1, 한글본, 5쪽)

1894년 4월 8일   충청도 청산에서 봉기한 동학농민군이 회덕 관아를 점령하고 무기를 탈취한 뒤 진잠으로 향함(취어, 총서 2, 122-123쪽)

1894년 4월 23일   동학농민군 장성 황룡촌에서 중앙군(경군)을 격파하고 승리를 거둠(오하기문 1필, 총서 1, 72쪽)

1894년 4월 25일   이헌영(李𤋮)이 충청감사에 임명됨(금번집략 일록 4월 25일, 총서 4, 3쪽)

1894년 4월 27일	동학농민군 전주성 점령(오하기문 1필, 총서 1, 75쪽)
1894년 4월 29일	충청감사는 전보(電報)를 통해 공주 아래로는 소식이 불통이며, 또한 "공주 이하 지방은 나라의 소유가 아니다(公州以下 非國家所有)"라고 조정에 보고함(동학당에 관한 속보, 조선국 동학당 동정에 관한 제국공사관 보고일건)
1894년 5월 3일	인천영사관 소속 일본인 순사 나리스케 노부시로(成相喜四郎)가 전라도에서 일어난 제1차 동학농민혁명 상황을 정탐하기 위해 공주에 도착함(『미야코신문(都新聞)』1894년 7월 14일, 1면)
1894년 5월 5일	경성주재 청국(淸國)이사 당소의(唐紹儀)가 청국 순사 30여 명을 이끌고 공주에 도착함(위와 같은 자료)
1894년 5월 5일	공주에 머물던 평양병(平壤兵)이 공주를 출발하여 삼례로 향함 (위와 같은 자료)
1894년 5월 7일	전봉준의 지도 아래에 전주성을 점령하고 있던 동학농민군이 홍계훈이 이끌고 있던 경군(京軍)과 '전주화약(全州和約)'를 맺음
1894년 5월 8일	동학농민군 전주성에서 자진 철수함. 홍계훈의 경군이 전주성을 회복함(대한계년사, 총서 4, 366쪽)
1894년 5월 8일	청국군(淸國軍) 총병 섭사성(聶士成)의 고시문(告示文)이 공주(公州)의 영문(營門)에 게시됨(「대한계년사」,『총서』4, 367쪽)
1894년 5월 10일	일본인 순사 나리스케(成相), 공주를 출발하여 삼례로 향함(미야코신문, 1894년 7월 14일, 1면)
1894년 5월 13일	일본인 순사 나리스케, 삼례 경유하여 전주에 도착하여 정탐활동(위와 같은 자료)
1894년 5월 21일	일본인 순사 나리스케, 전주 출발(위와 같은 자료)
1894년 5월 22일	일본인 순사 나리스케, 공주 도착(위와 같은 자료)
1894년 5월 23일	일본인 순사 나리스케, 공주 출발(위와 같은 자료)

집강소 통치기(청일전쟁기)

1894년 6월 21일 (양력 7월 23일)	서울 용산에 주둔하고 있던 일본군 혼성여단이 불법으로 경복궁을 점령하여 민씨 정권을 몰아내고, 조선 군대의 무장해제를 강제로 단행함. 이 과정에서 일본군의 왕궁 침입을 저지하고, 강제적인 무장해제에 반대하는 조선군대와 일본군 사이에 하

루 종일 치열한 전투가 벌어짐(朝日戰爭)(조선왕궁점령의 실상, 『1894년 경복궁을 점령하라』, 2002, 59-88쪽)

1894년 6월 22일 일본군이 대원군을 중심으로 친일괴뢰정권을 수립함(위의 책, 83-84쪽)

1894년 6월 23일 일본 해군이 풍도(豊島) 앞바다에서 청군 군함에 대해 기습공격을 감행함으로써 청일전쟁 도발함(풍도 앞바다에서의 해전, 『청일전쟁(藤村道生, 허남린 옮김)』, 1997, 131-134쪽)

1894년 6월 27일 경기도 성환(成歡)에서 일본군 혼성여단과 청군 군대가 교전하여 청국군이 패배함(성환의 육지전, 위의 책, 135-137쪽)

1894년 6월 27일 청국군 총병(總兵) 섭사성(聶士成)이 성환·직산에서 일본군과 교전하여 패배 한 뒤, 청국 병사를 이끌고 공주에 들어옴(홍양기사 7월 4일; 금번집략 일록 6월 28일; 오하기문 2필, 총서 1, 153-154쪽)

1894년 6월 28일 섭사성이 병사를 이끌고 공주를 지나 연기·청주 쪽으로 향함(『홍양기사』7월 4일;『금번집략』일록 6월 28일;『오하기문』2필, 『총서』1,154쪽)

1894년 7월 초 전봉준이 남원에서 일본군의 경복궁 불법점령 소식을 처음으로 접함(전봉준공초, 총서 18, 69쪽)

1894년 7월 3일 공주 이인역(利仁驛)에서 동학농민군이 작료(作鬧)함(금번집략 일록 7월 3일, 총서 4, 8쪽)

1894년 7월 7일 공주의 대교(大橋)·공수원(公壽院)·반송(盤松) 등지에서 동학농민군 수백 명이 돈과 곡식을 압류함(금번집략 별계 7월 7일, 총서 4, 29쪽)

1894년 7월 9일 조정에서 내무협판(內務協辦) 정경원(鄭敬源)을 호서선무사로 임명하여 공주로 파견하기로 결정함(고종실록 고종 31년 7월 9일; 일성록 고종 31년 7월 9일)

1894년 7월 12일 공주 동천점(銅川店)에 도인(道人)이라 칭하는 자들이 '보국안민(輔國安民)'과 '척화거의(斥化擧義)'를 주장하며 둔취함(홍양기사 7월 12일, 총서 9, 97쪽)

1894년 7월 15일 선무사 정경원 공주 도착, 관하 각 읍에 관문을 보내고 충청감사 박제순(朴齊純; 李永의 오기; 필자 주)과 상의하여 동학교단의 최고지도자 최시형으로 하여금 집강을 임명하게 하여 충청도 농민군들을 금찰하고자 함(홍양기사 7월 20일, 총서 9, 105쪽;

금번집략, 총서 4, 65쪽)

1894년 7월 17일	전봉준 무주(茂朱) 집강소 앞으로 재봉기에 신중할 것을 촉구하는 통문을 발송함(수록, 총서 5, 278-279쪽)
1894년 7월 18일	장흥부사에서 전라감사로 임명되었던 박제순이 전라감사 김학진의 유임으로 다시 충청감사로 전보 발령됨(일성록 고종 31년, 7월 18일)
1894년 8월 1일	공주(또는 논산) 건평(乾坪) 유생 이유상(李裕尙)은 건평에서 민준호(閔俊鎬)가 유회(儒會)를 열고 있다는 소식을 듣고 달려가 함께 '토왜보국(討倭報國)'하자고 청했으나 거절당하자 유회군 1백여 명을 이끌고 떠나감(남유수록 8월 1일, 총서 3, 226쪽)
1894년 8월 1일	공주 정안면(定安面)에서 동학농민군 1만여 명이 모여 공주(公州) 부내로 들어와 유진(留陣)하려고 함(금번집략, 총서 4, 11-13쪽, 43-44쪽; 계초존안, 각사 등록 63, 2쪽; 관초존안, 각사등록 63, 221쪽)
1894년 8월 2일	공주 정안면 동학농민군 몇 천 명이 접주 임기준(任基準)의 지휘 아래 공주 부내로 들어옴(금번집략, 총서 4, 11쪽; 위와 같은 자료)
1894년 8월 3일	공주 부내의 동학농민군 해산하여 공주부에서 10여 리 혹은 30여 리 떨어진 금강 근처에 유진함(금번집략, 총서 4, 11쪽; 위와 같은 자료)
1894년 8월 4일	동학농민군 수천 명이 다시 공주부 아래로 모임(금번집략, 총서 4, 11쪽; 위와 같은 자료)
1894년 8월 7일	농민군 지도자에서 변절하여 농민군 토벌 책임을 지닌 남부도사(南部都事)에 임명된 서병학(徐丙鶴)이 농민군 선유사(宣諭使) 박제관(朴齊寬)과 함께 대원군의 효유문을 휴대하고 공주에 도착하여 김영국(金榮國) 포(包)의 농민군을 설득하여 해산시킴(약사, 총서 2, 220쪽)
1894년 8월	서병학이 공주 이인(利仁)에서 농민군을 단속하다가 접주 임기준(任基準)과 언쟁을 하여 소란을 일으킴(시문기, 총서 2, 180쪽)
1894년 8월 11일	전봉준, 재봉기에 신중한 태도를 보임(시사신보 명치 27년 10월 5일, 총서 22, 331-332쪽)
1894년 8월 19일	수천 명의 동학농민군이 금강 근처에 둔취함(금번집략 일록 8월 19일, 총서 4, 12쪽)

1894년 8월 24일	호서선무사 정경원이 충주(忠州)에서 일본군 충주병참사령관 후쿠도미(福富孝元)에게 충청도 동학농민군 집강(執綱) 34명의 명단을 건네줌. 이 가운데 공주(公州) 집강 장준환(張俊煥; 公州 達洞 거주)의 이름이 들어 있음(주한일본공사관기록 2, 63쪽)
1894년 8월 25일	전봉준, 남원에서 김개남과 재봉기에 대해 논의를 했으나 여전히 신중한 태도를 보임(오하기문 2필, 총서 1, 209-211쪽)
1894년 8월 25일	김개남 전라도 남원에서 '남원대회'를 개최하고 재봉기를 결의함(오하기문 2필, 총서 1, 209-211쪽)
1894년 8월 26일	공주 유구(維鳩) 출신인 전(前) 진산(珍山)군수 오정선(吳鼎善)이 동학에 입도하여 '집강(執綱)'의 직임을 맡음(동학란기록 상, 312쪽; 주한일본공사관기록 1, 199-200쪽)
1894년 8월 29일	충청감사 이헌영이 박제순으로 교체됨(금번집략, 총서 4, 13쪽)

제2차 동학농민혁명기(제2차 기포기)

1894년 9월 2~8일	기병부경(起兵赴京)'의 내용이 담긴 대원군의 밀지가 전봉준과 김개남 등 농민군지도부에 전달됨(수록, 총서 5, 296쪽; 오하기문 3필, 총서 1, 247쪽)
1894년 9월 9일	충청도 도접주(都接主) 안교선(安敎善), 대접주(大接主) 임기준(任基準), 홍재길(洪在吉)을 비롯한 21명의 접주들이 대원군의 효유문에 대해 답서(答書)를 올림(뮈텔문서 1894-314, 사총 29, 220-222쪽)
1894년 9월 9일	금구에 온 동학농민군이 고산현을 점령하고 이튿날 무기를 탈취하여 전주방향으로 감(주한일본공사관기록 1, 130쪽)
1894년 9월 10일	장위영 영관 이두황(李斗璜), 경리청 영관 성하영(成夏泳)을 각각 경기도 죽산(竹山)부사와 안성(安城)군수에 임명하여 죽산 안성 등 경기도 일대 농민군 진압에 나서게 함(양호우선봉일기, 총서 15, 5쪽; 일성록 고종 31년 9월 10일; 고종실록 고종 31년 9월 10일)
1894년 9월 10일경	전봉준 재봉기를 위해 전라도 삼례에 대도소를 설치함(전봉준 공초, 총서 18, 69쪽; 오하기문 3필, 총서 1, 253쪽)
1894년 9월 10일	삼례에 모인 동학농민군이 여산현을 점령함(주한일본공사관기록 1, 130쪽)

1894년 9월 10일 전후　전봉준 태인·김제·고산·군산·전주 등 전라도 각지에
　　　　　　　　　　재봉기를 위한 무기와 화약, 식량 등을 보내라는 내용이 담긴
　　　　　　　　　　통문을 발송함(전봉준공초, 총서 18, 69-72쪽; 주한일본공사관
　　　　　　　　　　기록 1, 130-131쪽)
1894년 9월 13일　10일 밤 여산현을 점령한 농민군이 무기를 탈취해 감(주한일본
　　　　　　　　　　공사관기록 1, 130쪽)
1894년 9월 14일　영관 성하영(成夏泳), 대관 백낙완(白樂浣), 대관 조병완 등이 경
　　　　　　　　　　리청병 2개 소대 280명을 이끌고 서울을 출발함(남정록, 총서
　　　　　　　　　　17, 224쪽) 성하영군, 수원부에 도착하여 8일간 유진함. 이 때
　　　　　　　　　　충청감사 박제순으로부터 "호남동도 수십만 중이 장차 호중(湖
　　　　　　　　　　中)으로 향하니 망야 행진하여 적세를 막으라"는 공문이 도착
　　　　　　　　　　함. 이에 대관 백낙완이 경리청병 140명을 거느리고 충청도 공
　　　　　　　　　　주로 출발하고, 영관 성하영과 대관 조병완은 경리청병 140명
　　　　　　　　　　을 거느리고 안성군으로 향함(남정록, 총서 17, 225-226쪽)
1894년 9월 14일　전봉준 휘하의 농민군이 전주성을 공격하여 총과 창, 환도와 화
　　　　　　　　　　포, 탄환 등을 탈취하여 삼례로 돌아감(주한일본공사관기록 1,
　　　　　　　　　　129쪽)
1894년 9월 16일　전봉준 휘하의 농민군이 위봉산성을 공격하여 무기를 탈취함
　　　　　　　　　　(주한일본공사관기록 1, 130쪽)
1894년 9월 18일　해월 최시형 충청도 청산(靑山)에서 '기포령'을 내림(천도교회사
　　　　　　　　　　초고, 461쪽)
1894년 9월 19일　일본군 용산수비대 소속 2개 소대를 농민군 진압을 위해 파견
　　　　　　　　　　하기로 결정함(주한일본공사관기록 3, 284-289쪽, 355-356쪽;
　　　　　　　　　　남부병참감부 진중일지)
1894년 9월 20일경 스즈키 아키라 소위가 이끄는 일본군 1개 소대가 서울을 출발
　　　　　　　　　　함
1894년 9월 20일　죽산부사 이두황 장위영병 4개 소대를 이끌고 서울을 출발함
　　　　　　　　　　(구한국관보 1, 개국 503(1894)년 9월 19일, 520쪽)
1894년 9월 20일　전봉준이 이끄는 농민군이 여산현(礪山縣)에 이름(갑오기사, 갑
　　　　　　　　　　오 9월 20일)
1894년 9월 21일　농민군 진압을 위해 양호순무영(兩湖巡撫營)을 설치하고 호위부
　　　　　　　　　　장(扈衛副將) 신정희(申正熙)를 순무사(巡撫使)에 임명함(선봉진
　　　　　　　　　　일기 갑오 9월 21일, 총서 16, 79쪽; 일성록 고종 31년 9월 22일)

1894년 9월 22일	순무사 신정희를 도순무사(都巡撫使)에 임명함(선봉진일기 9월 22일, 총서 16, 79쪽)
1894년 9월 24일	스즈키 아키라 소위 부대가 경기도 성환에서 두 개의 부대로 갈라져 남하함(주한일본공사관기록 1, 202쪽)
1894년 9월 26일	장위영 정령관(正領官) 이규태(李圭泰)를 별군관(別軍官)에 임명함(선봉진일기 9월 26일, 총서 16, 79쪽)
1894년 9월 26일	인천의 이토 스케요시(伊藤祐義) 남부병참감이 히로시마 대본영 앞으로 동학농민군 진압 전담부대의 파견을 독촉함(남부병참감 진중일지, 양력 10월 24일)
1894년 9월 28일	도순무영에 농민군 진압을 위한 증원군을 파견하도록 명령함(일성록, 고종 31년 9월 28일)
1894년 9월 28일	이노우에 카오루 일본공사가 히로시마 대본영에 농민군진압을 전담하기 위한 병력 1개 대대 파견을 요청함
1894년 9월 29일	정경원을 선무사 직에서 해임(일성록, 고종 31년 9월 29일)
1894년 9월 말	전봉준이 이끄는 농민군 4천여 명이 은진·논산에 이름(전봉준 공초, 총서 18, 73쪽)
1894년 9월 29일 (양력 10월 27일)	일본 히로시마(廣島) 대본영(大本營)의 카와카미 소로쿠(川上操六) 병참총감이 인천의 남부병참감(南部兵站監) 앞으로 "동학당에 대한 조치는 엄렬(嚴烈)함을 필요로 한다. 이제부터는 모조리 살륙하라"는 학살 명령을 내림(남부병참감 진중일지, 일본 방위청 방위연구소 도서관 소장, 10월 27일조;『청일전쟁과 조선(박종근)』, 1989, 218쪽)
1894년 10월 3일	별군관 이규태를 (좌)선봉(先鋒)에 임명하고 통위영(統衛營) 병정 2개 중대를 인솔하고 다음날 공주 방향으로 출발하도록 함. 그러나 실제 출발은 10일에 이루어짐(선봉진일기 10월 3일, 총서 16, 79쪽)
1894년 10월 6일	동학농민군 진압 전담부대인 일본군 후비보병(後備步兵) 제 19 대대 3개 중대가 우지나(宇品) 항을 출발함(도쿄아사히신문, 1894년 11월 8일자, 1면)
1894년 10월 6일	경리청 대관 백낙완 경리청병 90명을 이끌고 공주 도착 유진(남정록, 총서 17, 230-231쪽)
1894년 10월 8일 이전	일본군 용산수비대에서 파견된 스즈키 아키라(鈴木 彰) 소위 부대 49명이 수원, 진위, 천안을 거쳐 공주에 도착함(주한일본

공사관기록 3, 284-289쪽, 355-356쪽)

1894년 10월 9일   일본군 후비보병 제 19대대 3개 중대가 인천에 상륙함

1894년 10월 10일   좌선봉 이규태 통위영병 2개 소대와 교도중대(중대장 李軫鎬)를 인솔하고 서울을 출발함(순무선봉진등록 갑오 10월 11일, 총서 13, 5쪽)

1894년 10월 12일   전봉준이 이끄는 농민군이 논산(論山)에 도착함(동학란기록 하, 382쪽)

1894년 10월 12일   공주 건평(乾坪) 접주 이유상(李裕尙)이 유회(儒會)를 가탁하여 무리를 모았으며, 군사 2백 명과 포사 5천 명을 거느리고 전봉준군에 합세함(남유수록, 총서 3, 238쪽; 이유상상서, 총서 10, 335-336쪽)

1894년 10월 12일   전(前) 여산영장(礪山營將) 김원식(金源植) 논산에서 전봉준군에 합류함(동학사, 총서 1, 491-492쪽)

1894년 10월 13일   인천에 주둔하고 있던 일본군 남부병참사령관 이토 스케요시 (伊藤祐義) 후비보병 제19대대장 미나미 고시로(南小四郎) 소좌에게 "세 개의 부대(서로분진대, 중로분진대, 동로분진대)로 나뉘어 세 길(공주-전주가도, 청주-성주가도, 충주-대구가도)로 남하하면서 농민군을 전라도 방향으로 내몰아 진압하라"는 요지의 '출군훈령'을 내림(주한일본공사관기록 1, 153-156쪽)

1894년 10월 13일   스즈키 아키라 소위 부대가 공주 북쪽 10리 거리에 있는 수촌 (壽村)의 농민군 도소를 공격하여 농민군 3명을 살해하고 21명을 체포함(주한일본공사관기록 1, 174쪽)

1894년 10월 14일   충청감사 박제순이 외부대신 김윤식(金允植)에게 공주에 주둔하고 있는 일본군 1개 소대(스즈키 아키라 소위 지휘)를 계속 주둔하도록 요청(주한일본공사관기록 1, 163쪽)

1894년 10월 15일   외부대신 김윤식이 일본군 계속 주둔 요청이 담긴 충청감사 박제순의 서한 내용을 이노우에 일본공사에게 보내 협조를 요청함(주한일본공사관기록 1, 163쪽)

1894년 10월 15일   일본군 후비보병 제 19대대가 세 부대로 나뉘어(西路 분진대= (양력 11월 12일)   제 2중대, 中路 분진대=대대본부 및 제 3중대, 東路 분진대=제 1 중대) 서울 용산을 출발하여 남하하기 시작함(주한일본공사관 기록 1, 159쪽; 동 기록 6, 26쪽)

1894년 10월 15일   이유상이 논산에서 '공주창의소의장(公州倡義所義將)'의 이름으

로 충청감사 박제순에게 농민군의 봉기가 정당함을 알리는 글을 보냄(동학란기록 하, 381쪽; 총서 10, 335-336쪽)

1894년 10월 16일 전봉준 논산에서 '양호창의군영수(兩湖倡義軍領袖)'의 이름으로 충청감사 박제순에게 일본군을 몰아내기 위해 함께 싸우자고 호소하는 글을 보냄(전봉준상서, 동학란기록 하, 383-384쪽; 총서 10, 337-338쪽)

1894년 10월 16일 전봉준이 이끄는 농민군이 공주로부터 40리 거리에 있는 은진(恩津)과 노성(魯城)을 점령함(주한일본공사관기록 1, 164쪽)

1894년 10월 17일 일본군 후비보병 제 19대대 서로 분진대와 이규태의 좌선봉진군이 경기도 양지(진위현)에서 합류함

1894년 10월 18일 이규태군 진위 출발. 일본군은 2개 부대로 나뉘어 지대는 안성을 거쳐 천안으로 오기로 함. 이규태군 성환 도착(순무사정보첩, 총서 16)

1894년 10월 18일 공주에 주둔하고 있던 스즈키 아키라 소위가 "공주 남방 은진과 논산의 농민군이 전라도 농민군과 합세하여 공주를 함락시키려고 16일에 '개전서(開戰書; 위의 16일자 전봉준상서를 지칭함)'를 보내 왔기 때문에 공주에서 철수하지 않고 계속 주둔할 수 있도록 해 달라"는 건의를 후비보병 제 19대대 미나미 고시로(南小四郎) 소좌 앞으로 보냄(주한일본공사관기록 1, 174쪽)

1894년 10월 19일 이규태군 천안 도착. 일본군 지대 다시 합류함. 22일까지 천안 체류함.(순무사정보첩, 총서 16)

1894년 10월 19일 은진과 노성 사이에서 농민군의 활동이 활발함(동학란기록 상, 79쪽, 222쪽, 406쪽)

1894년 10월 19일 경리청 부영관 홍운섭이 이끄는 경리청군 공주에 도착함(동학란기록 상, 419쪽)

1894년 10월 19일 경리청 영관 성하영이 이끄는 경리청군 공주에 도착함(동학란기록 상, 262쪽, 270쪽, 384쪽, 421쪽)

1894년 10월 19일 장위영 영관 이두황이 이끄는 우선봉진군(右先鋒陣軍, 장위영 병대 4개 소대 규모)이 유성에 도착함

1894년 10월 21일 이두황의 우선봉진군이 목천 세성산(細城山)에 주둔하고 있는 농민군 3천여 명과 전투를 벌임. 이 전투에서 농민군 지도자 김복용(金福用)이 생포(나중에 효수당함)되는 등 농민군이 대패함(순무선봉진등록 10월 22일-25일, 총서 13, 81-123쪽)

1894년 10월 23일 　이규태군 일본군 서로 분진대와 함께 천안 출발(순무사정보첩, 총서 16)

1894년 10월 23일 　전봉준이 지휘하는 농민군이 논산 초포(草浦)에서 노성(魯城)을 거쳐 공주에서 남쪽으로 30리 떨어져 있는 경천점(敬川店)을 점령함(순무선봉진등록 10월 23일, 동학란기록 상, 419쪽; 총서 13, 114쪽). 이 때, 북접 휘하의 옥천포(沃川包) 농민군은 공주에서 동쪽으로 30리 떨어져 있는 대교(大橋)에 진을 치고 남쪽의 전봉준군과 연합하여 공주를 협공하고자 함(순무선봉진등록 10월 25일, 동학란기록 상, 419쪽, 426쪽; 총서 13, 114-115쪽)

1894년 10월 23일 　밤, 효포를 지키고 있던 경리청 부영관 홍운섭(洪運燮)이 이끄는 경군(경리청병)은 농민군 4만여 명이 쳐들어온다는 소식을 듣고 병력을 철수하여 공주 대교(大橋)에 진을 치고 있던 옥천포 농민군의 배후를 기습 공격함. 농민군은 이에 맞서 치열한 접전을 벌였으나 20여 명의 전사자와 6명의 생포자를 남긴 채 40-50리 이상 퇴각함(순무선봉진등록 10월 25일, 동학란기록 상, 426쪽; 총서 13, 115-116쪽)

1894년 10월 23일 　이인역(利仁驛)에 진을 친 농민군이 스즈키(鈴木) 소위가 지휘하는 일본군 50여 명, 성하영이 이끄는 경리청군 1개 소대, 구완희가 이끄는 감영군으로부터 공격 받음. 이 전투에서 농민군은 취병산(翠屛山)까지 후퇴하였다가 다음날 이인으로 돌아옴(동학란기록 상, 439쪽; 공산초비기, 총서 2, 420쪽)

1894년 10월 24일 　공주 대교에서 옥천포 농민군을 격퇴한 홍운섭의 경리청군이 공주로 돌아가 금강진(錦江津)으로 향함

1894년 10월 24일
(양력 11월 21일) 　이규태가 이끄는 좌선봉진군(선봉진군 및 통위영병 2개 중대, 이진호가 지휘하는 교도중대 포함)이 공주에 도착함(선봉진서목 10월 24일, 총서 16, 52쪽)

1894년 10월 24일 　일본군 후비보병 제19대대 서로분진대(西路分進隊; 제2중대, 중대장 森尾雅― 대위) 본대가 공주에 도착함(주한일본공사관기록 3, 387쪽)

1894년 10월 24일 　공주 효포(孝浦)를 지키며 농민군과 대치하고 있던 홍운섭의 경리청군이 전봉준군과 옥천포군이 공주 대교(大橋)에서 회합한다는 소문을 듣고 북상한 사이, 전봉준군은 무인지경의 효포를 점령함. 이에 대해 성하영, 백낙완이 이끄는 경리청군이 효포

뒷고개를 넘어와 농민군을 공격하여 일진일퇴를 거듭함. 저녁에는 공주에 막 도착한 이규태의 좌선봉진군과 일본군 후비보병 제19대대 서로 분진대 본대도 전투에 가담함

1895년 10월 25일 공주 대교에서 승리를 거둔 홍운섭군이 다시 효포로 향함.

1894년 10월 25일 전봉준이 이끄는 농민군이 효포에서 감영으로 넘어오는 고개인 곰티(熊峙=陵峙)를 향해 일제히 공격하였고, 이에 맞선 경군과 일본군은 세 방향에서 농민군을 협공함. 대관 조병완(曺秉完)은 홍운섭의 경리청군을 이끌고 북쪽에서 농민군의 오른쪽을 공격하고, 구상조(具相祖)는 일본군 30명과 함께 남쪽에서 농민군의 왼쪽을 공격하고, 성하영이 이끄는 경리청군은 농민군의 전면을 공격함(순무선봉 진등록 10월 27일, 동학란기록 상, 440-441쪽). 이 25일의 전투에는 성하영의 경리청군에 이규태의 좌선봉진군(통위영군), 일본군 후비보병 제 19대대 서로 분진대 본대(제 2중대장 森尾雅一 대위 지휘), 홍운섭의 경리청군 등까지 가세하여 천연의 요새 곰티를 방어하였기 때문에 농민군 측은 70여 명의 전사자를 내고 경천점까지 후퇴함(순무선봉진등록 10월 28일, 총서 13, 157-161쪽; 주한일본공사관기록 1, 209쪽)

1894년 10월 26일 새벽 후비보병 제 19대대 본부 및 중로 분진대가 공주 인근의 문의현(文義縣)에 도착하여 지명(至明)에서 농민군과 격전을 벌임. 농민군은 증약(增若) 방면으로 후퇴함(주한일본공사관기록 6, 27-28쪽)

1894년 10월 26일 경천점에 주둔하고 있던 농민군이 경리청군의 습격을 받아 회선포(回旋砲) 1문을 빼앗김(순무선봉진등록 10월 28일, 총서 13, 161쪽; 순무사정보첩, 10월 25일, 동학란기록 하, 19쪽)

1894년 10월 27일 공주의 일본군 서로 분진대로부터 문의에 주둔하고 있는 제 19대대 본부로 "공주의 형세가 급하니 속히 와서 구해달라"는 급보가 도착함(주한일본공사관기록 6, 28쪽)

1894년 10월 27일 제19대대장 미나미 고시로는 공주를 구원하기 위하여 문의를 출발하여 연기(燕岐) 방향으로 진격함(주한일본공사관기록 6, 28-29쪽, 60쪽)

1894년 10월 27일 이두황이 이끄는 우선봉진군(장위영병)이 공주에 도착함(순무선봉진등록 10월 27일, 총서 13, 151쪽)

1894년 10월 29일 공주에 주둔하고 있던 스즈키 아키라 소위 부대가 서울 용산으

로 돌아감(주한일본공사관기록 1, 183쪽)

1894년 10월 29일 이두황군은 충청도 서부지역의 농민군 진압을 위해 예산 방향
으로 출발함(순무선봉진등록 11월 2일, 동학란기록 상, 298쪽;
총서 13, 177쪽)

1894년 11월 1일 일본군 후비보병 제19대대 대대본부(대대장 南小四郎 소좌) 공
주 도착 예정(주한일본공사관기록 3, 387쪽)

1894년 11월 3일 공주 달동(達洞)접주 장준환(張俊煥)이 10월 25일의 전투에서 전
라도 농민군들이 패하여 후퇴하자, '설포(設包; 농민군을 모으
는 일; 인용자 주)'를 위해 몰래 귀가했다가 체포됨(순무선봉진
등록 11월 8일, 총서 13, 225-226쪽; 순무사정보첩, 총서 16, 324
쪽)

1894년 11월 8일 오후 3시경 노성현 뒷봉우리와 경천점으로부터 농민군 수만 명
(양력 12월 4일) 이 판치(板峙)를 방어하고 있던 경리청군(경리청 참령관 具相祖
부대)을 공격하자 이를 견디지 못한 구상조 부대는 효포(孝浦)
와 웅치(熊峙)의 높은 봉우리로 퇴각함(순무사정보첩 11월 10
일, 총서 16, 326쪽; 주한일본공사관기록 1, 246쪽).

8일, 같은 시각에 또 다른 농민군 부대는 성하영의 경리청군이
주둔하고 있던 이인(利仁)을 공격함. 수만명의 농민군이 논산
방향에서 고개를 넘어왔으며, 또 몇 만 명의 농민군이 오실산
(梧室山) 길을 따라 길을 차단하며 포위해 옴. 이에 성하영은 일
본군을 증파해 줄 것을 요청하는 한편, 통위영병 2개 소대의 파
견도 함께 요청함. 그러나 성하영의 경리청군 280명은 농민군
과 격전 끝에 10리 후방인 우금티(牛金峙)산으로 후퇴함으로써
8일 전투는 농민군 측의 승리로 끝남(순무사정보첩 11월 10일,
총서 16, 326-327쪽; 주한일본공사관기록 1, 246-247쪽).

8일, 저녁 성하영군의 지원 요청을 받아 통위영병 250명이 월성
산(月城山)의 요지를 점령하고 농민군의 공격에 대비함. 또 경리
청병 280명도 향봉(香峰) 부근에서 농민군 공격에 대비함(주한
일본공사관기록 1, 246-247쪽).

8일, 밤 성하영군의 지원 요청에 따라 일본군 후비보병 제 19대
대 제 2중대(중대장 森尾雅一)가 우금티(牛金峙)산을 점령하고
농민군의 공격에 대비함(주한일본 공사관기록 1, 247쪽; 공산초
비기의 우금지사)

1894년 11월 9일	농민군이 동쪽의 판치(板峙) 뒷봉우리에서 서쪽의 봉황산(鳳凰山) 뒷산기슭에 이르기까지 30-40리에 걸쳐 완전 포위한 채 진영을 정비하면서 군세를 과시 하였으며, 주로 금학동(金鶴洞)·곰티(熊峙)·효포(孝浦) 등지에 주둔함. 관군은 금학동 쪽에 통위영 대관 오창성(吳昌成) 부대, 곰티(熊峙=陵峙) 쪽에는 경리청 영관 홍운섭(洪運燮)과 대관 구상조(具相祖)·조병완(曺秉完)등의 부대를, 효포 봉수대 쪽에는 통위영 영관 장용진(張容鎭)과 대관 신창희(申昌熙) 부대를 배치하여 농민군을 막고자 함(순무사정보첩, 11월 10일; 공산초비기의 우금지사)
1894년 11월 9일	8일 농민군에 포위되었던 이인(利仁)의 성하영군은 탈출하여 돌아와 우금티를, 백낙완(白樂浣) 부대는 우금티의 견준봉(犬蹲峰)에 주둔하고, 공주영장 이기동(李基東)의 감영군은 봉황산(鳳凰山) 뒷봉우리인 주봉(周峰)에 주둔함(공산초비기의 우금지사)
1894년 11월 9일	오전 10시경 이인가도(利仁街道)와 우금티산 사이로 10리에 걸쳐 약 1만명의 농민군이 우금티 서쪽을 공격해 옴. 동시에 삼화산(三花山) 쪽의 농민군 1만명도 오실(梧實) 뒷산을 향해 공격해 옴. 일본군 1개 분대와 관군 1개 분대가 오실 뒷산으로 증파됨(주한일본공사관기록 1, 247쪽)
1894년 11월 9일	오전 10시 40분 농민군이 우금티 전방 500미터 산꼭대기까지 접근해 옴. 이때 일본군 1개 분대는 견준봉 산허리에, 또 다른 1개 분대는 우금티산 허리와 이인가도 오른쪽에서 방어선을 형성하고 있었으며, 경리청병(280명)은 봉황산 전면과 그 오른쪽을, 나머지 일본군 2개 분대는 우금티산에 배치되어 있었음. 그러나 농민군이 진격해 옴에 따라 일본군 제 3소대를 우금티산으로 증파 배치하여 농민군의 공격을 막게 하였음(주한일본공사관기록 1, 247쪽)
1894년 11월 9일	농민군 2백 명이 우금티 일대에 배치된 관군과 일본군의 방어선을 돌파하면서 우금티산에서 150미터 지점까지 접근해 옴. 이 일대에서 몇 시간 동안 농민군과 조일연합군 사이에 격전이 벌어짐(주한일본공사관기록 1, 247쪽)
1894년 11월 9일	오후 1시 40분 경리청병 일부(50명)가 우금티산 전방 산허리로 전진하면서 농민군을 공격함. 이에 농민군은 500미터 뒤의 산꼭대기로 후퇴함. 일본군 역시 전방으로 전진하면서 농민군을

공격함. 농민군이 동요하자 일본군 1개 소대와 1개 분대가 농민군 진영으로 돌격하면서 공격을 함. 이에 농민군이 퇴각함(주한 일본공 사관기록 1, 247쪽)

1894년 11월 9일　성하영의 경리청군이 퇴각하는 농민군을 추격함. 일본군은 농민군의 퇴로를 차단하기 위해 이인가도로 진격하여 이인 부근에서 산허리에 불을 지르고 퇴각함. 그러나 동남쪽(판치와 웅치 일대; 인용자 주)의 농민군은 여전히 퇴각하지 않고 조·일 연합군과 대치함(공산초비기의 우금지사; 주한일본공사관기록 1, 248쪽)

1894년 11월 9일　밤 8시경 관군으로 하여금 우금티산, 오실 뒷산, 향봉, 월성산 등을 경계하도록 하고 일본군은 공주로 철수함(주한일본공사관기록 1, 248쪽)

1894년 11월 10일　일본군 후비보병 제 19대대 서로분진대의 지대(枝隊, 지대장 赤松國封 소위가 이끄는 일본군 1개 소대와 2개 분대 및 조선병사 34명)가 공주에 도착함(주한일본공사관기록 6, 64쪽)

1894년 11월 11일　관군이 농민군으로 위장하여 곰티 일대에서 대치하고 있던 농민군 진영을 기습함. 농민군이 대포와 화약 등을 버리고 후퇴함(공산초비기의 우금지사)

1894년 11월 11일 (양력 12월 7일)　홍주를 출발한 이두황의 우선봉진군이 공주 유구에 도착하여 유구 출신 농민군 9명을 체포하여 문초한 결과, "충경포(忠慶包) 농민군 4-5천 명이 11일 밤에 산에 올라 방포하여 사람들의 마음을 현혹한 다음, 경군(京軍, 이두황의 우선봉진군을 지칭함; 인용자 주)을 모두 죽이고 무기를 빼앗은 다음, 그 빼앗은 무기를 가지고 강북(금강 이북; 인용자 주)의 농민군과 성원(聲援; 연합)하려 한다"는 계획을 알아내고 철야로 경비를 함. 이로써 공주 북쪽의 농민군과 호응하려던 농민군 측의 전략은 실패로 돌아감(순무선봉진등록 11월 15일, 총서 13, 316-317쪽)

1894년 11월 12일　우금티전투에서 패한 전봉준은 노성(魯城)에 머물며 진영을 수습하는 동안 '동도창의소(東道倡義所)'의 이름으로 경군(京軍)과 영병(營兵), 이교(吏校)와 시민(市民)에게 알리는 고시문(告示文)을 내걸어 '척왜(斥倭)'와 '척화(斥化; 親日開化노선에 대해 반대함-인용자 주)'를 위해 동심협력, 즉 항일연합전선을 펴자고 호소함(고시경군여영병이교시민, 총서 10, 333-334쪽)

<부록>
사진으로 보는
공주 동학농민혁명

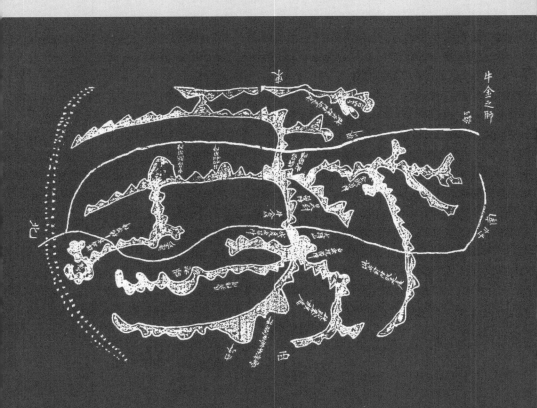

牛金之肺

부여쪽에서 우금고개를 바라보다. 두리봉(왼쪽), 견준산(가운데), 우금고개(오른쪽 가장 낮은 고개). 1894년 11월 9일 오전, 동학농민군이 우금고개를 넘기 위해 일군·관군연합군과 40-50차례의 치열한 전투를 벌였다.

효포뜰, 건너편 가운데 낮은 고개가 능티, 오른쪽의 쌍봉이 봉화대이다.
1894년 10월 24일, 25일 오전, 동학농민군과 일군·관군연합군의 치열한 전투지역

1999년 우금티 총회 - 공주문예회관 소강당

우금티 전적지 복원 · 정비 토론회 - 공주시청 2004년 1월 14일

동학농민혁명 단체협의회 창립대회 - 한국일보강당 2004년 3월 13일

동학농민혁명 단체협의회 창립대회 - 한국일보강당 2004년 3월 13일

우금티 답사 - 정읍 황토현 기념탑 앞에서 1995년 7월 9일

우금티 답사 - 두리봉에서 2004년 1월 31일

추모제례 - 공주교육대학교 1994년

추모제례 - 공주교육대학교 1994년

추모제례 - 우금티 위령탑 1995년

추모제례 - 우금티 위령탑 1999년

추모제례 - 우금티 위령탑 1999년

우금티 장승굿 - 우금티 위령탑 1998년

우금티 거리예술제 - 중동 사거리 1995년

우금티 거리예술제 - 중동 사거리 1996년

우금티 거리예술제 - 중동 사거리 1997년

우금티 거리예술제 - 중동 사거리(우성 봉현 주민과 함께) 1998년

우금티 거리예술제 - 중동 사거리 1998년

추모 예술제 - 우금티위령탑(고 박동진 옹) 1994년

추모예술제 - 우금티위령탑 1997년

우금티 추모예술제 - 충남, 전북농민회도연맹의 차량 행렬 1999년

공주시민 체육대회 - 금학동 주민들 우금티를 주제로 입장식 2000년

우금티 사적지에 있는 봉화대 앞에서 1994년

공주시민 체육대회 - 금학동 주민들 우금티를 주제로 입장식 2000년

충남지역 중, 고생 역사만들기 대회 - 우금티위령탑 2004년

주석

동학농민혁명과 우금티전투

1 1894년에 조선 전역에서 일어난 농민봉기에 대한 호칭은 다양하다. 이 글에서는 편의
　상 '동학농민혁명 참여자 등의 명예회복에 관한 특별법'(2004년 2월 9일 국회 통과, 3
　월 5일 공포)'에 근거하여 '동학농민혁명'으로 부르기로 한다.

2 최근의 연구에 따르면, 집강소란 명칭보다도 '도소(都所)'라는 명칭이 더 정확하다고 한
　다.

3 고석규, 조경달의 연구가 대표적이다.

4 공산초비기(公山剿匪記)의 우금지사(牛金之師), 구한국관보, 개국 503년 11월 29일.

5 선봉진일기, 갑오 11월 16일, 동학란기록 상, 237-238쪽.

6 전봉준공초 초초문목, 동학란기록 하, 529쪽.

7 이노우에 카츠오(井上勝生), 「갑오농민전쟁(동학농민전쟁)과 일본군」, 『동학농민혁명
　의 동아시아적 의미』(서경출판사, 2002); 박찬승, 「동학농민전쟁기 일본군·조선군의
　동학도 학살」, 『역사와 현실』 54, 2004년 12월 참조.

8 이노우에 가츠오, 「일본군에 의한 동아시아 최초의 민중학살(일본어)」, 『세카이(世界)』
　693, 2001년 10월 참조.

9 전봉준공초, 총서 18, 21쪽.

10 전봉준공초, 총서 18, 73쪽.

11 '공주전투'란 1894년 10월 23일에서 25일에 걸친 1차 전투와 동년 11월 8일에서 11일
　에 걸친 2차 전투를 포함한 개념이다.

12 박종근, 박영재 역, 『청일전쟁과 조선』, 일조각, 1989, 40쪽.

13 1894년 6월 21일 일본군이 경복궁을 불법적으로 점령하여, 국왕을 포로로 하고, 친일
　개화정권을 수립한 사건을 일러 '갑오변란' '경복궁 쿠테타' 등으로 부른다. 이 글에서
　는 편의상 '경복궁 점령 사건'이라 쓰고자 한다.

14 柳麟錫, 「檄告八道列邑」, 『昭義新編』券一.

15 박주대의 『나암수록』에 '공주유생'으로 나오고 있으나, 그는 원래 서울에서 태어나
　충청도 청풍으로 이주하여 살았다.(김상기, 『한말의병연구』, 일조각, 1997, 107쪽)

16 박종근, 박영재 역 『청일전쟁과 조선』, 일조각, 1989, 200-208쪽.

17 『東京日日新聞』, 1894年 8月5日(박종근, 위의 책, 213쪽에서 재인용)

18 『古文書』2 : 官府文書, 「古80943」(서울대도서관, 1987), 412쪽(정창렬, 『갑오농민전쟁
　연구』, 연세대박사논문, 1991, 241쪽에서 재인용)

19 정창렬, 앞의 논문, 241쪽.

20 금번집략, 총서 4, 8쪽.

21 박종근, 앞의 책, 200쪽.

22 『東匪討論』甲午9月 初8日條.

23 정창렬, 앞의 논문, 245쪽.

24 전봉준공초, 총서 18, 69쪽.

25 『日淸交戰錄』12, 明治 27년 10월 16일, 42~43쪽(정창렬, 앞의 논문, 241쪽에서 재인용).

26 나카츠카 아키라(中塚明), 박맹수 옮김, 『1894년 경복궁을 점령하라』, 푸른역사, 2002, 83-84쪽.

27 나카츠카, 위의 책, 59-60쪽.

28 8월 25일 전봉준, 김개남 등 농민군 지도부는 전라도 남원에 모여 재봉기를 논의하였다. 이것을 일러 '남원대회'라 한다.(오하기문 1필, 총서 1, 209-211쪽)

29 『舊韓國外交文書』3 : 日案3, 「3328 東學軍 北上과 公州 日軍의 繼續住留要請」, 141쪽.

30 동학사, 총서 1, 490쪽; 천도교회사초고, 467쪽.

31 천도교회사초고, 461쪽.

32 예를 들면, 최시형의 관하인 옥천포 농민군들은 10월 23일경 공주 동쪽 30리에 자리한 대교(大橋)까지 진출하고 있었다(순무선봉진등록 10월 25일, 총서 13, 114-115쪽).

33 『梧下記聞』第 2筆, 甲午 8月 25日, 91-92쪽.

34 『위의 책』第 2筆, 甲午 八月條, 92쪽.

35 위의 책, 92~93쪽.

36 위의 책, 甲午 八月條, 92쪽.

37 정창렬, 앞의 논문, 249쪽.

38 박종근, 「人夫 食量등의 징발상황」, 앞의 책, 99-106쪽.

39 정창렬, 앞의 논문, 246쪽.

40 『梧下記聞』第 3筆, 甲午 10月條, 18~19쪽 『東學亂記錄』下, 「先鋒陣 上巡撫使書」, 309-310쪽.

41 『東學亂記錄』下, 「全琫準供草」, 532쪽.

42 朴孟洙, 「鄭錫珍의 蘭坡遺稿」, 『錦湖文化』86, 1992.8, 53쪽.

43 吳知泳, 「東學史」『東學思想資料集』, 1979, 501쪽.

44 『梧下記聞』第 3筆, 甲午 10月條, 30쪽.

45 전봉준상서, 총서 10, 337-338쪽.

46 李炳壽, 금성정의록, 총서 7, 15-16쪽.

47 『梧下記聞』第 3筆, 甲午 10月條, 30쪽.

48 '全琫準上書', 「宣諭榜文 竝東徒上書所志謄書」, 『東學亂記錄』下, 383-384쪽.

49 '고시경군여영병이교시민', 『東學亂記錄』下, 379-380쪽.

50 오지영, 「동학사」, 『동학사상자료집』貳, 497-500쪽.

51 「湖南儒生原情于招討使文」, 『梧下記聞』第一筆, 甲午 4月 19日 條.

52 '賊黨所志' 「兩湖招討謄錄」 甲午 5月 4日 條, 『東學亂記錄』上, 207쪽.

53 趙珖, 「東學農民革命 關係史料 拾遺-Mutel의 資料를 中心으로-」, 『史叢』29, 高麗大史
學會, 1985, 209쪽.

54 이이화, 「전봉준과 동학농민전쟁」 ③ 전봉준, 반제의 봉화 높이 들다, 『역사비평』9,
1990. 5, 278-280쪽.

55 조경달, 『이단의 민중반란』, 일본 동경 이와나미서점, 1998, 260-268쪽 참조.

56 박맹수, 「동학과 동학농민혁명에 대한 재검토-동학의 남북접 문제를 중심으로-」, 『동
학연구』9 · 10, 2001, 110-115쪽.

57 박맹수, 위의 논문, 114쪽.

58 『大光生事蹟』, 1906, 필사본, 76쪽.

59 김구, 『백범일지』참조.

60 9월 18일 崔時亨은 동학교도들이 크게 참살당하고 있다는 소식을 듣고 기포령을 하달
한다(「侍天敎歷史」, 『東學思想資料集』參, 622쪽;『義庵孫秉熙先生傳記』, 1967). 충청
도 珍山 錦山 懷德 鎭쪽지역에서는 갑오년 4월 1천여 명의 동학농민군이 전봉준 군의
무장기포에 호응하여 기포한 바 있다(『日省錄』高宗31年 3月 23日, 4月 12日 條).

61 갑오 3월 12일 錦山에서는 수천 명의 농민군이 봉기하여 이서들의 집을 불태웠으
며(梧下記聞), 갑오 4월 경상도 尙州 化北面에서도 농민군들의 봉기 움직임이 있었
다.(『尙州 化北 古文書』, 필자 소장)

62 任實地方이 대표적이다.(『천도교 임실교사』포덕 122년판)

63 최시형이 1차 봉기에 소극적 태도를 보였다거나, 반대했다는 것은 역사적 사실과 다
르다. 이에 대해서는 박맹수의 앞의 논문, 2001 참조.

64 최시형이 기포를 내림으로써 전라도 충청도 경상도 등 전 지방의 농민군이 기포하지
만 이들 모두가 전봉준 진영에 합류했다는 뜻이 아니다. 대부분의 농민군들은 각 고
을 단위로 기포하여 반침략항쟁에 참여하고, 극히 일부 지역 농민군들만이 전봉준 진
영에 합류한다.

65 愼鏞廈 資料解題: 「東學農民軍 指導者 全琫準 · 孫化中 · 崔永昌 卿宣 判決宣告書 原
本」, 『韓國學報』39, 1985, 189쪽.

66 「全琫準供草 四次問目」, 『東學亂記錄』下, 553-554쪽.

67 박맹수, 「동학농민혁명과 1892년 전라도 삼례취회에 관한 검토」, 『호남사회연구』1,
1993 참조.

68 「全琫準供草 四次問目」, 『東學亂記錄』下, 553-554쪽(광주, 나주로 농민군 기포를 독
려하기 위해 내려갔던 최경선은 끝내 전봉준의 북상 과정에는 참가하지 못했다.)

69 신용하, 「앞의 자료」, 189쪽.

70 『各道謄錄存案』甲午 9月 18日條.

71 충청도 지방에 통문이 전달되었다는 사실은 충청도 沔川에서 유배생활을 하고 있던 金允植의 일기에도 나타나고 있다. 聞湖南匪徒 驅通湖西 一時建旗造機 傳令各邑 使備粮草 將向京城云(『續陰晴史』上, 高宗 31年 9月 18日條)

72 「全琫準供草」三招問目, 『東學亂記錄』下, 548쪽.

73 問 參禮起包之衆爲幾何 供 四千餘名(「全琫準供草」三招問目, 545쪽)

74 이이화, 「전봉준과 동학농민전쟁」③, (『역사비평』9, 1990. 5), 286쪽.

75 '全琫準上書', 「宣論榜文 竝東徒上書所志謄書」, 『東學亂紀錄』下, 383-384쪽.

76 「全琫準供草」, 『東學亂記錄』下, 555쪽.

77 1만여 명으로 불어난 전봉준 부대의 구성을 자세히 분석하면 전라도 金溝 扶安 全州 井邑 鎭安 등에서 온 주력군 4천 명과 公州 儒生으로 전봉준군에 합류한 李裕尙軍, 前礪山營將 金源植軍, 魯城·恩津·江景·論山에서 합류한 농민군 등이다.

78 官의 기록이나 동학 교단측 1차 자료 어디에도 전봉준이 최시형에게 사람을 보냈다는 기록이 보이지 않는다. 이 점은 전봉준의 최시형을 설득하기 위한 노력이 어느 정도 였는가를 규명하기 위해서라도 좀 더 면밀한 검토가 있어야 할 것이다.

79 주한일본공사관기록 1, 148쪽, 163쪽; 남정록, 총서 17, 225쪽, 229쪽.

80 주한일본공사관기록 6, 한글본, 28-29쪽.

81 순무선봉진등록 10월 22일-25일, 총서 13, 81-123쪽.

82 이들은 목천 일대에서 '삼로(三老)'라 일컬어질 정도로 막강한 지도력을 지니고 있었다.

83 이승우는 당시 洪州 목사로서 충청도 일대 농민군 토벌 임무를 가진 湖沿招討使 직에 있었다.

84 「巡撫先鋒陣謄錄」甲午 10月 25日條, 『東學亂記錄』上, 426쪽.

85 「巡撫使呈報牒」甲午 10月 25日條, 『東學亂記錄』下, 10쪽.

86 주한일본공사관기록 1, 209-210쪽; 주한일본공사관기록 3, 387쪽.

87 「公山剿匪記」, 『舊韓國官報』開國 503(1984)年 11月 27-29日字.

88 成夏永 獨當其衝 勢不可支 日兵官 乃分軍 排至牛金犬蹲之間 羅立山脊 一時齊 復隱身 山內 賊欲踰嶺 卽又登脊齊發 如是者爲四五十次 積屍滿山(「牛金之師」, 『舊韓國官報』開國 503(1984)年 11月 29日)

89 金允植은 1894년 10월 12일 日兵 1인은 농민군 수천 인을 상대할 수 있었고, 京軍 1인은 농민군 수십 인을 상대할 수 있었다고 하였고, 진주 지방에서 농민군을 토벌했던 池錫永은 농민군이 사용한 土銃은 사정거리가 1백여 보임에 비하여 일병과 경군이 사용한 洋銃은 자발식에 사정거리가 5백여 보라고 하였으며, 예천유생 朴周大는 일병과 농민군측의 전투력이 1:250의 꼴이라고 밝히고 있다.(정창렬, 앞의 논문, 260-261쪽)

90 「全琫準供草」初招問目, 『東學亂記錄』下, 529쪽.

91 「宣琫榜文 竝東徒上書所志謄書」, 『東學亂記錄』下, 379-380쪽;「先峰陣呈報牒」, 『東學亂記錄』下, 185-186쪽.

92 大村은 현재의 논산시 上月面 大村里이다.

93 『東學亂記錄』上, 甲午 10月 10日條, 90-91쪽.

94 『梧下記聞』第 3筆, 甲午 10日條, 19쪽.

공주와 동학농민혁명 관련자료

1 해월선생문집, 한국학자료총서 9, 한국정신문화연구원, 397-398쪽; 총서 27, 223쪽.

2 현재의 공주시 사곡면 신영리 신평마을.

3 윤상오에 대해서는 현재 전혀 알려진 바 없다.

4 해월선생문집, 앞의 책, 397-398쪽; 총서 27, 223-224쪽.

5 천도교회사초고, 동학사상자료집 1, 429-430쪽.

6 박맹수, 해월 최시형 연구, 한국정신문화연구원 박사논문, 1996 참조.

7 동학 교단의 여섯 가지 직임(職任)을 말한다. 여섯 가지 직임이란 교장, 교수, 도집, 집강, 대정, 중정을 말한다.

8 현재의 공주시 정안면 장원리 구활원마을.

9 윤상오에 대해 조사하기 위해, 1995년 11월 12일 공주시 사곡면 신영리 신평마을을 답사하여 수소문했으나 단서를 찾지 못했음을 밝혀둔다.

10 해월선생문집, 앞의 책, 408쪽; 총서 27, 234-235쪽.

11 해월선생문집, 위의 책, 408~410쪽; 총서 27, 235-236쪽.

12 해월선생문집, 총서 27, 195-259쪽 참조.

13 동학의 교조신원운동이란, 첫째 동학교조 수운 최제우의 억울한 죽음을 신원해 줄 것(이것은 동학의 공인 또는 포교의 자유를 요구하는 종교적 요구에 해당), 둘째 동학 금압을 구실로 동학교도 및 일반 민중에 대한 지방관들의 불법수탈행위를 금지할 것(이것은 지방관들의 가렴주구 금지를 요구하는 반봉건적 요구에 해당), 셋째 나날이 만연해가는 서학과 개항장을 이탈하여 불법 상행위를 일삼는 일본상인들에 맞서 관민이 함께 '척왜양(斥倭洋)'을 할 것(이것은 외세의 침탈에 맞선 반침략적 요구에 해당) 등 세 가지 요구를 내걸고 1892년 10월부터 1893년 4월까지 동학 교단 지도부에 의해 주도된 집단적 시위운동을 말한다.

14 동학기록인 해월선생문집에는 '公州府都會'라고 나온다(해월선생문집, 총서 27, 237쪽).

15 일부 연구자들은 이 영해민란을 동학 최초의 교조신원운동으로 간주하기도 한다.

16 장영민, 1871년 영해 동학란, 한국학보 47, 1987년 6월 참조.

17 박맹수, 앞의 박사학위논문, 1996, 170쪽.

18 각도동학유생의송단자, 한국 민중운동사 자료대계: 동학서, 여강출판사, 1986, 64-65 쪽.

19 공신 제 66호 동학당 사건에 대한 충청도 공주 등의 지방 탐정서, 조선국 동학당 동정 에 관한 제국공사관 보고일건(일본 외무성 외교사료관 소장)

20 공신 제 66호 동학당사건에 대한 충청도 공주 등의 지방 탐정서(1893년 3월 5일 松永 半次郎와 堺平造가 2인이 電報로 杉村 濬 경성영사에게 보고하고 3월 10일에 다시 필 기 보고함. 杉村 濬 영사는 다시 3월 20일 林董 외무차관에게 보고하였음), 『조선국 동 학당 동정에 관한 제국공사관 보고일건』 참조.

21 주한일본공사관기록 5, 67쪽; 약사, 총서 2, 206쪽; 영상일기, 총서 2, 280쪽.

22 표영삼, 『동학』 2, 통나무, 2005, 160-161쪽.

23 충청도 사례를 분석한 논문으로는 다음과 같은 연구가 있다. 양진석, 충청지역 농민 전쟁의 전개 양상, 백제문화23, 1994; 신영우, 충청도의 동학교단과 농민전쟁, 백제문 화 23, 1994; 배항섭, 충청지역 동학농민군의 동향과 동학교단, 백제문화 23, 1994; 신 영우, 충청도지역 동학농민전쟁의 전개 과정, 동학농민혁명의 지역적 전개와 사회변 동, 새길, 1995; 양진석, 1894년 충청도지역의 농민전쟁, 1894년 농민전쟁연구 4, 역사 비평사, 1995; 배항섭, 충청도지역 동학농민전쟁과 농민군지도부의 성격, 동학농민혁 명과 농민군지도부의 성격, 서경문화사, 1997; 이진영, 충청도 내포지역의 동학농민 전쟁 전개 양상과 특성, 동학연구 14 · 15, 2003 참조.

24 수록, 총서 5, 183-184쪽.

25 조선국 동학당 동정에 관한 제국공사관 보고일건(일본 외무성 외교사료관 소장) 참 조.

26 일본 대본영 참모본부는 동학농민혁명이 시작된 직후인 음력 4월 16일(양력 5월 20 일) 참보본부의 부원인 이지치 코스케(伊地知幸介) 소좌를 비밀리에 부산으로 파견 하여, 이미 부산에 파견되어 있던 조선 주재 일본공사관 소속 무관 와타나베 테츠타 로(渡邊鐵太郎) 대위와 협력하여 대대적인 정보 수집에 임했다.(박종근, 청일전쟁과 조선, 1989, 15쪽)

27 나리스케 노부시로(成相喜四郎) 순사, 오기와라 히데지로(荻原秀次郎) 경부의 사례가 대표적이다.(조선국 동학당 동정에 관한 제국공사관 보고일건)

28 마츠나가 한지로(松永半次郎)와 사카이 헤이조(堺平造) 등이 대표적이다.(조선국 동 학당 동정에 관한 제국공사관 보고일건)

29 주한일본 공사관기록 3, 236-240쪽 참조.

30 1894년 음력 6월 16일, 전라도 능주에서 전봉준을 만났던 우미우라 토쿠야(海浦篤彌) 가 대표적이다.

31 동학당에 관한 속보, 동학당 동정에 관한 제국공사관 보고 일건.

32 후지무라 미치오(藤村道生), 허남린 옮김, 청일전쟁, 1997, 80-86쪽.

33 장영민, 동학농민군의 전주화약에 대한 재검토, 진산 한기두박사 화갑기념 한국 종교 사상의 재조명, 1993 참조.

34 최근의 연구들은 '집강소'라는 용어 대신에 '도소(都所)'라고 표현하는 것이 정확하다고 주장하고 있다.

35 대표적인 사례가 바로 일본인 거류민 마츠나가 반지로(松永半次郎) 사카이 헤이조(堺平造)에 의한 정탐활동이다.

36 민란지방 시찰복명서, 주한일본공사관기록 1, 111-114쪽; 민란지방 시찰복명서, 풍속화보 제 78호, 동양당, 명치 27년 9월 25일, 12쪽. (원문은 일본어이며 번역은 필자).

37 금번집략 일록 6월 28일, 총서 4, 19쪽.

38 금번집략 일록 7월 3일, 총서 4, 8쪽.

39 시문기, 총서 2, 178쪽.

40 위의 책, 178쪽.

41 오지영, 동학사 초고본, 총서 1, 490-491쪽.

42 건평(乾坪)에 대해서는 자료에 따라 공주 건평, 논산 건평, 부여 건평으로 나오기도 한다.

43 남유수록 10월 22일, 총서 3, 238쪽.

44 황현, 오하기문 3필, 총서 1, 247쪽; 수록, 총서 5, 296쪽; 주한일본공사관기록 1, 128-129쪽 등.

45 뮈텔문서 1894-314(한국 천주교회사연구소 소장).

46 뮈텔문서 1894-305(한국 천주교회사연구소 소장).

47 동학사상자료집 제 1권, 아세아문화사, 1979, 295-383쪽.

48 동학사상자료집 제 2권, 아세아문화사, 1979, 337-598쪽.

49 동학농민전쟁사료총서 제 1권, 사운연구소, 343-590쪽.

50 동학농민전쟁사료총서 2, 415-432쪽.

51 『주한일본공사관기록』은 원래 일본어로 되어 사진판의 형태로 국사편찬위원회에 보관되어 있었던 자료인데, 1986년부터 한글 번역본으로 간행되어 보급되었다. 이 글에서 소개하는 우금티전투 관련 내용은 모두 한글판에서 인용한 것임을 밝혀 둔다.

동학총서 003

공주와 동학농민혁명

등록 1994.7.1 제1-1071
1쇄 발행 2015년 3월 31일

지은이 박맹수 정선원
펴낸이 박길수
편집인 소경희
편 집 조영준
디자인 이주향
펴낸곳 도서출판 모시는사람들
        110-775 서울시 종로구 삼일대로 457(경운동 수운회관) 1207호
전 화 02-735-7173, 02-737-7173 / 팩스 02-730-7173

인 쇄 상지사P&B(031-955-3636)
배 본 문화유통북스(031-937-6100)
홈페이지 http://modl.tistory.com/

값은 뒤표지에 있습니다.
ISBN 978-89-97472-96-3   94900
SET   978-89-97472-72-7   94900

이 도서의 국립중앙도서관 출판예정도서목록(CIP)은 서지정보유통지원시스템 홈페이지
(http://seoji.nl.go.kr)와 국가자료공동목록시스템(http://www.nl.go.kr/kolisnet)에서 이용하
실 수 있습니다.(CIP제어번호: 2015006130)